一帶一路研究叢刊

中國和埃及的故事

吳思科 主編

序　長城和金字塔不僅互相眺望，還可以攜手同行

——熱烈慶祝中華人民共和國和阿拉伯埃及共和國建交六十週年

二〇一六年喜逢中埃建交六十週年。值此歷史時刻，中國國家主席習近平對埃及進行了國事訪問，掀開中埃關係新的篇章，具有承前啟後、繼往開來的重要意義。

人類歷史長河，浩浩蕩蕩。中埃兩大文明古國在不同時期的交往中總能激揚起朵朵浪花，寫就燦爛的歷史片段：在延綿千年的東西方交往中，埃及是古絲綢之路上的一顆明珠，大量中國瓷器、絲綢經此運往歐洲。在堅苦卓絕的反法西斯戰爭中，中國、埃及與盟國浴血奮戰，和平和正義取得了最後勝利。尤其值得一提的是，一九四三年，《開羅宣言》在埃及簽署，對加快打敗日本軍國主義、奠定戰後國際秩序發揮了重要影響。在波瀾壯闊的反殖反帝和爭取民族獨立的鬥爭中，中國與埃及相互理解、相互支持。毛澤東主席和納賽爾總統在一九五六年作出兩國建交的政治決斷，埃及成為第一個同新中國建交的阿拉伯和非洲國家。一九九九年中埃建立戰略合作關係，二〇一四年又提升為全面戰略夥伴關係，樹立起中埃友好新的里程碑。

建交六十年來，中埃政治互信不斷深化。無論國際和地區風雲如何變幻，中埃始終相互信任、相互支持。雙方堅定支持彼此的核心利益和重大關切，在重大國際和地區問題上相互協調、相互配合，共同致力於促進非洲的穩定與繁榮，共同致力於促進中東的和平和發展，共同致力於維護廣大發展中國家利益。

建交六十年來，中埃務實合作持續推進。如今，中國已經成為埃及第一大貿易夥伴國，雙邊貿易額已經突破百億美元大關。中埃就共建「一帶一路」達成重要共識，產能合作和基礎設施建設合作不斷拓展，多個重點合作項目有序開展。中埃蘇伊士經貿合作區起步區建設完成，已有三十二家企業入駐，吸引實際投資額約四億美元，為當地創造六千多個就業崗位。中國技術、中國裝備、中國經驗正深度參與埃及國家建設，助力埃及民族復興。

建交六十年來，中埃人文交流方興未艾。中國在埃及開設了二所孔子學院和三個孔子課堂，註冊學員近二千人。開羅中國文化中心是中國在阿拉伯世界設立的第一個文化中心。越來越多的埃及民眾成為中文、武術的鐵桿「粉絲」。當前，在中國留學的埃及學生有八百三十八名，在埃及的中國留學生達二千三百六十三人，埃及是中國在西亞北非地區留學生人數最多的國家。埃及絢爛璀璨的文明深深吸引著中國遊客，儘管目前埃及已有一千多名中文導遊，但仍然無法滿足日益增多的中國旅客的需求。而埃及商人則在中國的上海、廣州、義烏等地，為促進兩國貿易辛勤奔波。

埃及諺語講：「抵達，往往是真正行程的開始。」當前，中國人民正在致力於實現中華民族偉大復興的中國夢，埃及人民也在為實現國家復興的埃及夢而努力奮鬥。習主席訪問埃及期間，兩國元首共同勾畫了中埃關係未來發展藍圖，發表了關於加強中埃全面戰略夥伴關係的五年實施綱要，共同開創中埃關係更加美好的未來：

——傳承傳統友好。雙方將一如既往地照顧彼此核心利益和重大關切。中方堅定不移地支持埃方早日實現社會穩定、經濟發展和民生改善，支持埃及自主探索符合自身國情的發展道路，支持埃及人民自主選擇政治制度的權利，支持埃及在國際和地區事務中發揮更大作用。

——對接發展戰略。中國的「十三五」發展規劃同埃及二〇三〇年前可持續發展長期戰略有許多契合點，特別是埃及推出蘇伊士運河走廊建設規劃，同「一帶一路」倡議不謀而合，完全有條件實現對接。中方願意發揮好中埃蘇伊士經貿合作區「試驗田」作用，推動合作區二期建設，帶動埃及多個產業領域發展，使蘇伊士運河走廊建設規劃成為「一帶一路」走進埃及的契機。

就業是民生之本。目前，埃及四十歲以下人口超過總人口的三分之二，其中約三千萬處於勞動年齡。雙方推進產能合作，加快通訊、汽車、電站、鋼鐵、紡織、建材、玻璃等產業建設，有助於解決埃及青年的就業問題，還會使這些年輕人在建設過程中增長才幹，提升自身技能水平，成為推動埃及經濟發展重要的有生力量。

創新是增長的動力。中國「十三五」規劃提出了新的發展理念，把創新、開放擺在更加突出的位置。而塞西總統也說，「創新是埃及追求全面發展的根本」，「埃及既已面向未來，就將開放到底」。發展理念是管全局、管根本、管方向、管長遠的東西。中埃雙方相互學習、相互借鑑，用創新、開放理念來指導雙邊務實合作，目標任務會更加清晰，政策舉措會更有力度。

——共促中東和平。中東正在經歷大變動和大調整。埃及是阿拉伯正義事業的帶路人，是探索中東問題和平解決的先行者，是維護地區穩定的「壓艙石」。和平、穩定是中國中東政策的出發點。中埃將繼續共同支持建立中東無大規模殺傷性武器區，共同堅持不干涉內政原則，共同堅持外部干預不能代替內部解決方案。中國將一如既往地支持阿拉伯國家恢復包括巴勒斯坦獨立建國在內的民族合法權利，支持埃及和阿拉伯國家建立新的中東促和機制的努力。

——參與全球治理。埃及已經成為亞洲基礎設施投資銀行創始成員國，並受中方邀請作為嘉賓國出席二十國集團二〇一六年杭州峰會，這為埃及參與全球治理提供了重要機遇。中埃兩國將把握發展大勢，緊跟時代潮流，共同推動構建以合作共贏為核心的新型國際關係。我們將繼續在安理會改革、落實二〇二〇年後氣變安排、推進二〇三〇年可持續發展目標等全球議題上加強協調配合，共同維護廣大發展中國家的利益，建設人類命運共同體。

相望始登高，心隨絲路行。長城和金字塔不僅互相眺望，還可以攜手同行。讓我們以中埃建交六十週年為新的起點，勇挑重擔，勠力同心，不斷為兩國友好增添新的內容，注入新的活力，共同開創中埃關係更加美好的未來！祝中埃兩國人民友誼萬古長青！

王毅

中華人民共和國外交部長

序

埃及和中國：
六十年的合作和良好戰略夥伴關係的新天地

今年，埃及和中國共同慶祝建交六十週年。一九五六年五月三十日，兩國政府發表了建立大使級外交關係的聯合聲明。埃及是第一個與中華人民共和國建立完全的外交關係的阿拉伯國家和非洲國家，這在當時是國際關係中的一個重要轉折點。埃及不會忘記六十年來中國支持埃及事業的立場。中國率先支持已故納賽爾總統一九五六年七月二十六日將蘇伊士運河公司收歸國有的決議。中國政府並於同年十一月一日發表聲明，譴責英、法、以色列三方對埃及的侵略，視其為「野蠻暴行」，強調支持埃及人民為捍衛國家主權和民族獨立進行的正義鬥爭。

二十世紀七〇年代前期的「文革」中，中國曾撤出中東地區全部駐外大使，唯有駐埃及大使是個例外。這說明了埃及在中國外交政策中的特殊地位。我們還要特別指出的是中國對一九七三年「十月戰爭」的歷史性立場——中國迅速聲明完全支持埃及為收復被占領土作出的努力。從那時起，中國即成為埃及首位國際夥伴，埃中雙邊關係在各個領域都取得巨大發展，直到一九九九年兩國簽署戰略夥伴關係協議，使中埃關係發生了質的變化。為此發表的聯合聲明為這種夥伴關係確立了以下幾個基本原則：（1）必須建立公正的國際政治經濟新秩序；（2）加強發展中國家間的團結與合作；（3）必須改革聯合國安理會，以實現地區平衡，並重視發展中國家的公平代表性；（4）強調在中東地區實現全面、公正和持久的和平，這符合該地區人民的根本利益；（5）完全履行巴勒斯坦民族權力機構和以色列之間簽署的各項協議；（6）必須努力在國際上樹立裁軍，特別是無例外地在世界各地禁止大規模殺傷性武器的主導觀念；（7）譴責各種形式的恐怖主義，開展反對國際恐怖主義暴行的合作。上述原則可以視為至今埃中關係的基礎。二〇一四年塞西總統訪華期間，埃中關係提升到全面戰略夥伴關係，這是中國與其他國家間的最高水平的關係。

埃中關係的強有力發展，是鑒於國家和地區形勢變化，埃及認為必須使外交政策選擇多樣化的反映。埃及專門設立了一個中國事務內閣小組，定期考察埃中合作的各個方面。

兩國政治領域裡的合作和協調表現在不斷的高層互訪上。二〇一四年十二月塞西總統訪問北京期間，雙方僅在電力領域簽署的協議和諒解備忘錄就達十二項之多，包括建立燃煤發電站、開發太陽能、重建埃及電網等。此外，還有在太空、通訊、信息技術、環境和民航等其他領域的合作。

塞西總統在二〇一五年九月再次訪華，參加中國舉辦的紀念世界反法西斯戰爭勝利七十週年的盛大閱兵式。

中國國家主席習近平二〇一六年一月成功訪問埃及。在這次歷史性的訪問中，雙方在電力、能源以及蘇伊士運河經濟走廊合作、民航、教育和科技合作方面簽署了很多雙邊協議。兩國元首還來到盧克索，在卡納克神廟共同出席了埃中文化年啟動儀式，這也是為了紀念兩國建交六十週年。

埃中合作不限於傳統的政治、經濟和軍事領域，還包含文化和人文領域。兩國有著數千年豐富的舉世無雙的文化和文明積澱。二〇一六年是埃及的「中國文化年」和中國的「埃及文化年」。這一寬廣的埃中合作框架，強化了兩國在國際關係上的共識。其基礎是尊重國家主權，反對外來勢力幹涉內部事務，還有反對使用武力，反對將人權問題政治化。也許反恐問題是顯現埃及和中國共識最多的問題之一。兩國對反恐有著統一的理解，一致認為必須緝拿恐怖分子，必須切斷威脅世界安全和穩定的恐怖組織的財源。因為中國和埃及都不時受到罪惡的恐怖主義侵害，恐怖主義企圖破壞兩國為實現全面發展所作的努力。

在紀念埃中建交六十週年之際，還有許多事情等待我們去完成。在經貿領域，兩國貿易額已達一百二十億美元，中國已成為埃及的第一大貿易夥伴。但是，比起良好的政治關係和密集的商業交往，以及中國的巨大經濟能力，中國在埃及的投資還不夠多。埃及在取得今年安理會非常任理事國席位後，還希望能在國際場合得到中國的支持。對此，我想強調的是，埃及和中國在努力建立多極化的國際秩序方面起著舉足輕重的作用。在首先是由恐怖主義和極端主義對人類進步構成的嚴重威脅面前，這種多極化的國際秩序將保障各民族和發展中國家有平等的發展機會，將能和平解決爭端。因此，兩國都必須利用這一巨大的合作資源，加強在各國際組織和國際場合的能量，弘揚公正和和平共處的價值觀，加強和平，反對恐怖主義，使旨在實現兩個偉大國家的人民的富強與世界的和平穩定的埃中關係成為國家間成功夥伴關係的典範。

薩米哈・舒克里
阿拉伯埃及共和國外交部長

目錄

記憶篇

人物篇

文化篇

交流篇

歷史照亮未來，合作成就夢想

——寫在紀念中埃建交六十週年之際

宋愛國

（中國駐埃及大使）

「中埃兩國是真朋友，好兄弟。」這是習近平主席不久前訪問埃及時對中埃關係的真誠評價。「六十甲子一輪迴，而今邁步從頭越。」這是王毅外長對中埃關係發展歷程的生動總結。我作為中國駐埃及大使，在這個古老美麗的國度工作已逾五載，風光旖旎的尼羅河、巍峨雄壯的金字塔早已深深地鐫刻在我的腦海裡。而更令我感動難忘的是中埃人民那相濡以沫的真摯情誼，以及兩國關係在新的歷史條件下所煥發出的無窮生機與活力。

同舟共濟、風雨兼程的好兄弟

二〇一六年，中埃迎來建交六十週年，在這個值得紀念的時刻，回首中埃關係走過的崢嶸歲月，許多光輝的歷史片段和動人往事浮現在眼簾：

一九五五年四月，周恩來總理與納賽爾總統在萬隆會議上一見如故，徹夜長談，兩人共商亞非團結，攜手推動了亞非民族解放事業的蓬勃發展。

一九五六年五月三十日，埃及成為第一個承認新中國並同中國建交的阿拉伯國家和非洲國家，開啟了新中國與廣大阿拉伯和非洲國家外交關係的歷史新紀元。

同年，中國堅定支持埃及維護蘇伊士運河主權的英勇鬥爭，五十萬首都各界民眾在天安門廣場聲援埃及人民，中國政府向埃及政府提供了二千萬瑞士法郎現匯援助。

一九六三年底，周恩來總理率中國政府代表團出訪亞非歐十四國，正是從埃及開始的這次外交壯舉。周恩來總理親自為攀登金字塔的埃及運動員號脈並贈送國產鋼筆，這段佳話被埃及人民傳頌至今。

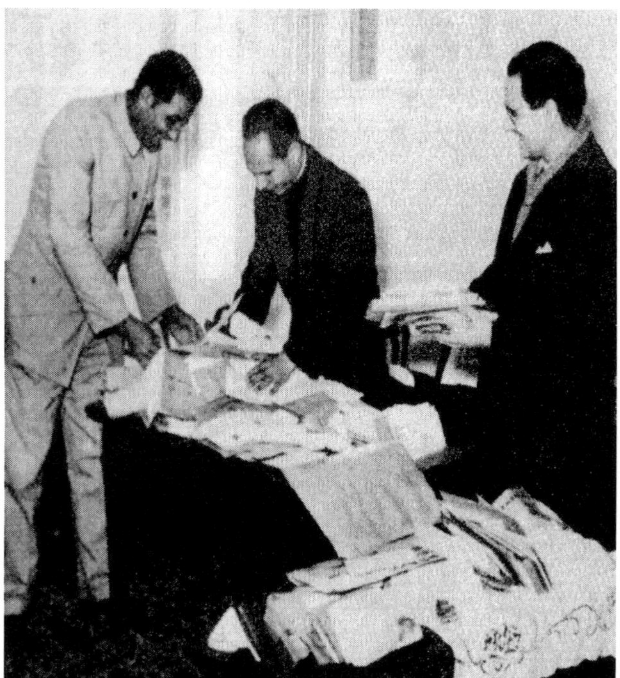

一九五六年十一月，埃及駐華大使館工作人員在緊張地整理中國人民聲援埃及人民正義鬥爭的信件。（供圖：FOTOE）

一九九九年四月，埃及成為首個與中國建立戰略合作關係的阿拉伯和非洲國家，同時也成為首個與中國建立戰略合作關係的發展中國家。

進入新世紀後，中埃關係加速發展，在與地區國家的合作中創造了一個又一個「第一」。二〇〇六年，中埃率先簽署《關於深化兩國戰略合作關係的實施綱要》，兩國外交部建立戰略對話機制。開羅中國文化中心成為中國在西亞北非地區建立的首家也是唯一一家中國文化中心。開羅大學孔子學院成為中國在北非地區建立的首家孔子學院。埃及成為第一個受理中國銀聯信用卡的非洲國家。二〇〇八年，中國在西亞北非地區唯一的國家級經貿合作

區——中埃蘇伊士經貿合作區破土動工，迅速成長為一座引人注目的國際化產業基地。

二〇一一年初以來，西亞北非局勢動盪，埃及政局也發生劇變。但令我欣慰的是，中埃關係不僅經受住了時局的考驗，而且呈現出不斷發展的新勢頭，不僅政治關係穩中有進，經貿合作更是不降反升。我出使埃及的二〇一〇年，中埃貿易額為六十八億美元。而二〇一三年，中埃貿易額一舉突破一百億美元。二〇一四年塞西總統執政後，中埃關係全面加速，再次駛入發展快車道。同年底，中埃決定建立全面戰略夥伴關係。塞西總統九個月內兩次訪華並出席中國人民抗日戰爭暨世界反法西斯戰爭勝利七十週年紀念大會，埃及儀仗官兵也成為參加「9・3」紀念活動天安門閱兵的唯一一支非洲和阿拉伯國家外軍方隊。二〇一五年，中埃雙邊貿易額達一百二十九億美元，中國在埃新簽承包工程合同額達三十四點六億美元，中國企業對埃累計投資超過五十億美元，中國赴埃遊客突破十三萬人次，均創下歷史新高。此外，埃及成為首個申請加入亞投行的非洲國家，中埃簽署兩國產能合作框架協議，中國連續多年成為埃及第一大貿易夥伴。

二〇一四年十一月十一日，中國駐埃及使館組織中埃聯合記者團走訪中埃蘇伊士經貿合作區。

二〇一六年伊始，習近平主席對埃及成功進行了歷史性訪問，這是中國國家元首時隔十二年再次訪埃，具有承上啟下、繼往開來的重要意義。訪問期間，中埃雙方發表了《關於加強兩國全面戰略夥伴關係的五年實施綱要》，簽署了涵蓋政治、經濟、貿易、文化、新聞等諸多領域的二十一項合作協議，兩國領導人共同出席在盧克索神廟舉行的中埃文化年開幕式活動，習近平主席還特邀塞西總統以嘉賓國身分出席二十國集團杭州峰會。此訪開啟了新時期兩國高層互訪的新階段，夯實了中埃友好關係的政治基礎，並充實了兩國全面戰略夥伴關係的內涵，成為中埃關係發展的重要里程碑。

正如習近平主席在《金字塔報》署名文章中所形容的那樣，中埃友誼如尼羅河水奔湧向前。在一個甲子的歲月裡，中埃友好世代傳承，兩國關係歷久彌堅。我有幸全程參加了中埃領導人之間近年來的頻繁互訪，看到雙方交往的樁樁盛事，聽到兩國合作的件件喜訊，感悟良多。中埃友好是人心所向，兩國合作是大勢所趨。中埃之間沒有任何歷史包袱，有的只是穿越時空的真摯情誼，以及亙貫古今的交流互鑑，這是中埃關係能夠不斷發展、兩國合作持續加強的不竭源泉。中埃歷來同舟共濟，彼此信賴，我們常說兩國是好朋友、好夥伴、好兄弟，絕不是一種外交辭令，而是有大量史實作為依據的。

互利共贏、共同發展的好夥伴

友誼、團結、合作是歷史留給中埃兩國的珍貴遺產，改革、穩定、發展是時代賦予雙方的共同命題。當前，中埃各自走在改革發展的重要歷史進程中，中國人民正為實現中華民族偉大復興之夢而努力奮鬥，埃及人民也提出「埃及夢」，正在積極探索符合自身國情的發展道路。共同的發展使命和相似的理想追求，把中埃人民更加緊密地聯繫起來。習近平主席提出的「一帶一路」宏偉構想，不僅承載著綿延千年的絲路精神，也為推動中埃攜手合作、築夢未來提供了歷史性機遇。

在中國加快向西開放步伐的同時，埃及也正努力向東看，兩國發展戰略不謀而合。對中國而言，埃及位於「一帶一路」西端交匯地帶，擁有獨特的區位優勢和樞紐地位，並處在大規模經濟振興建設的初期，是推進「一帶一路」建設的重要合作對象。對埃及而言，中國是發展中大國，擁有雄厚的產能、資本和技術優勢，是參與蘇伊士運河走廊開發等國家級大型發展項目的優先合作夥伴。展望「一帶一路」合作框架下的中埃兩國，雙方在發展戰略層面有著許多契合點和相通處，在地理區位、資源稟賦、產業結構、技術資本等方面呈現出諸多互補優勢，在貿易投資、現代工業、現代農業、交通運輸、電力能源、衛星科技等領域正迸發出巨大合作潛能。

在中埃領導人的高度重視和共同推動下，兩國在共建「一帶一路」框架下的合作步伐正不斷加快。習近平主席提出，中埃要將各自發展戰略和願景對接，利用基礎設施建設和產能合作兩大抓手，將埃及打造成「一帶一路」沿線支點國家。塞西總統強調埃方支持「一帶一路」倡議，曾開宗明義提出埃希望成為「一帶一路」的組成部分。習近平主席訪埃期間，中埃簽署了《兩國政府關於共同推進「一帶一路」建設的諒解備忘錄》，這份重要的綱領性文件，為中埃共建「一帶一路」指明了方向，細化了任務，注足了動力。雙方的願景共識正不斷轉化為兩國合作的具體成果。

「一帶一路」戰略的重點之一就是要和沿線國家分享中國的優勢產能，推進後者工業化、現代化。中埃開展產能合作，有利於雙方資金、技術、資源、市場的深度整合和對接，幫助雙方找準新的利益契合點，打造更多合作新亮點，從而使中埃兩國真正成為命運共同體和利益共同體。位於蘇伊士灣附近的中埃蘇伊士經貿合作區，正是中埃在「一帶一路」框架下積極開展經濟技術和產能合作的成功樣板。園區內的巨石埃及公司，將中國先進的生產技術和管理經驗與埃及充沛的原材料和勞動力優化組合，不僅使埃及一躍成為中東玻璃纖維製造的龍頭國家，而且增加了埃及的稅收和就業機會，帶動了當地產業升級和職業培訓的發展。

文明對話、文化交融的好朋友

文化是溝通人與人心靈的紐帶，也是增進國與國關係的橋樑，中埃關係的全面發展也離不開人文領域的友好交流與務實合作。中埃作為擁有悠久歷

二〇一五年二月六日，中國駐埃及使館舉辦新春大廟會，宋愛國大使（左2）與埃方代表一起為舞龍「點睛」。

史的文明古國，不僅共同譜寫了人類文明的璀璨篇章，也一直走在不同文明交流交融、互學互鑑的前列。古老的絲綢之路早在二千多年前就把中埃人民緊緊聯繫在一起，無論是二千多年前中國漢朝派遣使者遠赴亞歷山大，還是西元二世紀埃及人托勒密所著《地理志》中關於中國的描述，都是古代中埃兩國人民文明對話與友好交往的歷史佳話。

近年來，隨著中埃關係的全面發展，更多中國文化元素走進埃及人民的日常生活，越來越多的埃及院校開設了中文課程，越來越多的埃及民眾成為中華文化的熱情「粉絲」。許多當代中國優秀文化作品在埃翻譯出版，多部阿拉伯語中國電視譯制劇在埃熱播，「歡樂春節」大廟會、「漢語橋」中文比賽等品牌活動人氣節節攀升，熱度連年爆棚。二〇一六年中埃文化年，更是兩國為慶祝建交六十週年所共同打造的一場文化盛宴。當古老的盧克索神廟響起來自中國古老編鐘的聲韻，這意味著兩大文明古國跨越時空的牽手，此情此景，溫暖人心，令人難忘。

區域合作、聯合自強的好榜樣

單絲不成線，獨木不成林。中埃關係的發展離不開中阿、中非關係和南南合作的導引和支撐。埃

及是阿拉伯世界的戰略支點，是非洲大陸的重要門戶，也是發展中大國。中埃關係不僅是中阿、中非關係的起點，更是南南合作的縮影。六十年來，不論國際風雲如何變幻，中國與包括埃及在內的廣大阿拉伯、非洲和發展中國家相互尊重、相互信任、相互支持，友誼與合作始終貫穿中阿、中非和南南關係的主軸。中埃兩國還積極參與中阿、中非合作論壇這兩大集體對話與務實合作機制的建設，並共同致力於推動南南合作。毫無疑問，中埃關係早已超越雙邊關係的範疇，中埃關係的全面發展不僅直接惠及兩國和兩國人民，也將大力帶動中埃、中非關係和南南合作的升溫和進步。

二〇一六年九月四日，二十國集團領導人第十一次峰會在杭州國際博覽中心舉行，習近平主席同抵達會場的埃及總統塞西握手。（供圖：中新社）

歷史照亮未來，合作成就夢想。歷經千百載絲路情、一甲子兄弟誼的中埃兩國，共同走過了輝煌的歲月，彼此留下了不朽的印記。新的歷史條件下，在全面深化對華戰略合作方面，埃及再次走在了地區國家的前列。而習近平主席對埃及的友誼、合作與共贏之旅，更奠定了新時期中埃關係發展的政治基礎，標誌著中埃全面戰略夥伴關係從頂層設計開始過渡到細化落實的具體階段。作為駐埃及大使，我能時刻感受到中埃人民間發自內心的深厚情誼，也有幸見證了近年來中埃關係的快速發展。作為埃及人民的朋友，我衷心期盼埃及成為地區穩定支柱和發展標竿，並將繼續致力於中埃全面戰略夥伴關係的不斷發展。

阿拉伯詩人曾說：「當你面向太陽的時候，你定會看到自己的希望。」當前的中埃關係，正沐浴在溫暖和煦的陽光中，生機勃勃，充滿希望。歷經歲月考驗的中埃友誼，將如同長城和金字塔那般堅毅永恆，像長江和尼羅河一樣滾滾向前；走過六十載光輝歷程的中埃關係，也將迎來碩果纍纍的收穫季節，奏響高歌猛進的發展篇章！

慶祝中埃建交六十週年

馬傑迪・阿米爾

（埃及前駐華大使）

二〇一六年是中埃建立外交關係六十週年，但埃中兩大文明之間的聯繫卻源遠流長，並非近代的產物。中國與埃及在文化遺產上的相似性無疑印證了這一點，這些歷史悠久的聯繫有助於拓寬和深化當前兩國之間的聯繫與交流。埃中都是農業文明古國，務農教會了人民心繫種子、敬畏土地。兩國都未有過殖民侵略或軍事擴張行為，與各自的鄰國和平共處、睦鄰友好、互利互惠，但凡參戰也都是出於抵禦侵犯、保衛國家的目的。考古學者發掘的文物證明古埃及的公主與上層貴婦們曾穿著中國絲綢製成的衣物，這證明埃中之間的聯繫可以追溯到二千多年前。絲綢之路也是自古有之，它是橫貫東西的貿易與文明大動脈。雖然以「絲綢」為名，但它不僅僅是絲綢貿易之路，而且是各種物質與非物質貿易交流的通路，也是思想、知識、宗教傳播與文明交匯的驛站。值得一提的是，絲綢之路並非一條單一的道路，而是連接各個古文明的眾多平行和交叉的道路聯通而成的網絡。當前，中國正致力於通過絲綢之路經濟帶和二十一世紀海上絲綢之路兩大倡議復興絲綢之路，而埃及正是沿途的重要一站。正如埃中兩大古文明緊密聯繫在一起，埃中兩國在現代的雙邊關係和國際舞台上也保持友好合作、互利共贏。

埃中文明都曾為人類貢獻了眾多科學與文化成就，綻放過光芒，在人類發展進程中發揮了重要作用。這種聯繫歷經歲月滄桑一直延續到今天，變為兩國領導人對於如何以創新的形式拓寬發展兩國關係的不懈追求。這些探索中最引人注目的便是習近平主席提出的「一帶一路」的倡議，這一宏偉構想包含加強絲綢之路沿線國家和地區之間的區域聯通、務實合作、貿易往來的大型項目。埃及在此倡議提出之初就表示支持，認為這是中國為夯實各國互助合作、和諧共處的基礎，進而實現世界和平、穩定與發展所作出的突出貢獻。

埃及於一九五六年成為第一個承認新中國並與之建交的阿拉伯和非洲國家，這得益於一年前時任埃及總統納賽爾與中國總理周恩來在萬隆會議期間的歷史性會面。從此，埃中關係進入了嶄新的時期，取得了豐碩的外交成果，其中最突出的是兩國於一九九九年簽署的戰略合作關係協議，標誌著兩國關係掀開了新的篇章。二〇一四年十二月，埃及總統塞西在訪華期間與中方簽署全面戰略夥伴關係協議，表明雙方期望傳承緊密的歷史聯繫，在處理國際與地區問題上保持協調，發展在政治、經濟、投資、人文領域的合作關係。

埃及感激中國的對埃立場，尤其是中方支持埃及人民在「6・30」事件後作出的選擇，反對外國干涉埃及內政。中方一直相信埃及政府和人民有能力渡過當前的危機，在埃及遭受恐怖主義打擊最嚴峻的時刻也並未從埃及撤資，而是選擇相信埃及可以渡過此次劫難。同樣，中方並未針對中國遊客發布赴埃及旅遊的警告，二〇一五年旅埃中國遊客超過十二萬人次，這一數字對接下來幾年內的埃及旅遊有著極強的刺激作用。埃及期待每年吸引百萬人次的中國遊客。另一方面，埃及一貫支持中國在涉及其切身利益的問題上的立場，特別是堅持一個中國原則和反對「台獨」。

值得一提的是，埃中兩國間廣泛的共同利益注定了雙方要加強合作與交流。在投資方面，中國近

一九五六年九月十七日，埃及首任駐華大使哈桑·拉加卜向毛澤東主席遞交國書。（供圖：楊福昌）

幾年已經從投資輸入國轉變為投資輸出國，正在尋找適宜的投資市場與地區。埃及則坐擁重要的戰略位置與豐富的物質和人力資源，是最佳投資地之一，而且埃及目前也需要吸引外資振興經濟。中國投資有著巨大優勢，可以稱為「環境社會友好型」投資，因為中國已經開始注重照顧投資目的地國家的社會發展和環境保護，避免耗盡資源，鼓勵技術轉移、技能培訓、僱傭當地勞動力，這些優點使得中國投資享有優先權。中國特別重視非洲，希望與其鞏固友誼、加強合作。埃及則是非洲的門戶，與眾多非洲國家簽訂了貿易往來與豁免關稅的協定，因此在埃及投資享有數項優勢。同時，埃及靠近歐洲，而歐洲市場是中國產品的主要出口市場，中國在埃及投資興建項目，可以在商品運輸至歐洲的環節節省大筆開支。

在國際合作方面，兩國支持對方在國際舞台的政治外交努力，共同致力於實現世界範圍內的安全、和平與穩定，共同遵守和平處理分歧、不干涉他國內政、尊重國際法規、在聯合國框架下行動等原則。特別是當前，中國作為中立調解者，依據不干涉內政、尊重主權、在聯合國框架內行動的外交原則，在國際政治領域調解爭端、化解分歧中發揮著越來越重要的作用。因此，埃及在面對雙方共同關切的國際和地區問題時，特別重視與中國的溝通與協調。埃及在當選為二〇一六到二〇一七年的安理會非常任理事國後，要想承擔責任、發揮更

馬傑迪·阿米爾大使（前排左 4）在使館與中國朋友們合影。

大國際作用，必須加強與想法相近的國際夥伴之間的協調合作，其中最重要的代表就是中國。埃及積極參與中國領導的亞洲相互協作與信任措施會議（CICA），並於二〇一六年三月在沙姆沙伊赫承辦此次亞信會議的協調會議，這是兩國在國際領域開展良好合作、針對諸多問題達成共識的最新證據。

隨著經濟實力的增強，中國開始在國際社會中扮演更加重要的角色，也更加積極地為調解地區爭端付出努力。以中東為例，中國政府自二〇〇二年開始設立中東問題特使一職，最初的目的是促進巴勒斯坦問題的解決，中國相信這是實現地區和平穩定的有效途徑。首位中國中東問題特使由王世傑大使擔任。現任中國中東問題特使宮小生為解決地區問題積極斡旋調解，爭端各方由於均與中國關係良好，都對他的努力表示接受和歡迎。二〇一六年，中國為了解決敘利亞危機，還任命了敘利亞問題特使。

埃中關係無疑會見證更多的發展與繁榮，兩國首腦互訪則是其中的高潮：二〇一四年十二月塞西總統首次訪問中國，隨後於二〇一五年九月再次到訪中國，參加紀念世界反法西斯戰爭勝利七十週年大會和閱兵式，這是埃及首次派遣軍隊赴華參加大型紀念活動。之後，中國國家主席習近平於二〇一六年一月訪問埃及，與塞西總統一起出席了為慶祝埃中建交六十週年舉辦的埃中文化年開幕式。這三

由中國天津泰達集團主導建設和運營的中埃蘇伊士經貿合作區

次首腦訪問實現了埃中領導層的多次會晤，在眾多領域簽署了重要的合作協議。此外，塞西總統應習近平主席邀請，於二〇一六年九月再次訪問中國，以嘉賓國身分參加二十國集團峰會。

在完善周全的基礎上開展未來合作需要制定明確的框架，為此，雙方在塞西總統首次訪華期間一致同意建立由埃及貿易與工業部長、投資部長與中國商務部部長、國家發改委主任組成的小型部長委員會，以推動就優先項目達成協議並由中方支持項目實施與融資。習近平主席首次到訪埃及時公布了該委員會達成的諸多協議，值得一提的是，當時是中國元首近十年來首次訪問埃及，體現了雙方有意在基礎設施建設等關鍵領域加強合作。埃及政府計劃在未來一段時間內啟動一批大型項目，例如蘇伊士運河區開發項目，而運河區內的中國工業園由中國天津泰達集團承包建設，還有數家中國公司為埃及新行政首都項目作出了貢獻。埃中兩國同樣在金融、銀行、吸引投資以及航天和遙感等重要領域展開了合作。此外，習近平主席的到訪也提升了雙方在安全與反恐領域的合作水平。當前整個國際社會，特別是埃中兩國正面臨數量眾多且形式多樣的威脅，這就要求雙方加強溝通與協調，以應對這一現象。訪問期間，雙方還一致同意運用多種手段提升雙邊貿易額。中國是埃及在全球最大的貿易夥伴，兩國二〇一四年雙邊貿易額達一百一十六億美元，二〇一五年的雙邊貿易額則超過了一百三十億美元。

兩國友好關係已經走過六十年的歷程，在慶祝建交六十週年之際，埃及與中國於二〇一六年共同舉辦埃中文化年，期間將開展多種多樣的文化、藝術與民間活動，以藝術展覽會、研討會、見面會、民間藝術團互訪等形式增強兩國人民對對方文化的了解，鞏固友誼，加強文化合作。

埃及一直致力於為本國人民打造更加美好的明天和更加燦爛的未來，為此埃及將強化與中國的關係。埃及視中方為患難與共、相互扶持的真朋友。中國正在慷慨地同我們分享實現中國特色發展奇蹟的寶貴經驗，埃及不僅稱道、讚歎中國成就，也期待學習、借鑑中國經驗。中國在實現中國夢的奮鬥過程中，已發展成為獨一無二的經濟巨人，並且不吝與他國分享自身經驗。我們應該從中受益用來實現「埃及夢」，畢竟中國經驗最適合埃及國情，而且鼓舞人心的中國經驗已經證明，沒有什麼不可能。

對一九五六年發生的幾件往事的回憶

——紀念中埃建交六十週年

楊福昌

（中國外交部前副部長、前駐埃及大使）

一九五六年五月三十日，中國與埃及建立外交關係。由於埃及的阿拉伯和非洲屬性，這一天成為中國開啟同阿拉伯和非洲國家關係的日子，值得紀念。六十年來，國際上風雲變幻，物是人非，不變的是中埃友情，是中阿、中非之間的牢固友誼。由於這一關係起自埃及，而我經歷了一九五六年中埃建交前後的一些事件，現就其中幾件事作點回顧，以紀念這一有歷史意義的日子。

被派赴埃及留學，兩次受總理接見

新中國成立後，中國同埃及還沒有外交關係，但有貿易往來，一九五〇年雙邊貿易額達三百一十三萬美元，一九五三年達到一千零四十萬美元，主要是中國購買埃及棉花。中國同阿拉伯國家的初次官方接觸發生於萬隆會議期間。一九五五年四月十五日，在赴萬隆途中，早一日抵達緬甸的周恩來總

一九五六年，中國首任駐埃及大使陳家康向納賽爾總統遞交國書。

理同緬甸總理吳努一起去機場迎接埃及總理納賽爾。這是中國和埃及兩國領導人首次見面，兩人握手時，周總理說了一句：「總理閣下，想不到你是這麼年輕。」一次握手、一句話，象徵著中阿雙邊關係的開啟。出席萬隆會議的有二十九個亞非國家，其中阿拉伯國家有九個，除埃及外，還有伊拉克、約旦、黎巴嫩、利比亞、沙特阿拉伯、蘇丹、敘利亞、也門。另外，阿爾及利亞、突尼斯、摩洛哥派出了由政黨組成的觀察員代表團出席會議。上世紀五六十年代是反帝、反殖、爭取民族獨立的鬥爭年代，在會議上，周總理對埃及為收回蘇伊士運河主權而進行的鬥爭表示支持，還表示「中國人民完全同情和充分支持阿爾及利亞、摩洛哥、突尼斯人民為自決和獨立的鬥爭、阿拉伯人民在巴勒斯坦所進行的人權鬥爭」，「所有附屬國人民都應該享有民族自決的權利」，充分體現了中國對阿拉伯國家反帝、反殖鬥爭的支持。那時，新中國剛成立不久，美蘇兩大集團處於冷戰時期，西方對中國封鎖打壓，醜化中國形象。在萬隆，中國幾乎成了會議的焦點，疑惑、不解以及眾多攻擊之詞都指向中國。是周總理力挽狂瀾，提出了「求同存異」的理念，扭轉了局面，使會議取得成功，發表了《最後公報》，提出了著名的處理國際關係的十項原則。針對會上反映出的各國對中國的不了解，周總理邀請與會代表到中國去看一看，以了解真相。

納賽爾回國後，於一九五五年五月，即會議閉幕的次月，派其宗教事務部長艾哈邁德・巴庫裡訪華，雙方簽署了《中埃兩國文化合作會談紀要》。「紀要」包括互派老師和留學生、文化藝術代表團互訪、交換電影片等文化交流內容。同年八月，埃及工商部長穆罕默德・阿布・努賽爾訪華，雙方簽訂了貿易協議和執行協議的議定書，除明確了具體商品外，還規定雙方分別在對方設立「商務代表處」，經雙方換文確認，「代表處」有權懸掛國旗、國徽，正、副代表人身不可侵犯，公文、檔案不受侵犯並有權使用密碼。這些規定賦予了「代表處」一定的外交代遇。

根據「紀要」，中國決定派一位老師和七名學生去埃及。七名學生分別是：來自北京大學的夏珊安、鄭守一，北京外國語學院（今北京外國語大學）的余章榮，外貿學院（今對外經濟貿易大學）

的顧中和、楊福昌，以及留蘇預備部兩位。我那時在外貿學院學習，有幸成為七名學生中的一員。一九五五年九月，剛開始二年級的課程，系領導即通知我去埃及。十一月，我們辦完一切手續準備出發時，突然接到通知，周總理要接見我們。總理是我們十分崇敬的人，他日理萬機，還要抽出時間見我們，是從未想到的事，我們又高興又緊張。到了現場，看到參加會見的有外交部、外貿部、教育部、文化部、伊斯蘭教協會、新華社等部門的負責同志。總理同我們一一握手，詢問每個人的情況，輕鬆的開局緩解了我們心中的緊張。總理語重心長地囑咐我們：「你們要刻苦努力學好它（埃及）的語言和文化，要謙虛謹慎、不卑不亢。阿拉伯國家和人民對新中國不大了解，他們是通過你們的言行、表現來看待中國的。因此你們不單單是以個人身分去埃及留學，而是作為新中國第一批留學生出現在埃及，你們一定要尊重當地的風俗習慣和宗教信仰。」總理的一番教誨是我們在埃及的行為準則。

會見中，總理還對一些具體問題作了指示：（1）當知道學生中沒有穆斯林時，他覺得很不妥當。他說：「新中國成立後，國外反動派造謠說，中國共產黨對少數民族進行了大規模屠殺，尤其對信仰伊斯蘭教的穆斯林更為『殘酷』。這當然是造謠污衊了。然而在派往阿拉伯伊斯蘭國家的第一批留學生和教師中，卻連一個穆斯林都沒有，這樣就給了國外敵人一個機會和藉口對新中國進行惡意

埃及宗教部長巴庫裡與七名中國留學生合影（後排左3為楊福昌）

的攻擊和中傷。」總理指示要更換兩位穆斯林學生去。教育部的同志說，去香港的車票已買好、行李已運走，是否下一批再派？總理說，車票可以退，行李可以追回，第一批學生中就要有穆斯林學生。就這樣，本來就不願去埃及的留蘇預備部的兩位同學被換下，改為同屬該部的一位穆斯林同學李振中和一位北京回民學院（高中）一九五五屆畢業生、留校任學生會主席的同學溫亮。（2）當總理髮現來自山東的老師講話地方音太重時，他要求改派一位講普通話好的老師去，因為是去教外國人講中文，發音一定要准。後來改為西北大學的金家禎老師，他也是穆斯林。（3）當總理知道已定老師和同學們先走時，他覺得不安全，因為當時台灣在開羅有大使館，老師和同學們遇到問題同國內聯繫不方便（之前曾定通過印度駐埃及大使館同北京聯繫），他要求商務代表處加緊籌備，和師生們一起赴埃。（4）他問在場的外貿部長葉季壯，代表處的班子組織得怎樣了？葉答，還沒有找到一個有點外事經驗的人。總理當即指著在場的外交部西亞非洲司副司長張越說，張越去。接見將結束時，張越請示總理：如果我們遇到台灣國民黨當局的所謂外交人員，我們應當如何表示呢？總理堅定地說：告訴他們要熱愛祖國，要給自己留後路。張越於是成為商

一九五六年，埃及教育部副部長納吉布·哈希姆（左2）在中國駐埃及大使館與七名中國留學生合影。右一為楊福昌。

代處的副代表，正代表是外貿部的李應吉。

當商務代表處籌備就緒，準備和師生們一起出發時，十二月二十三日周總理又接見了兩批人員。教育部負責人把金老師和兩位穆斯林同學介紹給總理，總理親切地讓老師坐在他旁邊，問了一下他的年齡，金老師說他今年五十六歲，總理說：那我們是同齡人。又是一個輕鬆的開局。總理對同學們作了進一步的指示，主要是：到埃及後要好好學習，掌握真本領，將來為中埃兩國人民的友誼架起廣闊結實的橋樑；要多交朋友，與埃及青年和其他阿拉伯國家青年交好朋友，溝通思想，溝通感情，將來世界是屬於你們年輕一代的，亞非國家都面臨反帝反殖的鬥爭任務，也面臨著發展本國民族經濟和文化的任務，完成這些任務要靠你們年輕人；要嚴格要求自己，有困難要盡量自己克服和解決，不要給埃及政府、教育部和大學增加麻煩，要遵守當地各種規章制度，要客隨主便。總理的指示比第一次更具體、要求更嚴格、看得更寬更遠。因為我是學生，所以把總理對我們說的話寫得多一些，實際上，在第二次接見時，他對商務代表處同志談得更多，對他們工作的指示也非常具體，從埃及的重要地位談到商代處的任務，以及我們的政策和應注意的問題等，都交代得很清楚。

我們就是一批留學生，出國前卻受到國家領導人的兩次接見，不但現在不可想像，就是在當時可能也是沒有過的。總理這樣重視這批留學生，同當時的國際形勢有關，也體現出他對外交大局的運籌。上世紀五〇年代初，同中國有外交關係的國家還很少，只有社會主義國家和少數週邊友好鄰國；另一方面，反華的聲音卻很高，特別是一九五〇年朝鮮戰爭爆發後，中朝交戰的對手除南朝鮮外，還有打著聯合國旗號的聯軍，中國受到國際上巨大的壓力，需要對外交往，打開局面。總理出席萬隆會議就是重要的一步棋，巴庫裡訪華、派老師和留學生赴埃則是萬隆會議這步棋的繼續。發展與埃及的關係，也就為新中國開拓同阿拉伯國家和非洲國家的關係開闢了一個通道，是棋局中的關鍵一步，是先手，故總理十分重視駐埃商代處和赴埃留學生的工作。

不平凡的一九五六：學習、建交、戰爭

學習：我們一九五五年十二月二十四日從北京出發，經香港、卡拉奇（等簽證），於一九五六年一月十四日抵達開羅，開始了學習生活。抵達開羅後，埃及教育部派人把我們接到開羅大學的大學城，這是開羅大學的男生宿舍區，有兩棟大宿舍樓以及食堂、體育場，設備齊全，環境良好。我們每人一個房間，臥具由學校提供，定期更換，有工人打掃衛生，房間內有供洗漱的臉池，一切都很方便。條件俱備，學得好學不好就看自己了。

初到開羅，確實令人眼前一亮：這哪裡是非

一九五六年十月一日，在中國駐埃及大使館舉行的國慶招待會上，楊福昌（左2）和李振中（左1）與阿語啟蒙老師易卜拉欣·艾布·法塔哈夫婦合影。

洲，哪裡又有黃沙遍野的荒漠，原來留蘇預備部的兩位同學如見到這樣一座現代化的城市，一定會改變他們不願來的想法。對我們這些年輕學生來說，開羅就像一個歐洲城市，寬廣的街道、良好的綠化，更有一條清澈的尼羅河橫貫全市，美不勝收。這裡有伊斯蘭教權威學府愛資哈爾大學，有創建於一九〇八年的開羅大學，古老的清真寺和歐洲風格的現代化建築交相輝映，體現了多元文化在此的匯合。使館所在的扎馬利克區，是尼羅河中間的一個小島、富人居住區，有很多歐式的花園別墅、一棟小洋樓、一個大花園。使館在初期買了兩棟別墅，一作使館，一作大使官邸。使館的花園有十幾棵芒果樹，官邸的花園有一個小噴泉，還有數座一人高的漢白玉女士雕像，這一美景總是獲得外國友人或國內代表團的讚賞。我們有時去使館，最喜歡下公交車後步行的那一段，享受扎馬利克的美麗。上世紀九〇年代我重返開羅工作，發覺扎馬利克甚至整個開羅已昔日風光不再：埃及人口增長快，已達九千萬人，全國約四分之一人口生活在開羅，在扎馬利克，人行道幾乎全被汽車占領，要想步行就要同機動車較量，交通和環境問題成為政府關注的兩大難題。

我們被安排在開羅大學文學院阿拉伯語言文學系學習。入學前，首先要過語言關，埃教育部安排了語文老師，分兩個班教我們阿拉伯文。七個人中，夏、鄭兩位在國內已學了三年阿語，基礎好，僅補習了半年，於一九五六年九月入學。另外五人沒學過阿文，要從字母開始，多學了一年，於一九五七年九月入學。教我們五人的是一位中學語文老師，阿文水平很好，但沒有教過我們這樣的學生，例如二十八個阿拉伯文字母他兩天就教完，然後就教我們學小學三年級的語文課本，兩個月教完，然後又用兩個月教完四年級課本。老師開始講課時，就靠我們從國內帶去的王靜齋編的那本《阿漢字典》，他把我們不認識的字在字典中找到，指給我們看。我們自然也努力學習，大清早就到空曠的操場高聲朗讀，記單字、背課文，然後吃飯、上課，生活簡單，主要時間都用在學習上。下午我們有時打籃球，埃及學生喜歡足球，不喜歡籃球，操場上的籃球場幾乎成為我們的專用球場。經過一段緊張學習，有了點交流和閱讀能力，我記得三個月後，我們就買報紙開始看大標題了，一點點深入。在和埃及學生交流中，他們問得最多的還是中國的宗教信仰和穆斯林問題，我們就以我們同學中就有兩位穆斯林給他們作解釋。每到此時，都會使我們由衷地佩服周總理的遠見卓識。

一九五七年暑期後，我們入開羅大學文學院學習，與埃及同學一起編班。他們是土生土長的高中畢業生，從語言、知識上講，我們都不能和他們相比。老師講課按教學計劃進行，不會遷就我們。如教阿拉伯文學史的紹武基・戴伊夫教授，他知識淵博、記憶力強，上課時經常一邊走動一邊講，一口標準的阿拉伯文正規語，引用各個時代的詩句都不假思索，脫口而出，埃及同學埋著頭下筆如飛地記錄著。開始時，我們連一半都聽不懂，記不下來，只有下課後借他們的筆記本抄，往往一小時的課要抄兩三個小時。一年級學生要選一門西方語、一門東方語，我選的是英語和波斯語。一年級結束，期終考試時，我們就加班加點，開夜車，抱著筆記本死記硬背。除各門課程考試外，還要寫一篇論文，我選的題目是找兩個阿拉伯矇昧時期（伊斯蘭教前）不同類型詩人的詩作對比，一個是富家子弟烏姆魯勒・蓋斯，一個是被稱為「俠寇詩人」的尚法拉。他們二人出身不同、生活各異，這些都反映在他們的詩中。前者的詩作中多是反映其荒誕不羈、尋歡作樂的生活，如：「那天，我為姑娘們宰了自己騎的駱駝……姑娘們相互把烤肉拋來傳去，噴香

一九五八年，納賽爾總統（中）參觀中國在開羅舉辦的展覽會。納賽爾後右為楊福昌。

肥嫩，一塊塊好似綾羅綢緞。」後者的詩作中雖也有對愛情的描述，因為這是那個時期詩作的主題，但更主要的是表現窮人的骨氣和自尊，如：「三者伴我足矣——雄心、利劍、彎弓。我寧肯用泥土充飢，也不願靠別人施捨活命。」為寫這篇論文，我在大學圖書館裡選這兩人的詩，查字典，弄清楚內容，然後作比較，頗費了些時間，就想說明人生活在不同環境下，他們的詩作就是寫他們的生活，內容因經歷不同而不同。

建交：從中國駐埃及商務代表處一九五六年一月二十四日抵埃，到同年五月三十日中埃建交，只有四個月多一點，看起來很快，實則早有跡象和鋪墊，雙方都有意願：（1）新中國成立後，埃及駐華使館並未立即撤離，他們對周恩來總理兼外長表示願同有關國家建立外交關係的公函給予回覆，稱周恩來為「外交部長」；（2）雙方貿易一直未斷；（3）一九五二年埃及「7・23 革命」後，新政府曾作出承認新中國的決定，後因受美國的阻撓而擱淺；（4）革命後，埃及媒體要求與中國建交的呼聲日高。當時的《消息報》編輯海卡爾就主張：埃及要面對現實，立即承認中華人民共和國。對蔣介石政權，海卡爾說：「不能強求我們始終承認，尤其不能在由本土被驅逐之後數年，仍要我們繼續承認。」（5）一九五四年納賽爾對《美國新聞與世界報導》雜誌發表談話稱，中國政府「之存在是一確定不移的既成事實，美國應當承認」。並稱，若承認，當有助於冷戰之終止。這足以說明，埃及對承認中國之事醞釀已久。

一九五六年五月十六日，埃及政府決定，撤回對台灣國民黨當局的承認，同時承認中華人民共和國，願同她建立外交關係，互換使節。隨後，埃及商代處代表在北京拜會周總理，並向中國外交部發照會通知埃方的這一決定。在開羅，工商部長的辦公廳主任向李應吉代表作了同樣的通知，同時政府發言人公布了這一決定。五月十七日，中國外交部發表聲明，熱烈歡迎埃及政府這一友好表示，希望中埃兩國儘快建立外交關係，並互換外交使節。五月十八日，周恩來總理致信納賽爾，重申上述內容。同日，周總理還向納賽爾發函，邀請他訪華。五月二十四日，納賽爾覆函周總理，表示接受訪華邀請，並「順向偉大的中華民族表示埃及人民的最好祝願」。他在接見李應吉代表時說：「承認中華人民共和國是早已確定的事，前些時未宣布承認，原因是本想使西方大國減少對以色列的援助，讓這個地區安寧一些。但是這些大國不想同埃及做朋友，而繼續向以色列大量提供軍火。在此情況下，目前承認中華人民共和國政府是最好的時機。」五月三十日，中埃兩國政府發表聯合公報，宣布兩國政府「考慮到兩國的相互願望，已經決定建立外交關係，並且互派大使級的外交代表」。公報發表的第二天，我們全體留學生到商代處，參加了升旗儀式，感到高興又自豪，高興的是我們抵埃還不到半年兩國就建交了，沒有想到，我們成了兩國建交的親歷者和見證者；自豪的是國家的聲望越來越高，埃及棄台就我，是他們就國際形勢和中國對外政策權衡的結果，說明我們政策正確，方方面面工作到位，我們這顆「小棋子」也還在大棋盤上，勤懇學習，遵守紀律，沒惹是生非，沒辜負出國前總理對我們的囑託和期待。

戰爭：這裡指蘇伊士運河戰爭，也稱為「第二次中東戰爭」。蘇伊士運河一八五九年開工，一八六九年開通，耗時十年，全長一百六十三公里，是從大西洋到印度洋的捷徑（走運河比繞好望角縮短 8000-10000 公里），有經濟價值，也有軍事價值，是一條戰略要道，為各方所覬覦。英法利用埃及王室的腐敗，以各種手段控制了運河的股票，英國更趁埃及軍人發動推翻王室的武裝起義之機，於一八八二年派兵鎮壓了起義，在埃建立了軍事基地，進而占領了埃及。一九五二年革命後，埃及要求英國撤軍和歸還運河的呼聲高漲，英國被迫同埃及簽署協議，於一九五六年六月十二日撤走了最後一批占領軍。但運河是在七月二十六日才收回的。

運河是通過和平手段、智取收回的。七月二十三日，埃及政府決定收回蘇伊士運河，政治上是收復主權問題，不允許有國中之國，經濟上是想用運河的收入建設尼羅河高壩。七月二十四日，納賽爾派原陸軍工程師尤尼斯率領行動小組前往運河公司總部所在地伊斯梅利亞市，準備接管運河公司。行前約定，當聽到納賽爾在講話中提到修建運河工程師的名字時即行動。七月二十六日下午，納賽爾在亞歷山大市的慶祝革命四週年群眾集會上發表講話，講話中不止一次提到修建運河的法國工程師萊賽普斯的名字。尤尼斯率領的行動小組據此迅速進入運河公司，接管了該公司，收歸國有。

埃及的行動引起西方國家反對，英法聯合以色列於十月二十九日對埃及發起武裝侵略，遭全世界絕大多數國家反對和譴責，包括美國。在埃及人民英勇抵抗和世界各國支持下，英法被迫於十二月一十二日、以色列於次年三月八日撤出埃及。一個多月的戰爭，入侵者連一個塞得港也未能全部占領，還遭到國際社會譴責被迫撤走，遭到失敗。埃及雖蒙受不少損失，但矢志不渝，奮勇抵抗，得到世界各國支持，獲得勝利。

中國堅定地站在埃及一邊，支持其抵禦侵略的戰爭。中國領導人致電埃及領導人表示支持，同時數十萬群眾遊行，在天安門廣場集會聲援埃及，聲勢浩大。十一月十日，周總理致電納賽爾，除表示對埃及人民的支持外，還宣布「中國政府決定以二千萬瑞士法郎的現金無償地贈送給埃及，響應貴國政府的呼籲」。一九九八年底，我在開羅出席了一個座談會，談中埃關係。我發言後，席間有位埃及

楊福昌在機場迎接巴勒斯坦領導人阿拉法特訪華（1990 年前後）。

朋友站起來大聲地說，一九五六年運河戰爭時中國給了我們二千萬瑞士法郎，是對我們的很大支持。與會者議論紛紛，都問怎麼回事。這也難怪，四十年過去了，並不是所有人都知道或還記得這件事，但總是有人記得中埃關係史上的這段佳話。歷史會記上這一筆，並流傳下去。

一九五六年夏，埃及教育部安排我們去亞歷山大一個夏令營休假，剛好趕上納賽爾在二十多萬人的大會上講話，集會規模之大，以及講話後群眾情緒激昂，在街上遊行的盛況，都給我們留下很深的印象。休假後，我們又回到開羅繼續上課學習，不同的是氣氛變了，過去是平靜的讀書環境，現在既

埃及副總理兼農業部長尤素福·瓦利（著咖啡色夾克者）出席中國一個項目的開工儀式，其左為楊福昌。

可嗅到埃方收回運河的喜悅，也能感到西方的不滿和威脅。隨著時間一天天過去，逐漸地戰爭威脅占了上風，緊張氣氛增加，人們關心時事了，食堂門前的報紙銷量增加了。我們還是早點前買一份報紙，邊吃邊看，不少埃及同學也都是這樣。

十月三十一日下午，我們正在上課，突然警報聲響起，這是人們早已預料到的——如果雙方談不成，遲早是要打一仗的。可是戰爭來了，還是讓人感到突然。我們要老師回家照顧家人，他對我們作了許多囑咐，交代了要注意的事項，就回去了。我們回到宿舍，看到入侵的飛機在開羅上空飛行，埃方的高射炮打上去，留下一朵朵白煙，夠不到飛機。遠處傳來一陣爆炸聲，是飛機轟炸了開羅東北部的軍事區，因距離大學城較遠，沒有震撼的感覺。第二天敵機又來轟炸，還是在開羅東北部。我們沒有害怕的感覺，有同學在陽台看那一朵朵白煙，有的到樓下與埃及同學聊天，問他們怕不怕，他們說不怕，還準備參軍上前線。大學城地方大，成了新兵集中訓練的場所。這時候，在北京和中國其他各大城市，舉行了數十萬人的集會和遊行，埃及媒體都作了報導，甚至還談到中國要向埃及派志願軍。更有甚者，當有記者採訪了我們後，就聯想著報導說，這些中國留學生將成為第一批志願軍。戰爭主要在塞得港進行，以色列四點五萬軍隊、英法七點五萬軍隊都是在塞得港登陸，塞得港軍民奮勇抵抗，二千官兵和一千市民英勇犧牲。開羅和亞歷山大只是遭到轟炸，飛機和機場等軍事設施受到破壞，看不到戰爭的慘烈。轟炸後，我們去街上看了看，一切正常，商店開門營業，公交車在運行，人們上班、購物一如常日。我在一處報亭停了下來想買份報，忽然一本雜誌吸引了我，那是受歡迎的大開本《最後一點鐘》，雜誌的封面上赫然是我在外貿學院的同班同學，取景是在遊行的隊伍中，他們高呼著口號，肯定是反對侵略、支持埃及的內容。剛和他們分別半年多一點，想不到這樣再相遇，我當即買了好幾本，後來託人帶給了他們。

戰爭並未持續多久，大學城地區未被波及，我們的學習基本未受太大影響，第二年入學的計劃沒有改變。

結束語

以上對中埃建交當年幾件事的回憶有點穿越，畢竟已六十年了。通過上述幾件事，至少可以看到中埃是在多麼友好的氣氛中建交的，雙方領導人又如何重視這一關係。這些都是以後雙邊關係健康發展的基礎。

光陰荏苒，中埃建交後的六十年，國際上發生過許多重大事件，冷戰結束了，國家間分化組合，格局變化，經濟危機，一直到目前的恐怖主義肆虐，中埃關係未為所動。在此期間，雙方國內也發生了一些令世界矚目的事件，兩國關係也沒有變化，並在不斷發展，這說明中埃關係是牢固的，經得起考驗的。這個時期，雙方關係的基礎建立在相互尊重和相互支持上。因為中埃都是發展中國家，對國際上發生的重大問題都持相同或相似的立場，自然共同語言多。雙方做到了互不干涉對方內政，對對方所關切的核心利益問題都給予支持。

當前，中埃關係持續向前發展，政治上兩國領導人實現了互訪，經濟上的合作一步步深入。中國經濟在轉型，二〇一三年提出了「一帶一路」的倡議，對外合作力度加大；埃及經歷了五年的動盪，經濟要恢復，以實現社會安定，提高人民的生活水平，也謀求擴大對外合作，獲取資金和技術。中埃雙方在這方面的合作前景十分廣闊。

半個多世紀的中埃友誼如參天大樹，根基深厚。「一帶一路」的構想又為這棵大樹添加了營養劑，使它持續茁壯成長。

中埃建交六十週年：回憶與思考

吳思科

（中國前中東問題特使、前駐埃及大使）

我先後三次在埃及工作，在尼羅河畔度過了十三個春秋。雖然離開那裡已經多年，但金字塔的巍巍雄姿、尼羅河的旖旎風光、椰子樹的婆娑風姿，還常常浮現腦際。在中國與埃及建交六十週年之際，往昔的回憶如片片散落的竹簡又串聯在一起，美好而又溫馨。

我第一次踏上埃及這個古老的國度是在一九七三年底。記得到大使館工作不久就去蘇伊士運河參觀，「十月戰爭」的硝煙還未散盡，運河區滿目瘡痍，戰爭的痕跡給我留下很深的印象。這次在使館一待就是六年多，經歷了埃及由戰爭狀態到與以色列達成和平協議的歷史性轉折。一九九三年至一九九六年我重返埃及，任使館公使銜參贊。而第三次到埃及工作是二〇〇三年至二〇〇七年，我榮幸地出任駐埃及特命全權大使，看到埃及人民如何珍視和平帶來的歷史機遇，使當年戰爭廢墟蘇伊士運河區煥發生機，一些新的開發區也在沙漠中建起，埃及作為地區大國的影響力也得到提升。後來我也逐步感受到，埃及民眾對長期執政的穆巴拉克總統開

一九九〇年五月，鄧小平在會見到訪的埃及總統穆巴拉克後與外交部參加接待人員合影。右2為吳思科。

始表示不滿，不時有一些小規模的群體打出「夠了」的橫幅和標語走上街頭，成為後來埃及大變革的誘因。近四十年的外交生涯，我親歷和見證了中埃兩國在各個歷史時期友好關係不斷發展、合作內容不斷深化的進程。中埃關係經受了各種風雲變幻的考驗，堪稱中國與發展中國家友好合作關係的典範。我本人親身經歷的一些片段，也久久難以忘懷。

一

談及中埃友誼，人們總會用源遠流長和歷久彌堅來形容，用長城與金字塔作比喻。中埃兩國二千多年的歷史積澱、共同的際遇和奮鬥目標讓中埃人民彼此相知相助、緊密相連。建交六十年來，兩國人民始終相互尊重，相互支持，兩國在政治、經濟、人文、軍事和安全等各個領域開展了卓有成效的合作，經受住國際形勢風雲變幻的考驗，始終保持良好發展勢頭，成為國家間友好合作的典範。對於自己所從事的外交工作能融入這段歷史並盡了綿薄之力，我深感榮幸。

我出任駐埃及大使不久，就於二〇〇四年一月見證了時任國家主席胡錦濤對埃及進行的國事訪問。這次訪問正值宰牲節，但因為訪問計劃包括非洲和歐洲幾個國家，日程難以協調，埃方打破慣例在節日期間接待中國國家主席到訪，從首都到南方的盧克索，都安排得熱情周到。胡錦濤主席同埃及領導人就中埃關係的發展進行全面回顧和總結，並共同商討規劃兩國戰略合作關係的發展前景，訪問取得圓滿成功。作為訪問日程的一部分，一月三十日胡錦濤主席訪問了位於開羅的阿拉伯國家聯盟總部。現在，我依然清晰地記得胡主席到達阿盟總部時的熱烈氣氛。時任阿盟秘書長穆薩與二十二個阿拉伯國家駐阿盟代表等濟濟一堂，對胡主席的到訪表示歡迎。胡主席發表了熱情洋溢的講話，宣布中阿合作論壇成立，並強調論壇的成立是加強和深化中阿關係的重要舉措，有利於豐富中阿合作的內涵，鞏固和拓展雙方在各層次、各領域的合作，有利於雙方共同抓住機遇、迎接挑戰。胡錦濤主席還提出中國和阿拉伯國家在新的歷史條件下建立新型夥伴關係的四項原則：以相互尊重為基礎增進政治關係；以共同發展為目標密切經濟往來；以相互借鑑為內容擴大文化交流；以維護世界和平、促進共同發展為宗旨加強在國際事務中的合作。

二〇〇六年恰逢中埃建交五十週年，雙方都舉行了隆重的紀念活動。當年的六月十七日至十八日，時任國務院總理溫家寶訪問埃及，把紀念活動推向高潮。訪問期間，溫總理與埃及總理納齊夫共同出席了在尼羅河畔金字塔腳下舉辦的「手拉手」大型文藝活動，中埃藝術家聯袂獻藝，兩個古老文明相得益彰，熠熠生輝，在中埃兩國關係史上增添了濃墨重彩的一筆。

三

文化在對外交流中發揮著潤物細無聲的紐帶作用。我在埃及工作期間，也特別注重中埃文化交流

二〇〇四年一月，吳思科大使陪同胡錦濤主席參觀埃及吉薩金字塔。

的獨特作用，經常參加當地的各類文化活動，出席學術和智庫研討會，到大學演講，既增進各界對中國的了解，也感受埃及民眾對中國的友好感情。埃及是阿拉伯世界開展漢語教學的開先河者，艾因・夏姆斯大學早在上世紀五〇年代後期就開辦了中文系，那裡培養的學生遍布阿拉伯世界。我多次到那裡同老師和同學們交流，參加他們的活動，也經常贈送一些教學用品和書籍。我同中國文化中心一起創辦「大使杯」中文演講和才藝表演，使之成為一種品牌，激勵勤奮學習中國文化的學生。我也積極推動在開羅大學和蘇伊士運河大學建立孔子學院，並為學生們講課。孔子學院對推動漢語教學、傳播中國文化起到了很好的作用，成為對外傳播中國文化、增進相互了解和友誼的重要平台。我把與當地媒體打交道作為一項重要工作內容，結交了不少新聞界朋友。我與《金字塔報》等當地主流媒體保持經常聯繫，利用各種機會拜會媒體負責人，不時贈送一些介紹中國的材料，抓住各種機會接受記者採訪，或撰寫專題文章，針對埃及民眾的關注介紹我國情況，特別是埃及民眾關心的中國改革開放成就以及中國對中東政策的闡述。

二〇〇三年是具有重要歷史意義的《開羅宣言》發表六十週年，我們利用這一契機，在《開羅宣言》誕生地米納豪斯酒店舉行各界人士座談會，介紹中國人民在二戰中的重大犧牲和為二戰勝利所作的重要貢獻。《開羅宣言》的誕生是中國人民與世界人民一道浴血奮鬥的成果，其中包含的中國被占領土必須歸還等原則理應得到尊重，不容任何勢力竄改。中外新聞界很多朋友參加了座談會並對此作了報導，取得了良好效果。

總部在開羅的亞非作協非常重視亞非國家間的文化交流，同各國的大使館也保持聯繫，經常搭台進行文化交流活動。我是他們的常客，在介紹中國文化的同時也對各國文化表示尊重和熱心。為此，我剛到任兩年就被亞非作協授予「模範大使」稱號。我離任前，亞非作協又專門為我製作了一個非常精美的「模範大使」的紀念匾牌。因為臨行前我的日程太緊，不能前往協會駐地參加活動，協會主席就帶著助手把匾牌送到了我的辦公室，依依惜別之情令我深為感動。

我在任期間與前聯合國秘書長布特羅斯－加利

吳思科大使在《開羅宣言》誕生地米納豪斯酒店留影，背景是吉薩金字塔。

先生的交往給我留下美好的記憶。我第一次在駐埃及使館工作時給大使做翻譯，有機會多次見到時任埃及外交國務部長的加利。他的淵博學識和對時局的精闢分析都曾給初涉外交的我留下深刻印象。當時正是「十月戰爭」之後，中東向何處去正處在一個十字路口。薩達特總統果斷決定訪問耶路撒冷，作出艱難的和平選擇，使中東歷史進程發生歷史性轉折。當時的埃及政界存在不同聲音，而加利作為外交國務部長，陪同薩達特訪問耶路撒冷，並用他豐富的國際知識和外交經驗，在埃及與以色列之間和平協議的簽署過程中扮演了重要角色。這段經歷，對我後來擔任中國中東問題特使，在複雜形勢下周旋於巴勒斯坦和以色列以及地區各個國家、各類組織之間是一種很好的積累，彌足珍貴。

我二〇〇三年出任駐埃及大使後，有不少次與加利交談的機會。加利從聯合國秘書長位置上退下之後，長期居住在巴黎，但他還擔任埃及人權委員會主席，因此經常回開羅主持會議，並與老友們聚會。我經常被邀請參加這樣的活動，而且主辦方總會告知，這是加利提議邀請的，而且只邀請了中國大使。我深感加利對中國的這份特殊友情，多次到人權委員會拜會他。加利熱心國際智庫交流，在他健康狀況許可時，幾乎每年都要應邀來華訪問，出席一些講座或到大學演講，成為中埃和中阿間友好交往的使者，為很多中國人所熟悉。

加利對中國友好，也源於他對中華文明的熱愛

吳思科大使在官邸與時任埃及副總理、埃中友協主席尤素福·瓦利交談。

和讚賞。中埃兩個古老文明是我們經常交談的話題。加利說，世界四大古老文明中，唯一能幾千年延綿不斷的只有中華文明，這對世界文明是極大貢獻，他非常喜愛中國文化。他還認為，中華文明能延續下來，地理位置也是重要原因之一。他感嘆埃及地處三大洲接合部，各個歷史時期一再被強國入侵和占領，文化也被摧毀中斷。文化是一個國家的靈魂，維護國家的傳統文化太重要了。我們每次的交談總是那麼情投意合，常讓我想起「各美其美，美人之美，美美與共」這句名言。記得有一次他談起未能連任秘書長一事時說，那是因為他堅持維護發展中國家尊嚴和利益而得罪了強權，他一點也不後悔，而是感到很自豪，不為強權而改變自己的信念。

我最後一次見到加利是在二〇一四年十二月，我作為中國人民外交學會代表出席埃及外交委員會年會。當時，九十二歲高齡的加利行動已經不便，拄著枴杖出席年會開幕式。我走上前去問候，並自我介紹，加利馬上說：「我當然記得中國大使，我們是老朋友了。」加利在開幕式上的發言仍給人一種氣勢恢宏的感覺，對埃及的轉型發展充滿信心，同時也表達了對中東以及世界和平發展前景的極大關心。

今年一月二十日，中國國家主席習近平在訪問埃及和阿盟總部時，為十名獲得「中國阿拉伯友好傑出貢獻獎」的友好人士頒獎，加利位列其首。習近平與加利親切交談的畫面感人至深。中國人民會深深銘記加利這位老朋友。

在我離開埃及幾年後的二〇一二年，中國人民對外友好協會與國際廣播電台聯合舉辦「中非友好貢獻獎」評選活動，面向非洲國家徵集候選人。埃中友好協會不忘老朋友，推薦我為候選人。我最終以高票當選，獲得這項殊榮讓我很受感動。

三

過去幾年，埃及和中東地區局勢發生歷史性的深刻變化，變革浪潮洶湧澎湃，社會動盪與轉型交織，中埃關係的發展也面臨諸多挑戰。這期間，我曾作為中東問題特使多次訪問埃及，與埃及各界進行接觸，交流看法，為埃及人民追求變革、孜孜探尋適合自己國情的發展之路而讚歎，也為埃及社會動盪、發展受阻而憂心。同時，埃及人求穩定、謀發展的強烈意願，對探索符合自己國情發展之路的堅定自信，那種積極進取的精神也讓我感動。

人們常說痛定思痛，經歷了才能感受得更深切。連年的動盪和探索，埃及人民付出了巨大代價，也在社會大變革中感悟到走符合自己國情發展道路的重要性，而如何處理改革、發展、穩定三者之間的關係，也成為公眾關心的話題，我也時常應詢結合中國改革開放的經歷介紹中國的經驗。穆巴拉克執政後期的埃及，因循守舊不改革，發展缺乏動力，人民生活得不到改善，滋生出各種社會問題，導致人心思變，社會動盪。而無序的民主、街頭政治造成社會分裂和長期不穩定，經濟社會發展倒退，民眾吃盡苦頭。歷史是一面鏡子，歷史的教訓極為深刻，埃及人民對此前曾被描繪得天花亂墜的「大中東民主計劃」認識也更清楚了。一個國家怎樣實行民主，必須符合這個國家的國情，必須與這個國家的歷史、文化、傳統和發展階段相適應，否則就會造成水土不服，引發災難性後果。這正是西亞北非地區一些國家活生生的現實。

每次赴埃及，我總與埃及以及阿盟秘書處的朋友進行接觸與交談，介紹中方對中東局勢的立場和主張。歸納起來，一是堅定支持地區國家維護主權，自主選擇符合各自國情的發展道路。各國走什麼樣的發展道路，應由這個國家人民說了算，相信地區人民有智慧、有能力自主探索出符合本國國情的政治體制和發展道路。二是如何解決地區熱點問題，維護地區和平穩定。歷史和現實反覆證明，武力解決不了問題，只會帶來災難；政治對話雖不一定能取得立竿見影的效果，但長遠看代價最小，後遺症最少，最有利於地區和平穩定。三是倡導綜合治理。在加強政治外交努力的同時，要加強對地區國家經濟和社會發展的支持，增加地區國家發展的內生動力。中國的這些主張在埃及各界引起廣泛共鳴。

在中埃建交六十週年之際，我曾與埃及友人一起探討中埃關係的歷程，思考中埃關係能經受住各種風雨的考驗而歷久彌堅的經驗，認為從外交理論和實踐兩方面都有值得總結的經驗。我的粗淺思考有如下幾點：

首先是相互尊重，這一點非常重要。我在同埃及和阿拉伯世界長期打交道的過程中，這一點給我感受很深。因為在歷史上經受過外來欺辱和不公正的待遇，這些國家民眾有很強的民族自尊心，憎惡強權政治。中國外交的突出特色恰恰是堅持平等相待，強調大小國家一律平等，這不僅是宣示，而且落實到每一個外交實踐中。這一點在阿拉伯世界廣受歡迎。

二是堅持合作共贏。中國在對外合作中不是只從自己的利益來考慮，一直強調正確的義利觀。這一點在中國和埃及的合作過程中一直得到體現。中國方面提出「一帶一路」倡議後，及時與埃及

吳思科和夫人李劍華在埃及藝術家黑白（左1）家中。

溝通，把埃及作為「一帶一路」建設的重要支點國家。埃及方面也積極響應，進行兩國發展戰略的對接，特別是將蘇伊士運河走廊，還有新的行政首都這樣大的項目作為雙方合作重點，給新時期的雙方合作又帶來了新的機遇，增添了新的活力。

三是尊重文明的多樣性，主張不同的文明交流互鑑；認為文明沒有高低優劣之分，都為人類文明的發展繁榮作出了貢獻。在新時期，中方堅持反對把恐怖主義與任何特定的民族和宗教掛鉤，也是這一理念的體現。在這方面，中國一直保持開放、包容的心態，不受文明衝突論等思想的影響。

四是堅持和平的理念。面對中東地區紛繁複雜的局面，中國本著客觀公正態度，著力勸和促談，在堅持不干涉內政基礎上，積極參與推動中東熱點問題的政治解決。這方面中國和埃及有很多共同的地方。埃及是實現中東問題和平解決的開先河者，它率先通過艱難的談判同以色列實現和解。中國明確支持這一果敢行動，並且一直把埃及作為解決地區熱點問題的重要的建設性力量，保持密切溝通與協調，在國際事務中也相互支持。

中埃友好合作是人心所向，也是大勢所趨。中埃兩國正以積極姿態相向而行，迸發出互聯互通的火花。歷久彌堅的中埃友好關係正譜寫著新的宏偉篇章。我認為，這也是新時期兩個文明古國在建立以合作共贏為核心的新型國際關係方面為人類作出的新貢獻。

埃及人眼中的「一帶一路」倡議

穆罕默德・法耶茲・法拉哈特
（埃及亞洲研究專家，金字塔研究中心教授）

二〇一二年，我第一次來到中國。在那之後，我陸陸續續地走訪過很多中國的大學和研究中心。其中主要有北京第二外國語大學、上海外國語大學和中國當代國際問題研究院，此外，還有很多中國重要的政府部門，特別是外交部和商務部。另外，我還拜訪過中國的一些地方政府。在這些走訪過程中，我與很多中國的專家和官員進行了探討，從中感受到了他們對埃及人民的熱愛和讚賞，以及對於加深埃中關係的強烈願望。因為中國和埃及都擁有集眾多人類物質、精神和價值觀成就於一身的古老文明，所以他們認為應該將中埃兩國之間的關係提升到更高的層次。見面期間，我們一起就埃中關係、中東地區變局、「阿拉伯之春」對埃中關係的影響等問題展開了討論。於是，中國「一帶一路」的重要倡議就成了我與中國同僚們討論的核心問題。二〇一五年九月二十五日，我參加了北京第二外國語學院阿拉伯研究中心舉辦的第四屆阿拉伯研究論壇暨「阿拉伯地區變局中的大國博弈」學術研討會。此外，我還於二〇一五年十一月十七日參加了由寧夏大學和中國中東學會主辦的首屆「中阿智庫對話—賀蘭山論壇」。

「一帶一路」倡議為發展埃中關係提供了很多的機會，鑒於這方面的重要性，它也成為我這篇文章的標題。

二〇一三年九月由中國國家主席習近平提出的「一帶一路」倡議，的的確確可以說是人類社會歷史上最大的、也是最重要的倡議。無論在政治層面、經濟層面還是文化層面，這個倡議都有別於近幾十年來西方國家所提出的那些倡議和項目。但是，這個倡議的成功還有賴於幾個條件，中國政府和與之相關的發展中國家政府必須積極合作，為戰勝落實這一倡議將面臨的經濟層面和發展層面的挑戰提供必要的國內和地區環境。於是，戰勝這些挑戰的重任落在了那些地區國家的身上，它們必須與中國並肩作戰，為自己即將發揮的重要作用開闢道路。

鑒於我對埃中關係發展狀況的了解，根據我們與中國各大高校和研究中心的專家學者同行們的溝通，我希望這些高校和研究中心積極為埃中雙方的決策者們提供建議，促進埃中關係的發展，令它發展到雙方希望的程度，並推動「一帶一路」倡議的落實，為南南合作和埃中合作書寫新篇章。需要指出的是，這篇文章所表達的僅僅是我作為一個埃及學者的觀點，而不是埃及的官方觀點。

「一帶一路」倡議概況

正如前文所提到的，「一帶一路」倡議獨具特色，有別於近幾十年來西方人所提出的各種倡議和項目，因為那些倡議和項目要麼無疾而終，要麼就是帶來一些經濟效益極不平等的項目，為了發達國家的利益而犧牲發展中國家的利益。「一帶一路」倡議的第一個特點是，它超越了那些地區合作項目的傳統的、狹隘的地域觀念，也就是說，它不依賴封閉的地緣政治的概念，也不侷限於有限的地理區域。相反，這個倡議從一開始就立足於廣泛的地理範圍，囊括了儘可能多的國家和最大範圍的地理區域（東亞、東南亞、南亞、中亞、西亞、北非和南歐），儘管這些國家在政治上、經濟上和文化上各不相同。由於這個特點，這個倡議能讓儘可能多的發展中國家從中獲益。第二，這個倡議不像西方國家所理解的那樣是個有損西方人利益的中國項目，特別是，我們可以看到歐洲南部地區也加入了這個項目。

第二方面，這個倡議與貿易和發展緊密相關。讓我們回顧一下那些發展中國家為了擴展地區貿易而提出的項目。二十世紀後半葉，發展中國家提出了很多有關地區互補、發展中國家貿易自由化（特別是中東國家、非洲國家、南亞國家），尤其是擴大地區貿易規模的項目，但是它們並沒有實現任何既定的目標。這些項目失敗的眾多原因之一就是，在實現貿易自由化之前，這些區域內的經濟體並沒有完成結構重組，因而無法將貿易自由化進程和商品、服務生產連接起來，導致這些經濟體之間無法切實地進行商品、服務交易。那些發展中國家為擴展地區貿易規模而提出的區域性倡議均以失敗告終，是因為缺乏真正的發展政策和項目。於是，「一帶一路」的重要性就凸顯出來了，那是因為它的目的不僅僅是為了簡化、擴展地區貿易，而是旨在消除物質性障礙，降低成本，此外，它還囊括了很多發展基礎設施並為之提供必要資本的項目。從這種意義上來說，鑒於「一帶一路」倡議中包含了很多與貿易相關的發展項目，它將會給相關的發展中國家帶來很多潛在的經濟效益。

第三方面，這個倡議由一個擁有超強經濟實力的大國提出，儘管它依舊認為自己是發展中國家。所以，此倡議擁有很多成功的優勢，各國對它便不會有對西方國家所提倡議那樣的畏懼。西方那些倡議是致力於維護其霸權統治的，旨在令西方控制發展中國家的市場，統治全世界的金融體系，保障那些強勢資本經濟體的利益。這適用於所有經濟方面和政治方面的倡議。這些西方的倡議或項目並不會給發展中國家帶來任何真正的效益（比如西方時而提出的新中東倡議，時而提出的大中東倡議，時而提出的泛中東倡議，以及海灣國家—歐洲自貿區）。相反，中國的「一帶一路」倡議就得到了七十多個國家的積極響應，這從正面反映了各地區眾多的發展中國家對於這一倡議的積極理解。並且，在此倡議框架內，中國還出資實施該倡議下的一些項目，比如「絲路基金」的設立就是最好的證明。此外，此倡議還和很多發展基礎設施的項目有關，比如在鐵路、跨國高速公路、海港等方面，其中包括新疆—馬德里鐵路，該鐵路可令中歐之間的陸上運輸所需時間從四十五天縮減到二十一天左右，還有「中巴經濟走廊」和「孟中印緬經濟走廊」。

第四方面，這個倡議建立在很多現有的雙邊

二〇一四年十二月二十五日，埃及總統塞西訪華期間在四川參觀中國東方電氣集團有限公司。（供圖：中新社）

框架和地區性框架的基礎之上，比如上海合作組織、歐亞經濟聯盟、東盟等與此倡議相關的區域性框架。為了促成這一倡議的落實，中國成立了很多相關機構，比如絲路基金、亞洲基礎設施投資銀行。除此之外，該倡議沒有計劃成立一些新的跨區域的機構或組織。這樣的安排令此倡議擺脫了官僚主義限制，為倡議的管理提供了柔韌性。正是由於該倡議排除了任何關於成立跨區域的機構或組織的想法，因此，各相關地區的國家都沒有出現任何關於它的負面理解，不會認為它是中國實現地區霸權的手段。最後，從現實來看，這一特點也與亞洲建立區域性框架和跨區域框架的文化傳統相適應。這些文化傳統建立在「開放的區域性」概念和彈性組織的基礎之上，比如亞太經合組織和環印度洋區域合作聯盟，還有東盟地區論壇所帶來的一系列後續發展。

「一帶一路」倡議成功的重要條件

儘管前面提到的很多「一帶一路」的主要優勢十分重要，但我們同樣不能忽視它所面臨的挑戰，或者更確切地說是它成功的基本必要條件。對於這一倡議而言，它的成功便是落實那些能夠為所有相關國家帶來共同利益的項目。

第一個條件是，向各地區相關國家政府清晰而有力地灌輸「一帶一路」的理念，說明它並非只是個貿易項目，它的目標也不是擴展中國的對外貿易規模、實現中國對目標地區市場的控制，因為這只會加劇中國與這些市場所在的經濟體之間的貿易天平的失衡。儘管這個倡議中發展方面的內容很重要，但是也應該有強有力的政策來消除這一類的顧慮，與此同時，要保證這個倡議中發展內容的平衡和擴展。儘管這個倡議中那些關於降低貿易成本的內容很重要，但是這僅僅是塊敲門磚而已，並不是擴展貿易規模的充分條件，也並非實現成員國之間貿易利潤公平分配的充分條件。因為這需要所有的相關國家都擴大相互間的出口貿易規模，最終實現倡議相關國家之間、中國與這些國家之間的貿易利潤分配的最大公平。

第二個條件是，這個倡議的成功有賴於中國軟實力的提升，特別是在中亞和中東地區的軟實力。一是因為可能有些國家會擔心這個倡議和與之相關的項目不過是中國用來與俄羅斯和西方抗衡、實現地區霸權的工具而已，二是因為目前西方的地區權威和軟實力比中國要大得多，儘管從二〇〇一年「9・11」事件以及發動反恐戰爭以來，西方在該地區的權威和軟實力已經有了明顯的衰退。包括後來的「阿拉伯之春」也加劇了這種衰退，並印證了那些通過經濟手段和軟實力手段，或是通過直接的軍事幹涉（比如在伊拉克和阿富汗）來傳播民主的西方倡議的失敗。我想指出的是，在落實「一帶一路」倡議的同時，中國也應該提出一些在相關國家傳播和加強中國軟實力的倡議和政策，軟實力將成為與倡議相關的發展政策成功與否緊密相關的重要因素。古絲綢之路除了是一條貿易通道，同時也是文明交流的紐帶，因此，中國軟實力的傳播至關重要，特別是在「一帶一路」倡議提出之後，傳播軟實力的重要性便與日俱增。軟實力的加強需要中國增加對那些友好的發展中國家的無條件的發展援助，特別是那些重要的地區國家；還需要通過科學、文化方面的交流，發展文化方面的交流與合作。除此之外，還要依靠中國發展的成功經驗，幫助相關發展中國家開發新的發展模式。

第三個條件是反恐，特別是在極端恐怖組織廣泛分布於南亞、中亞、中東等地區的背景之下。因為這些恐怖組織是地區穩定的重要障礙，如果不加以剷除，那麼實現「一帶一路」的可持續的真正發展就無從談起。說起反恐，就必須提到西方的反恐策略。「9・11」事件之後，西方人便打著重建部分南亞國家和中東國家（阿富汗和伊拉克）的旗號，對其進行軍事干預和武裝入侵，因為在西方人眼中，軍事干預和武裝入侵是消滅地區恐怖組織、傳播西式民主的最佳方式。在西方人看來，失敗、脆弱、極權主義的國家政權是恐怖主義蔓延的重要原因。但是占領上述兩個國家的實踐證明，軍事干預和武裝入侵所宣揚的目標均以失敗告終。並且，西方的干預和占領反而造成了「基地」組織的更大規模的擴張，由最初的主要集中地區（阿富汗、巴基斯坦西北邊境）擴展到了伊拉克、阿拉伯半島和北非等地區。這些恐怖組織愈演愈烈，以至發展成了更加危險和恐怖的新模式（伊斯蘭國）。

因此，一味簡單地借鑑西方的反恐經驗並不能真正地消除恐怖主義。也就是說，中國一定要形成自己在反恐方面的觀點，並與南亞、中亞地區的重要國家合作，切實打擊恐怖主義。毫無疑問，形成這種觀點和發揮這種作用將成為中國面臨的艱巨挑戰，同時也是中國在外交政策上的歷史傳統原則將面臨的巨大挑戰，因為一直以來中國所堅持的外交原則都是不干涉他國內政。

埃及能為中國的「一帶一路」建設提供什麼幫助？

對於中國而言，埃及的重要性不僅僅體現在中東地區為中國帶來巨大的雙邊貿易效益，還體現在它是中東地區穩定與安全的核心，因此，中國的外交政策高度重視埃及所發揮的重要作用。近年來，中國開始以各種形式參與到中東事務中來，隨著中國對中東地區重視程度的增加，以及對中東事務參與度的增加，埃及的重要性也越來越凸顯。在埃及和中國的重要轉折時期，或是中東地區和世界秩序的重要轉折時期，埃及所發揮的地區作用也越來越大，埃中兩國間發展戰略夥伴關係的機會也越來越多。因此，我們有必要關注除兩國間的直接雙邊利益之外埃及對於中國的作用，這也關係到埃及在「一帶一路」倡議的成功方面所能發揮的作用大小。此外，在世界秩序正處於極不穩定的狀態時，這也關係到整個中東地區主要的和可能的走勢。所以，我們在這裡要說的並非中國的外交文件裡所反映的埃及為中國帶來的有限的經濟效益，而是要表達在埃及人眼中，在需要建立雙邊可持續性戰略夥伴關係時，當「一帶一路」的成功能帶來巨大的共同利益時，當中東地區局勢變幻莫測時，埃及能為中國做點什麼？

1．中東地區的穩定

由於各種原因，對於中國而言，目前中東地區的穩定比以往任何時候都要重要。一方面，中東地區的穩定成了維持中國經濟可持續發展的必要條件，也成了中東地區加入「一帶一路」倡議的基本前提。儘管內需依舊是中國經濟發展的最主要動力之一，但是出口也就是外需也成為中國經濟可持續發展的重要保障，而中東地區則是中國外需的主要市場。另一方面，中東地區的穩定也是中國穩定獲得石油等能源的必要條件，它不僅能保障中國經濟的發展，還是中國實現持續發展的必要前提。

中國深知埃及在保障中東地區穩定中的核心作用。但是光有這點還不夠，還需要中埃之間的共識，兩國必須在地區穩定的條件問題上——從中東地區與國際秩序的關係，到其他國家對中東事務和

二〇一五年九月二日，中國國家主席習近平和埃及總統塞西在北京人民大會堂共同見證兩國相關協議的簽署。（供圖：中新社）

中東危機的干涉程度和形式，都能夠達成共識。在這裡我要強調兩點：第一，中國必須在中東發揮更強、更明顯的作用；第二，中國在中東的作用有賴於埃中兩國的共識。儘管相較於以往中東地區的那些危機，在當前的中東危機中，中國所發揮的作用更加明顯，但這方面仍有待提高和加強。儘管中國在限制國際干涉特別是軍事幹涉方面發揮了重要作用，比如當今的敘利亞危機，但是中國這種政策必須成為中埃（中阿）共識的一部分。敘利亞危機暴露了中阿之間缺乏某種協調，或者說中國與某些阿拉伯國家在立場上的衝突，因為有幾個阿拉伯國家支持加快敘利亞危機中的外部軍事干預進程，這令中國遭到了來自多方面的指責。此外，埃中就中國與以色列軍事合作的規模，以及這種合作對地區穩定的影響等問題的共識也尤為重要。

2．世界秩序的變革

關於未來十年中國的走勢及其對世界秩序的影響，國際上存在巨大爭議。一種觀點認為中國的崛起不會對世界格局帶來根本性的變化，也不會給西方的世界霸權地位構成任何威脅。這種觀點還是非常重要的。但是不容忽視的是，在經濟、政治、科技、軍事等層面，中國都正在經歷一個轉型的階段，我們也不能忽視這些方面的轉型可能給世界力量天平造成的影響。這也是世界格局重組的最重要入口，中國的這些轉型與世界秩序中負責交流管理的結構和網絡正在經歷的轉型相適應。所以，繼續談論這種轉型會不會發生已經不重要了，重要的是預測這種轉型或者變革發生的時間，新的世界秩序的性質、形勢、特點、政策和主要問題，以及這種秩序中國際交流的走勢。

基於這種猜想，無論是地區本身，還是地區內部分發揮作用的國家，他們在預測轉型時間問題上都發揮著極其重要的作用。回顧歷史上世界秩序發生的那些轉型，我們會注意到，中東地區在近一個世紀以來的轉型過程中發揮了最大的作用。一九五六年爆發的蘇伊士運河危機就向世人揭露了最強的歐洲力量以及由美國和蘇聯所掌控的兩極格局的發展。後來，一九九一年爆發的伊拉克—科威特危機暴露了世界格局和力量分配上所發生的重大變革，特別是在蘇聯解體之後，兩極格局崩潰，變為由美國獨霸的單極世界。有很多分析稱，當前的敘利亞危機是一系列地區危機（包括 2008 年的俄羅斯—格魯吉亞戰爭，還有 2014 年的烏克蘭危機）中的重要一環，這些地區危機最終會將世界格局引向由美國、俄羅斯、中國和歐盟主導的多極化發展。但是，這個轉型過程依舊是相對緩慢的。

這也就是說，中國依舊需要地區大國（埃及）來主導未來的轉型過程，當然埃及的立場必須是有利於轉型發生的。上世紀九〇年代初，埃及支持針對伊拉克的國際干預，從而成了引導轉型的重要力量。毫無疑問，在未來的轉型過程中，埃及仍將發揮舉足輕重的作用。現階段，埃及的立場可以總結為反對西方對敘利亞進行軍事干預。這同樣也是中國的立場，因為這種軍事干預只會鞏固世界格局中西方的霸權地位。

此外，由於「一帶一路」倡議可以說是為多極化世界建立新網絡的形式之一，所以它能夠加快世界從單極格局向多極化格局的轉變。在此背景之下，埃及在「一帶一路」中的戰略意義也就尤為凸顯。

3．打擊恐怖主義和宗教暴力

「阿拉伯之春」爆發之初，中東地區伊斯蘭力量崛起，也影響了中國部分地區的伊斯蘭激進運動和分裂主義運動，特別是「東突」運動。第一，它強化了「伊斯蘭民族」這一概念，這成為政治伊斯蘭運動的核心理念之一，並且他們還認為阿拉伯國家的伊斯蘭主義者在世俗主義（部分政治伊斯蘭運動稱之為「叛教主義」）政治制度的廢墟之上獲得政權，是世界伊斯蘭力量覺醒的重要標誌，也是「哈里發國」復辟的前兆。這加劇了新疆「東突」運動的發展，令東突分子認為自己也是伊斯蘭力量崛起的一部分。第二方面，「阿拉伯之春」的第一階段，政治伊斯蘭運動的崛起也刺激了新疆的伊斯蘭主義者，他們想要組建「自己的國家」，至少是強調自己的伊斯蘭屬性，這也是「東突」運動參與中國境內許多恐怖襲擊的原因。

可以說，在這個領域，埃及在以下三方面發揮了重要作用。第一，通過愛資哈爾系統，埃及在反對宗教極端主義上發揮了巨大作用。愛資哈爾定期向中國伊斯蘭信徒集中的地區派遣使團，並與中國政府妥善協調，這不僅僅是為了傳播中正開化的伊斯蘭思想，制止極端思想的蔓延，同樣也是為了確定中國穆斯林少數民族的法律義務。更確切地說，當這些少數民族不知是該從現有的政治、文化和社會方面脫離國家的統一領導，還是積極融入社會，與其他民族、其他宗教信徒或是不信教的人和平共處時，就能學習愛資哈爾系統那些開化的觀點，從而打擊激進思想，保證中國穆斯林積極融入國家、融入社會，並與其他民族和平共處。

第二，雖然埃及政府和外交決策制定者們均將中國看作一個統一的國家實體並與之開展外交活動，但是一些宗教人士卻更為關注中國穆斯林少數民族的狀況。埃及社會中的這種差異，一方面作為埃中關係傳統的一部分，另一方面，也將成為中國製定對埃外交決策的基石。

第三，這一點需要中國政府的重視，那就是中國必須相信，各種國家利益之間是密切相關的，比如剷除恐怖主義、清除宗教暴力思想和建立一個強大的民族國家政權這三者之間就有著密不可分的聯繫。阿拉伯革命之後，埃及和中東地區的各派伊斯蘭勢力異軍突起，這一方面說明了伊斯蘭勢力的崛起，另一方面也說明了宗教暴力的蔓延。實際上，中國不可能獨善其身，也不可能從一些比如穆兄會之類的伊斯蘭勢力的分化過程中完全脫離出來，中國將這些勢力稱為「伊斯蘭民族的敵人」。另一方面，這也直接證明了極端伊斯蘭力量在中東地區、尤其是在埃及的崛起，有損中國的最高國家利益。埃及維持一個政教分離的民族國家政權，無論是從內部而言，還是外部而言，都符合中國國家利益的需要。

4．支持中國的軟政策

迄今為止，中國還沒有像西方國家那樣重視「軟政策」和「軟手段」。但是隨著中國力量的崛起，這種狀態肯定不會長期持續下去。埃及在提升中國的軟實力上可以發揮幾個重要作用，比如宣傳中國的改革轉型理念（優先考慮漸進式改革，其次考慮快速改革；優先考慮經濟轉型，其次考慮政治轉型；優先考慮發展，其次考慮民主，因為沒有發展就不可能建立可持續的民主）。

在這點上，埃及還可以傳播中國的發展模式，那就是考慮到中國國情，中國政府不僅僅側重管理經濟和社會的發展，而且還在政治和民主的轉型過程中發揮了積極的引導作用。在此，我們可以再次強調，中埃雙方之間有著巨大的兼容性。埃及二〇一三年六月的革命也證明了這一點，這次革命本質上就是為維護國家政權和機構的一次社會性選擇，期間，埃及社會重新考慮了國家政權在經濟和社會領域的作用，而沒有對私營企業進行邊緣化或排擠。

因此，無論是當前的國際政治局勢，還是「一帶一路」倡議，抑或是埃及在中東發揮的地區作用，都為這些問題上埃中戰略共識的達成提供了良好的機會，也為埃及在「一帶一路」建設中發揮積極作用提供了基礎。特別是現在，一方面，蘇伊士運河與「一帶一路」倡議能夠形成優勢互補，另一方面，埃及也高度重視蘇伊士運河地區的發展。

全面戰略夥伴關係中的中埃經貿合作

曹甲昌

（中國駐埃及大使館前商務公使銜參贊）

二〇一六年一月二十日，習近平主席自沙特抵達埃及首都開羅，開始了他就任國家主席以來的首次埃及之行。訪問期間，習近平主席與埃及總統塞西在開羅總統府共同為蘇伊士灣西北中埃經貿合作區六平方公里拓展區揭牌，同時強調，中埃關係面臨前所未有的發展機遇和廣闊前景，雙方要加強發展戰略對接，在共建「一帶一路」框架內加快合作步伐，早日將共識化為實際成果。塞西總統和伊斯梅爾總理都向習主席表示，埃方支持「一帶一路」倡議，願積極參與相關合作，成為連接中國同歐洲貿易的通道。

一九九〇年五月十三日上午，鄧小平在北京人民大會堂會見埃及總統穆巴拉克。（供圖：中新社）

埃及是阿拉伯和非洲大國，在地區和國際事務中一直發揮著其特有的影響力。埃及還是與中國建交的第一個阿拉伯和非洲國家，中埃雙邊關係已經成為各自國際關係的重要組成部分。一九九九年，兩國建立戰略合作關係。二〇一四年，習近平主席和塞西總統一致決定將兩國關係提升為全面戰略夥伴關係，把中埃關係推到了新高度。

在兩國領導人的直接關心和支持下，中埃經貿合作蓬勃發展。過去三年，中埃貿易額連續突破百億美元，二〇一五年達一百二十九億美元，中國已成為埃及第一大貿易夥伴；雙方在工業、能源、電信、基礎設施等領域開展了全方位的合作，中國企業對埃投資已超過五十億美元，為當地創造了一萬多個就業崗位；中埃還簽署了產能合作框架協議，兩國在能源電力、鐵路交通、港口物流、航天科技等領域的合作潛能不斷激發。

在眾多合作領域和成果中，蘇伊士經貿合作區作為中埃經貿合作的先行者，被譽為「中埃合作的橋樑」。合作區曾經是紅海岸邊的一片戈壁，如今

已發展成一個以工業項目為主，涵蓋加工製造、物流、保稅、技術開發、商貿和服務等產業的現代化園區，有三十多家中外企業入駐，累計創造產值超過四億美元，為當地提供了二千多個就業機會。多年來，合作區從醞釀、啟動到建設、發展，遇到過這樣那樣的艱難曲折和風險挑戰，中埃雙方憑著鍥而不捨、敢想敢幹的精神，經過苦幹實幹、點滴積累，才取得今天的成就。這片只有一點三四平方公里的園區，見證了埃及經濟社會改革、發展的歷程，以及中埃友好合作的深厚友誼和互利共贏的合作成果。

時光倒回到二〇一一年一月二十四日，埃及當地時間晚上約七點，我乘飛機離開工作了四年多的開羅，踏上回國之路。回家的喜悅心情自不待言，但想不到的事情卻正在悄悄上演。當我還在飛往香港的飛機上的時候，「1·25」革命正在埃及興起，開羅市中心的解放廣場已經成為革命者的大本營。在香港的酒店裡，我注視著電視上這群滿腔憤怒的年輕人，腦海裡快速閃過的問題是，你們需要的民主進步和民生真是這樣可以得來的嗎？

我的疑惑緣自我對埃及的了解。埃及是文明古國，有法老文明和尼羅河，有亞歷山大燈塔和地中海，有蘇伊士運河和紅海，有金字塔和阿斯旺水壩。埃及人民以寬容、勤奮、智慧和慷慨著稱。更重要的是，自進入新世紀以來，埃及在穆巴拉克領導下進行的經濟改革不僅得到了國際社會的廣泛認同，也實實在在地改善著埃及人的日常生活。那麼，這樣的革命和「折騰」是為什麼呢？

三十年前我開始在敘利亞學習阿拉伯語，並從此與阿拉伯國家結下了不解之緣。作為世界文明古國和阿拉伯國家的領頭羊，埃及在阿拉伯國家中的影響力不可小覷，埃及在我們學習阿拉伯語的中國人心中也占有特殊地位。我在敘利亞時就特別羨慕能去埃及留學的學生，並在可能的條件下閱讀埃及的散文小說，看埃及電影。自那時起，我對埃及的語言文化和民族特性就有了一些粗淺的了解。

但我真正開始認真了解埃及是在一九九七年以後。那時我剛剛結束在伊拉克的工作回到國內，開始負責一些中國和阿拉伯國家的雙邊經貿事務。當時的中國和阿拉伯國家正進入一個全面關係的大發展時期，雙邊政治往來頻繁，經貿合作全面展開，人文交流日漸密切。給我印象深刻的兩件事是伊拉克的索賠和埃及的蘇伊士經貿合作區。

一九九六年，穆巴拉克總統訪華。這是他第六次訪華，除北京外，他還訪問了深圳。正是這次對深圳的訪問和考察，給了他開發蘇伊士運河區的啟發。埃及有一百萬平方公里的土地，但沙漠卻占到國土面積的百分之九十五，近八千萬人主要聚居在狹長的尼羅河谷和尼羅河三角洲地帶，主要的農業和工業生產活動也都如此分布。這一結果就造成了人口快速增長後的土地資源匱乏和經濟活動受限問

一九九七年七月，時任中國國務院體改辦副主任萬季飛率團考察埃及蘇伊士特區期間會見盧克索省省長。（左1為曹甲昌）

題。

一九九六年還是穆巴拉克實施新經濟政策的開局之年。為了藉助參與海灣戰爭後難得的發展機遇，埃及政府在一九九六年出台了第三階段經濟振興計劃，主要目標是加快私有化進程，吸引外資和擴大出口，同時採取相應措施調整經濟結構，改善投資環境。那個時候，埃及的整體經濟形勢向好，1995-1996 財政年度的 GDP 增長達到百分之五點七，貨幣對美元的匯率相對穩定，國際社會和海灣阿拉伯國家也減免了埃及約二十億美元的外債，埃及處在經濟大發展的關鍵時刻。

埃及有著得天獨厚的地理位置，埃及人自稱為「天才型」區位優勢。的確，埃及處在非洲的東北角，是亞洲、非洲和歐洲的交匯點，蘇伊士運河更是連接亞洲、非洲和歐洲的便捷海運走廊。與此同時，作為阿拉伯和非洲地區的政治大國，埃及享有較高的國際地位和廣泛的國際交往，與鄰國、區域大國和國際經濟體都有著良好的合作關係。埃及同時還擁有勤勞的人民和豐富的自然資源。所有這些因素都能讓穆巴拉克這位老人和新「法老」從深圳的發展經驗中受到啟發。更重要的，穆巴拉克自任副總統到那時，已經多次訪華，與中國曆屆領導人毛澤東、鄧小平等均有見面，看到了中國自二十世紀七〇年代中期以來的發展變化，更深深感受到中國在鄧小平改革開放政策下發生的深刻社會和經濟變革，感受到這種變革給原本相對貧窮的中國國民帶來的巨大的物質和精神財富，感受到中國國民也因此而被激發的工作激情，感受到了變革給中國綜合實力和國際地位帶來的大幅提升。於是，埃及開始計劃開發蘇伊士灣西北經濟區。

蘇伊士灣西北經濟區地處開羅東南約一百二十

一九九八年，中國外經貿部副部長劉山在（右）率團訪問埃及期間，與埃及官員就有關會議文件進行磋商。（中為曹甲昌）

公里處的蘇伊士運河南口的西部，行政上屬於蘇伊士省。一九九六年前，這裡是一片荒漠，基礎設施匱乏，基本沒有經濟活動，而且大部分土地為游牧人所有。西北經濟區距離蘇伊士城四十公里，有一條簡易且擁擠的公路相連。該區紅海邊還有一個規模不大的因蘇哈納港。

埃及的開發計劃十分周全。在確定了蘇伊士灣西北區的位置後，埃及政府成立了蘇伊士灣西北經濟區開發委員會，由六位內閣成員和蘇伊士省省長組成，這六位內閣成員分別是地方事務部長、電力部長、工業部長、外貿部長、住房部長和正部長級的投資總局局長。為了與中方進行更好的對接，埃及還成立了阿拉伯承包商和國民銀行參與的蘇伊士開發總公司。埃及政府原計劃的總開發麵積達到九十七平方公里，後來在中方的細心解釋和論證下，埃及政府同意了中方的開發建議，以一平方公里為起步區，二十平方公里為開發目標區。

穆巴拉克總統當時為何要開發這一地區呢？分散人口和利用當地的區位優勢發展出口導向性生產型項目是主要考量。我們從當時參與該經濟區規劃談判的幾位埃及內閣成員那裡了解到，埃及政府當時的設想是利用開發蘇伊士灣經濟區來分散大開羅的人口，減輕大開羅的交通基礎設施等服務壓力，並形成大開羅—蘇伊士灣—蘇伊士城工業走廊，助推埃及的經濟發展。

蘇伊士灣西北經濟區的起步極為艱難。基礎設施的缺乏和引資意識的淡薄是主要障礙。那時埃及的 GDP 總量僅六百七十六億美元，人均 GDP 約為七百四十美元，根本沒有大量投資基礎設施建設的能力。與此同時，中國在海外投資工業園或基礎設施也沒有成功經驗。但是，埃及社會經濟的發展的確需要新的思路、新的理念、新的戰略，中埃關係的發展也需要新的支點、新的平台。

中方高度重視與埃及在蘇伊士灣西北經濟區的合作。時任國務院副總理李嵐清親自與當時的天津市委市政府主要領導會商，就天津市政府承擔這一艱巨任務的可行性進行了充分協商，天津市同意接受使命，並決定由天津開發區（泰達）具體負責實施合作計劃。李嵐清要求當時的外經貿部牽頭組織與埃方的談判，就合作原則達成一致後交由天津市與埃方就商務問題達成共識。我們當時組成的談判團隊非常龐大，除外經貿部和天津市委市政府相關部門的同志外，還邀請了國家體制改革辦公室、天津市開發區、蘇州工業園區等單位的負責人。

中埃雙方的談判團隊進行了多輪技術會談，並分別考察了蘇伊士灣西北經濟區、天津開發區，深度調研了在埃及建設園區的優勢和困難，也向埃方詳細介紹了中國改革開放過程中建設特區、開發區的經驗，希望埃方能夠轉變觀念，為外商投資企業提供良好環境，並在提供土地、投資基礎設施、減免稅收、弱化外匯管制、簡化簽證、提供一站式服務等多個領域提出了詳盡的建議方案。

經過多輪深入的談判，中埃雙方就合作原則達成一致，埃方接受了中方的大部分工作建議，也同意縮小起步區到一平方公里。一九九八年初，中方代表團訪問埃及，與埃方技術組進行了最後一輪談判，雙方並就政府層面的合作達成了一致，準備簽署會議紀要。這裡要說明一下，我們當初接受埃方請求的主要考量是幫助埃及建設蘇伊士灣西北經濟區，主要是提供技術支持，是一個諮詢性質的服務，埃方在多輪多次談判中也沒有要求中方參與建設。在我們這次的談判結束後，埃方安排時任總理詹祖裡會見我們。就是在這次會見中，總理提出希望中方不僅僅是提供技術支持，而是與埃及共同建設蘇伊士灣西北經濟區，中方需要出資至少百分之十，以體現埃中合作關係，並強調這是穆巴拉克總統的意見。這一要求明顯在我們的授權之外，我們要求總理給我們時間，因為我們需要與國內溝通。

一九九八年，中國國務院副總理李嵐清在北京中南海紫光閣會見來華進行蘇伊士特區建設專題磋商的埃及貿工部次長，曹甲昌擔任翻譯。

我們的團隊進行了認真分析，深刻感受到了埃方開發蘇伊士灣西北經濟區的決心和與中方開展共建合作的誠意。我們立刻請示國內，並提出了合作建議。國內很快就給予了我們授權，並要求我們按照百分之十的出資比例與對方協商。最後的結果是，我們與埃及方面達成了共識，簽署了談判紀要。正是這一紀要文件，正式開啟了中國與埃及在蘇伊士灣西北經濟區項目上的實質性合作。一九九八年，中埃雙方正式成立合資公司——埃及泰達投資有限公司，並在埃及完成註冊。在合資公司的初始階段，埃方四家合作夥伴占股百分之九十，中方以泰達為出資人，占股百分之十，借用外經貿部七百萬美元的外貿發展基金注資。

埃及蘇伊士灣西北經濟區的發展比我們想像的要困難得多。首先是埃及政府官員的觀念沒有發生改變，依賴中方的心理十分強烈，並期盼中方可以大包大攬完成園區的建設、投資和運營。埃及在上世紀七〇年代薩達特總統時期曾經深度向西方開放市場，也因此留下「以市場換援助」的印象，並認為埃及人民不可能讓外國人賺錢。時任投資總局局長法烏茲教授也持這種態度。二是基礎設施嚴重不

足和優惠政策不到位。在觀念不能輕易改變的前提下，雖然相關內閣成員都多次參加雙邊談判，對中國建設和運營園區的方式有直接的了解，但政府各部門如電力、交通、供水、海關、稅收、中央銀行等部門對基礎設施的投入仍然不足，各項優惠政策遲遲不能出台。三是大環境還有待改善。埃及政府相關部門還未能統一思想，在發展這一關係國家命運的大事上還沒有形成一致，整體經濟還不能為高水平的園區建設提供有力支撐。二〇〇〇年初，詹祖裡總理被解職，內閣進行了大面積調整，蘇伊士灣西北經濟區的發展被迫停止。

一九九八年成立的合資公司剛剛開始運轉，就因政府重組而在二〇〇〇年陷入停運，直到二〇〇四年才重新開始慢慢恢復，後來股權多次發生變更，目前泰達已經占股百分之八十二，成為最大股東，負責園區的建設和運營。合資公司成立後，雙方合作以天津市企業為基礎開展了密集的招商工作，取得了一定成效。二〇〇四年後，在中國商務部的指導和支持下，泰達開始了在全國範圍的招商，並開始吸引埃及本國企業和意大利等外國企業入園。經過十多年的艱難歷程，埃及蘇伊士灣西北經貿合作區逐步發展起來，並形成了現在的成熟園區，產業集聚效應明顯。正如蘇伊士運河管理總局新聞發言人福阿德所言：「蘇伊士經貿區是目前埃及最具活力的心臟地區，也是埃及發展的未來。」

二〇一六年一月二十一日蘇伊士灣西北中埃經

貿合作區六平方公里拓展區的揭牌，標誌著中埃經貿合作區項目的建設進入一個新階段，也標誌著中埃在「一帶一路」倡議下的務實經貿合作將開啟一個新的旅程。拓展區將重點發展化工、汽車、電器、輕工業、機械設備、新材料新能源、IT 電子產品七大主導產業，計劃吸引一百五十家企業入駐，提供四萬個就業崗位，並充分利用埃及的區位優勢，將相關產品輻射到中東、非洲乃至歐洲等地區。不久的將來，一個現代化的國際產業基地將崛起在紅海岸邊，成為中埃、中非友好合作的重要典範。

埃中關係：文明、原則與利益神奇結合的發展前景

艾哈邁德·薩義德·納賈爾
（埃及經濟學專家，《金字塔報》
報業集團董事長）

一九五六年五月十七日，埃及開始承認中華人民共和國，認為台灣是中國的一個地區。這與西方人的意志背道而馳。從那時起，埃及和中國之間就建立起了強大的關係，這種關係一直延續至今。當年，埃及對中國所持的這種立場成了法國、英國、以色列對其發動罪惡的殖民入侵的藉口之一。於是，埃及開始為中華人民共和國「籌集」各個非洲國家、阿拉伯國家的認可，因為埃及曾經在這些國家爭取獨立的過程中給予過幫助。於是，埃及儼然就成為中國人民的「世界使者」。同樣，中國也在各大國際場合，在所有有關正義的埃及問題和阿拉伯問題上，通過直接或間接的方式給予埃及莫大的支持，堅定地與埃及人民站在一起。

於是，迦瑪爾·阿卜杜爾·納賽爾在中國聲名遠播，成為民族解放的象徵，成為熱愛和平的人民的保障；同時，毛澤東、周恩來還有後來的鄧小平等中國領導人也成為民族解放、秉持公正的象徵，

贏得了埃及人民極大的尊重和讚賞。並且，那些被翻譯成阿拉伯語的中國文學作品也成為對埃及和阿拉伯國家造成影響的世界文化的一部分。在阿拉伯國家，最著名的中國文學作品是老舍的小說，還有中國那些豐富的兒童文學。孕育了中華文明的長江，最終注入中國東海，流向那些在地理上和政治上都要遠離中國大陸的島嶼。中國的長江與埃及的尼羅河極為相似，就像尼羅河的同胞兄弟一樣，因為尼羅河也匯聚著非洲的靈魂，流經埃及的土地，最終注入地中海，從而在七千年前為古老的埃及文明帶來了黎明，為人類的命運帶來了光明。

最近中國提出的「一帶一路」的倡議，與和平的中國文化相得益彰。「一帶」是指有著偉大象徵意義的古代絲綢之路沿線，它是建立在和平合作、互惠互利、國家間互不侵犯基礎上的國際經濟關係的參考框架。古代絲綢之路之所以有這種價值，那是因為雖然絲綢之路沿途國家在經濟、政治和軍事力量上都相差甚遠，但是不同於歷史習慣的是，這種力量的差異並沒有導致殖民統治、侵占和霸權，這令它成為和平合作的典範，具有公正、平等的特點，也保障了國家關係上的選擇自由。

埃及對這一倡議十分歡迎，並積極參與其中。這似乎是一件很自然的事情，因為埃及的文化及其與他國的關係均建立在和平、合作、平等、公正、互惠、互利的基礎之上。

一九六三年十二月，周恩來總理率團訪問埃及期間，與納賽爾總統會見。

歷史上，當絲綢之路上的國家正如火如荼地進行著平等、和平的合作時，歐洲國家正在對別的國家進行罪惡的擴張、侵犯和占領，甚至還破壞那些國家的社會和政治結構，盜取其財富與資源，踐踏其人民，這就是所謂的殖民時期（「破壞時期」這個表達更加合適）。於是在那個時期，砲艦外交就成為歐洲國家侵略掠奪其他國家的標誌。雖然這個可惡的殖民時代已經在上世紀七〇年代結束了，僅留下些微小的後遺症，但是上世紀八〇年代，當格林納達的民主選舉結果不合美國的心意時，美國就出兵占領格林納達，砲艦外交又死灰復燃。對美國而言，民主問題不過是用來要挾別國的一個藉口。

從二〇一一年起，阿拉伯國家紛紛受到來自美國主導的北約的干涉，這種干涉已經摧毀了利比亞的統一。其他西方大國及其地區盟友們也紛紛建立起以宗派主義和部落為基礎的制度，他們對阿拉伯國家進行干涉，企圖以打擊野蠻的恐怖分子為藉口，摧毀敘利亞這個國家。但是多虧了阿拉伯敘利亞共和國（自從埃及和敘利亞短暫的合併之後一直保持這個國名）的軍事實力，以及俄羅斯強硬而堅定的支持立場，還有中國支持敘利亞統一、反對任何軍事干預的立場，敘利亞堅挺至今。

因此，世界上各個國家在其國際關係上都應該作出選擇，要麼是絲綢之路的平等、和平的合作，要麼就是砲艦外交的盜竊行徑。

埃及經濟的現狀和未來

二〇一四年，按照通行匯率計算，埃及的國民生產總值為二千七百三十一億美元。而如果按照埃鎊的購買力水平計算的話，當年埃及的實際國民生產總值為九一百九十二億美元。這種巨大的差距表明，埃鎊換算成美元後的價值要遠小於它的真實價值。這也就意味著，外國投資者或遊客可以用同等的美元在埃及買到三倍於美國的資產和商品。此外，還有很大數量的非官方的產值，我們正努力將這些產值納入官方經濟總額，並算入國民生產總值中。如果這個實現了的話，那麼無論是根據通行匯率計算，還是根據美元和埃鎊的購買力水平計算，埃及的國民生產總值都會加入一個大數目。二〇一四年，埃及的國民生產總值中，農業產值占 14%，加工製造業占 16%，採礦業占 24%，服務業占 46%。

根據國際貨幣基金組織二〇一四年關於世界貿易趨勢的報告，埃及的商品出口總額為二百八十九億美元，同年進口總額為六百五十二億美元，貿易赤字為三百六十三億美元。

埃及的官方數據顯示，2014-2015 財政年度埃及的服務出口總額為二百二十億美元，服務進口總額為一百七十三億美元，服務貿易盈餘為四十七億美元。同年，埃及境外務工人員的製造業總額為一百九十三億美元。

埃及市場有九千萬消費者，也就是目前埃及境內的人口總數。其中二千八百萬人有著各種各樣的技能和工作水平，他們的收入遠遠低於中國及其他新興國家勞動力的收入。還有八百萬埃及人在別的國家生活和工作，只是每年回國探親而已，如果把他們也算入埃及人口的話，那麼埃及人口總數就是九千八百萬人了。

埃及與歐盟、其他阿拉伯國家、東非國家、南部非洲國家都簽訂了自由貿易協議，還與很多其他國家單獨簽訂了自由貿易協議。這也就意味著，任何一家在埃及的公司都可以從這些國家免稅或是支付有限的關稅來購買原材料和簡單商品，這有限的關稅也在逐漸降低，朝著完全取消的方向發展。同樣，只要符合比例要求，埃及境內的公司所生產的產品出口到所有這些國家的市場也不需要支付任何關稅。

埃及地處三大洲的交界處，擁有獨特而優越的地理位置。這一地理位置對埃及吸引外國投資有著極大的幫助。在埃及，與世界其他市場進行貿易所需要的運輸費用和保險費用遠遠低於其他國家。比如說，如果一家製造汽車的中國公司將工廠建在中國，它想要從埃及、歐洲、阿拉伯地區、非洲和北美洲東部進口原料和簡單產品，或是出口汽車到這些國家和地區的話，需要支付巨額的運輸和保險費用。然而，如果這家公司將工廠建在埃及的話，當它將產品出口到上述這些鄰近埃及的市場時，運輸和保險費用將會大大減低，利潤也就相應地提高了。並且，埃及的勞動力成本很低。另外，由於埃及與這些國家簽訂了自由貿易協議，所以在埃及生產的商品可以自由進入這些國家的市場。

此外，埃及還有著豐富的礦產資源，在此基礎上可以大力發展加工製造業。同時，埃及在水果蔬菜供應上也有大量盈餘，構成了發展果蔬儲存包裝業的基礎。並且，埃及還處在非洲和阿拉伯地區的中心，而這些地區恰恰是礦產、農業原料、原油和天然氣的主要出口國。所有這些條件，都給埃及經濟的發展和吸引外國投資提供了得天獨厚的強大優勢。

中國經濟產值趕超美國

世界銀行的數據顯示，一九九〇年中國國內生產總值為三千五百四十七億美元，僅占世界生產總值的 1.63%；二〇一四年中國國內生產總值達到十萬零六百九十億美元，占世界生產總值（782590 億美元）的 12.9%。而如果按照人民幣的購買力水平來計算的話，二〇一四年中國的國內生產總值為十七萬九千一百九十億美元，占世界生產總值的 16.5%，歷史上第一次超過美國。根據二〇一五年世界銀行關於發展指數的報告，二〇一四年中國國內生產總值媲美國高一千零七十億美元。國際貨幣基金組織《貿易趨向統計年鑑》的數據顯示，一九九〇年中國的出口總額為七百二十一億美元，僅占世界出口總額的 3%；二〇一四年中國的出口總額為二萬二千七百六十億美元，占到了世界出口總額的 12.2%，超過出口總額為一萬四千九百二十億美元、約占世界出口總額 8%的美國，居世界第一。二〇〇五年，中國的貨物出口總額為九千九百八十億美元，美國的貨物出口總額為九千五百九十億美元，從那時起，在貨物出口總額上中國已經超過了美國。從二〇〇五年開始，中國的貨物出口總額一直穩居世界第一。

中國是世界上外匯儲備最為豐富的國家，超過了四萬億美元。中國的外匯儲備主要來自外匯收支差額和持續至今的巨大的貿易盈餘。此外，中國已經成為世界第二大直接投資來源國。聯合國貿易和發展會議關於世界投資的報告數據顯示，二〇一四年中國對外直接投資為一千一百六十億美元。

長期以來，中國依靠自身的力量，實現了巨大的經濟增長。世界銀行數據顯示，一九六五年到一九八〇年期間，中國經濟年平均增長率為6.4%，擁有了強大的經濟基礎、先進的教育水平和工作技能培訓水平。中國的知識菁英們取得了眾多的民用成就和軍事成就，從而令中國成功加入世界核俱樂部，也令中國擁有了世界上首屈一指的經濟力量和軍事力量。中國的經濟結構為其更好地融入世界經濟提供了條件，也使它能夠運用其強大的競爭力快速地增加出口。從一九八〇年到今年，也就是二〇一六年，中國經濟一直保持著快速的增長。期間，中國經濟年平均增長率為 10%，這與儲蓄率密切相關。同期中國的儲蓄率比國民生產總值高 20%，投資率大概是國民生產總值的 45%。

中國經濟和埃及經濟在未來的發展有著高度的兼容性。因為經濟發展與兩國的進出口緊密相關，而中國和埃及在進出口方面恰好有著高度的兼容性。此外，還與直接和非直接投資密不可分，因為埃及在資本服務方面純粹依賴進口，而中國又是資本出口大國，尤其是中國目前擁有超過四萬億美元的巨額外匯儲備。並且，蘇伊士運河也是中國與歐洲和阿拉伯地區進行貿易的主要交通要道。除此之外，埃及和中國都有大量的旅遊資源，這也構成了兩國在這方面的發展基礎。撇開兩國經濟的兼容性不談，我們也應該關注兩國的關係，以及發展這種關係的前景和可能性。

埃中經濟關係及發展前景

埃中關係建立在合作、團結、和平的基礎上，建立在平等基礎之上的經濟利益和政治利益的交流構成了目前埃中關係的主要內容。在國際政治經濟環境日新月異的形勢之下，奉行公正、平等、合作、和平和積極融入世界經濟原則的國家應該團結一致，加強合作，造福百姓。無論是在國際經濟中，還是在任何關於國際關係的政治磋商中，這種合作的作用都會越來越重要。

在國際經濟關係中，埃及一直致力於實現公正、平等、互惠互利。中國則以值得尊重的恆心，一直以來追求發展與新興國家和發展中國家的關係，無論是「金磚國家」的組建，還是為了加強國家間經濟合作的復興古代絲綢之路倡議的提出，抑或是呼籲在國際貨幣基金組織的主持下用一種新的國際儲備貨幣替代美元，因為美國借此以世界人民為代價為自己謀利。

在國際關係中，中國尊重國家主權、主張和平公正地融入國際體系，這種原則與西方奉行的霸權主義和單邊主義截然相反。但是，中國堅持的這種原則與二〇一一年一月和二〇一三年六月三十日兩次革命浪潮後埃及的民族獨立意願非常契合。埃及主張與周邊國家以及世界各國平等交往，注重發展與那些尊重其主權、尊重埃及人民的選擇、尊重國際關係中公正平等原則的國家發展關係。因此，中國是埃及發展經濟、政治關係的理想夥伴，特別是，埃及和中國在經濟潛能上也十分契合，在國際和阿拉伯地區的熱點問題上，特別是在敘利亞、巴勒斯坦被占領土、反恐戰爭、反對宗教極端主義等問題上，兩國的立場都十分接近。

近三十年來，埃及和中國之間的商品貿易取得了極大的發展，但是，相較於埃及從中國的進口貿易，埃及對中國的出口可以說發展十分有限，甚至可以說是非常微弱。

根據國際貨幣基金組織《貿易趨向統計年鑑》的數據，一九八三年埃及的商品出口總額約為 32.15 億美元，同年埃及對中國的商品出口額為 2900 萬美元，也就是說還不到埃及商品出口總額的 0.9%。中國居埃及出口商品主要市場的第 20 位。

二〇〇〇年，埃及商品出口總額為 63.32 億美元，其中對中國的出口額約為 9300 萬美元，占埃及商品出口總額的 1.4%。中國居埃及出口商品主要市場的第 15 位。

二〇一〇年，埃及商品出口總額為 273 億美元，其中對中國的出口額約為 4.53 億美元，占埃及商品出口總額的 1.7%。中國居埃及出口商品主要市場的第 16 位。

二〇一三年，埃及商品出口總額為 289 億美元，其中對中國的出口額約為 5.68 億美元，占埃及商品出口總額的 2%。中國居埃及出口商品主要市場的第 15 位。

一九八三年，埃及從中國的進口額為 5900 萬美元，占埃及進口貿易總額的不到 0.6%。當年埃及進口總額為 102.75 億美元，中國居埃及進口商品來源市場的第 31 位。

二〇〇〇年，埃及從中國的進口額為 8.86 億美元，占埃及進口總額的 4%。當年埃及進口總額為 220 億美元，中國躍居埃及進口商品來源市場的第五位。

二〇一〇年，埃及從中國的進口額為 48.84 億美元，占埃及進口總額的 9.3%。當年埃及進口總額為 528 億美元，中國居埃及進口商品來源市場的第二位。

二〇一三年，埃及從中國的進口額為 68.11 億美元，占埃及進口總額的 10.5%。當年埃及進口總額為 652 億美元，中國成為埃及進口貿易最大的來源國。

埃中貿易極不平衡。二〇一三年，埃及與中國的貿易赤字高達 62.45 億美元，占兩國貿易總額的將近 85%。鑒於近三十年兩國貿易的整體趨勢，埃及需要增加對中國的出口，以實現兩國貿易的平衡。這種出口的增加應該通過增加埃及現有的商品生產量來實現。但是，更大的發展機會則有賴於新的投資，只有通過新的投資，才能生產出中國市場所需要的工業和農業產品。因此，中國資本應該將目光轉向埃及市場，建立新的工廠，發展生產基礎，令埃及能夠向中國市場出口更多的商品，從而縮小埃及與中國的貿易赤字，或是達到兩國間的貿易平衡。接下來，讓我們談一談中國在埃及的直接投資。

儘管中國已經成為世界第二大資本輸出國，二〇一四年，中國對外直接投資為 1160 億美元，但是在中國的直接投資版圖中，埃及依舊處於邊緣地位。埃及官方數據（埃及中央銀行每月統計報告）顯示，2014-2015 財政年度，中國對埃及的直接投資為 6050 萬美元，而當年在埃及的外國投資總額為 63.71 億美元，中國在埃及的直接投資僅占埃及外國投資總額的 0.9%。在 2010-2011、2011-2012、2012-2013、2013-2014 財政年度，中國對埃及的直接投資分別為 4800 萬、7300 萬、4880 萬、630 萬美元，分別占埃及外國投資總額的 2.2%、1.8%、1.8%、0.2%。

中國是第十五大在埃及進行直接投資的國家，位於英國、美國、法國、德國、比利時之後。根據

الأهرام

رئيس مجلس الإدارة
أحمد السيد النجار

رئيس التحرير
محمد عبدالهادى علام

www.ahram.org.eg

٤٢ صفحة ٢٠٠ قرش

Al-Ahram Tuesday 19 Jan. 2016

الصين تؤيد الإرادة الحرة للشعب المصرى ودور مصر إقليميا وعالميا

الرئيس الصينى شى جين بينج فى مقال خاص لـ «الأهرام» قبل زيارته:

أبحث مع الرئيس السيسى تطوير العلاقات الإستراتيجية

بسبب حالة الطقس

مصرع ٩ وإصابة ٥٧ فى حوادث طرق

عبدالعال: النواب وافقوا على ٣٤٨ قانونا

اتفاق مصرى ليبى على دعم حكومة التوافق الوطنى

علاقات طهران وواشنطن تتعكر سريعا .. وإيران تهاجم العقوبات الأمريكية الجديدة

١٪ يملكون ثروات العالم .. والملايين تتضور جوعا!

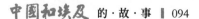

فى الأهرام غدا
مصر والصين
٦٠ عاما من التضامن

中國在埃及的投資特點，發展埃中經濟關係的最重要的方式就是增加有利於雙方的中國直接投資。在磷肥生產上，埃及有著巨大的投資機會，因為埃及的阿維那特地區、新谷和紅海沿岸有著儲量豐富的磷礦。同樣，在水泥、化肥尿素、滑石粉、石灰石、石膏、石英、大理石、玄武岩、黃金等製造行業，埃及也有著大量的投資機會。此外，西奈半島西南部還有著豐富的玻璃砂儲備，這為發展玻璃工業和鏡面產業提供了堅實基礎。而且，在稻稈和甘蔗廢料造紙行業、農產品加工業、濃縮果汁業、蔬果儲存和包裝業，埃及也擁有大量的投資機會。在海洋養殖、魚類加工和包裝製造方面，埃及也同樣擁有豐富的投資機會。在汽車製造行業，埃及同樣擁有優越的投資機會。埃及十分注重與各大國際汽車企業的合作，一方面是因為埃及市場本身每年就要消費三十萬台汽車，另一方面是因為這些汽車企業也重視在埃及的投資，以便更好地向阿拉伯市場、歐洲市場和非洲市場進行出口。最後，埃及在造船行業也有著優越的投資機會，因為每年有一萬八千艘貨輪要經過蘇伊士運河，這些貨輪運載著世界十分之一的貿易商品。隨著新蘇伊士運河的通航，其在國際貿易中的中轉份額將會與日俱增，在幾年內實現翻番。

二〇一六年一月十九日，在習近平主席對埃及進行國事訪問前夕，埃及《金字塔報》在頭版頭條以通欄套紅大標題加彩框形式刊登習近平主席照片和署名文章摘要。

另外，埃及在煉油行業特別是石化行業也有著得天獨厚的投資機會，因為埃及毗鄰海灣地區這一世界上最大的石油儲備地和利比亞，同時還毗鄰歐

مصر والصين
٦٠ عاما من التضامن

الرئيس الصينى يكتب لـ «الأهرام»:

العلاقات الصينية ـ المصرية تمثل الانطلاق للعلاقات الصينية العربية

بقلم: شي جين بينج
رئيس جمهورية الصين الشعبية

مستعد لبذل كل الجهود مع الرئيس السيسى من أجل تعميق الثقة المتبادلة والتعاون الاستراتيجى بين البلدين على نحو شامل

الصين ستواصل دعمها لعملية السلام في الشرق الأوسط وإقامة دولة فلسطينية مستقلة وعاصمتها القدس الشرقية

حققنا قفزة تاريخية في التعاون المشترك علي مدى الـ ٦٠ عاما الماضية بالاحترام المتبادل والتعاون والمساواة بين صديقين وشريكين

العلاقات بين الشعبين المصرى والصينى عميقة الجذور تليق بتاريخ وحضارة البلدين

النيل يتدفق من الجبال والسهول وهكذا تتدفق وتتعمق الصداقة الصينية المصرية والصداقة الصينية العربية

زرت مصر منذ ١٦ عاما وأدركت معني «مصر هبة النيل» واطلعت بعيني كيف حول المصريون النهر «المتوحش» إلي مصدر للرزق

أدركت أن النيل هو مصدر الحضارة المصرية وأعجبت بحكمة الشعب المصري وقوته

الصين تدعم حق الشعب المصري في تقرير مصير بلاده وبإرادته الحرة وتدعم جهود الحكومة المصرية في تحقيق الاستقرار الاجتماعي والنمو الاقتصادي وكذلك الدور المصري الفعال في الشئون الإقليمية والدولية

洲最大的石油產品消耗市場。目前，埃及需要進口石油產品，因為埃及境內的煉油廠還無法滿足本地對石油產品的需求。

另一方面，中國已經成為世界上最大的旅遊服務進口需求國。二〇一四年，前往世界各地旅遊的中國遊客為 9820 萬人，中國遊客的境外旅遊花費額為 1383 億美元，比二〇〇〇年增長了十倍。同時，埃及是各種旅遊服務的出口大國。但是，相較於前往其他國家的中國遊客，前往埃及旅遊的中國遊客數量極其有限。雖然埃及與中國之間的地理距離阻礙了兩國間旅遊交往的發展，但是較之目前的狀態，兩國間的旅遊交往仍有很大的發展潛力。比如，一些俄羅斯、德國和意大利的遊客就喜歡在埃及的紅海地區購買酒店式公寓。當他們年老之後，就帶著養老金來到他們在埃及購買的公寓長時間度假，或者提供給他們的家人使用。並且，在他們不住的那些日子裡，這些酒店式公寓所在的度假村管理部門就會將公寓出租，這樣業主還能拿到租金。這種模式對於中國的老年遊客或家庭也同樣適用。

雖然二〇一一年「1・25」革命之後埃及的旅遊業受到了重創，但是 2012-2013 財政年度，埃及的遊客數量仍然有 1220 萬人，當年遊客在埃及的平均過夜時間為 1.32 天。儘管在「6・30」運動發生之後，2013-2014 財政年度埃及的遊客數量下降到了 750 萬人，但是 2014-2015 財政年度遊客數量呈現出迅速恢復的趨勢，上升到了 930 萬人。二〇

二〇一六年一月十九日，埃及《金字塔報》第 7 版全文刊發了習主席的署名文章《讓中阿友誼如尼羅河水奔湧向前》。

一五年十一月西奈半島俄羅斯客機墜機事件對埃及的旅遊業造成了一定的負面影響，但是之前埃及已經順利克服了一些類似的危機，所以毫無疑問，它也會成功從這次危機中恢復過來。

以上這些都表明，埃及和中國在眾多經濟領域的關係都有著巨大的發展潛力，比如商品貿易、投資和服務貿易，特別是在蘇伊士運河擴容之後的運輸行業、文化旅遊、度假旅遊等行業。埃及在旅遊業上還擁有巨大的潛力和得天獨厚的旅遊資源。此外，兩國在科技和軍事領域也有無限的合作可能，這些領域的合作必須在雙方之間高度的互信基礎上才能得以實現和發展，恰恰埃及和中國之間就存在著這種互相信任。並且，埃及和中國的政治立場也極為相似，兩國在對外關係上均主張和平合作，因此，中埃之間適合發展全面的戰略夥伴關係，尤其是經濟關係，因為兩國之間這些振奮人心的經濟潛力為雙方經濟關係的迅猛發展提供了客觀基礎。

記憶篇

個人抱負和國家利益的互動

穆罕默德・努曼・賈拉勒
（埃及前駐華大使）

中國過去是，現在仍然是我生活的主導。從學校當學生，一直到現在，心坎裡永遠銘記著先知穆罕默德的教誨：「知識，雖遠在中國，亦當求之。」

三個目標

先知穆罕默德這句名言，具有伊斯蘭的遠見。作為一個埃及和阿拉伯穆斯林、一個外交家，這句重要教導推動我去實現以下三個目標：

（1）學習中國文化、文明和哲理；

（2）專門研究中國；

（3）利用學習和研究成果，發展埃中關係、阿中關係和非中關係。這也是埃及外交政策的三大領域，具有豐富的文化內涵。

為實現這三個目標，我已作出了很大努力。毫無疑問，這三大目標如同連通器，相互依存、相互融合、相互推動、相互補充。每當學到一點中國文化知識，就加深了我對中國文化的理解，也豐富了我研究中國文化、歷史和發展因素的專業知識。每當我完成第一和第二目標中的一些任務時，也為第三個目標獲得更多的成就積蓄了能量。

關於與三個目標互動的三點感受

我在這裡談談與以上三個目標密切相關的三點感受：

第一，我開始為實現這些目標而認真工作，是從開羅大學政治經濟學院畢業後不久，更準確地說是一九六五年。當時，我是四名優秀生中的第三名。我決定攻讀碩士和博士學位。有關碩士學位的研究課題令我頗傷腦筋，最後，我決定選擇「中國『文化大革命』和一九七四年的政治變遷」——自一九六六年開始，「文化大革命」愈演愈烈，一直到一九七六年中國領導人毛澤東去世才結束。

第二，文化領域內部的互動和它與政治、經濟的相互聯繫，本身就清楚地反映在孔子學院的建立上。中國把在世界各國建立孔子學院當作國際交往軟實力的工具之一，其他的工具還有基於利益共享的貿易和投資。除非萬不得已，中國很少採用硬實力。從長期的歷史過程，直到當前的發展時期來看，中國非常強調使用軟實力。

第三，每當我學到一點有關中國這個古老國家文明的知識，就加深了我對這美妙的世界遺產的了解，而這種遺產深深地影響著中國的現代和未來。由此，中國的領導者鄧小平創造性地使用了一些術語和俗語，如「中國特色社會主義」「社會主義市場經濟」「不管黑貓白貓，抓住老鼠就是好貓」，這些術語深刻地反映了中國古老文明對該國領導人的思想和行動的影響。他們為二十世紀和二十一世紀中國的前途而努力工作。

開始並不樂觀

我早期的外交生涯並不像少壯時想像的那樣。經過筆試、口試、面試和心理測試，我進入了外交學院，學習兩年。儘管從外交學院畢業時，我在我們那批人中得了第二，在經濟和政治科學學院取得第三，但在進入外交使團的競爭中，僅排名第八。這說明，兩年的學習沒有得到真實的回報。後來我們這批人外派時，成績優秀者被派到小國和國際政治作用有限的國家，而畢業成績較差者卻被派到最重要的國家或駐國際組織的埃及代表團工作。但這些對我的決定和心理影響極小，因為我要完成碩士學業。我要求去埃及駐華大使館工作。當時，中國和駐華使館對很多外交人員缺乏吸引力，因為上世紀六〇年代早期中國執行的是強硬的共產主義，到那裡生活會比較困難。而我的要求與自己青春的理想和科學的追求緊密地結合在一起。結果，我還是被分到了另一個國家——約旦。

當我完成博士學業時，由於駐華使館沒有空缺，我便要求去埃及駐日本大使館工作，因為當時我的博士論文是關於中日關係的。但結果是，我被分到埃及駐印度大使館工作。隨後，幸運之神開始向我微笑。我先是在埃及外交部長辦公室工作，後來轉到埃及駐紐約聯合國代表團。回國後，我被任命為埃及外長副助理、埃及駐阿拉伯國家聯盟常務代表。一九九五年，我被任命為埃及駐巴基斯坦大使。因為多次申請均未得到回應，從此，我也不再要求去中國工作。

一九九八年，我被任命為埃及駐華大使。這使我感到很突然，因為我已幾乎不抱希望。這突如其來的任命在我內心深處產生強烈的震動，我自言道：我的願望實現了，我等了那麼長時間，走了那麼長的路程，現在，火車終於到站了！

準備實現目標

我開始準備迎接有意義的日子，就是我到達北京後作為埃及駐華大使向中國國家主席遞交國書的那一天。

當時的中國國家主席是江澤民，他面帶笑容，同時也微帶嚴肅的神態對我說：「從你的研究中，你學到了很多有關中國的情況。現在，你應該重新考慮這些研究，因為今天的中國（我遞交國書的時間是 1998 年）與一九六六年（『文化大革命』開始時）相比已有所不同。」我於一九八〇年完成博士學習，並取得優異成績，位列第一名。中國國家主席的話是新的促動，它激勵我更深入地了解中國，了解中國的文化。

我於二〇〇一年九月底完成了在中國的工作，也就是震驚世界的「9・11」事件之後不久。這時世界各地恐怖活動頻發，恐怖主義和伊斯蘭被混為一談（出於故意或由於無知），一些穆斯林，包括沙漠中生活的貝都因人和不發達的阿富汗向世界第一強國美國開戰。消息傳來，在我和許多埃及外交事務委員會代表團成員們的心中產生了巨大的震盪。當時，埃及外交事務委員會代表團正在訪問中國，我陪同他們參加了中華人民共和國成立五十週年慶祝大會——大會討論了中國的發展和前途。就在這個時候，世界各大通訊社和衛星電視廣播消息，稱中國將向美國發動戰爭。對此，我們提出了質疑。

中國社會的進程和互動

我在中國當了三年半的大使。此後，二〇〇二年我擔任巴林大學校長顧問，二〇〇三年任巴林研究中心戰略研究和文明對話顧問，二〇一〇年開始任巴林王國外交部政治顧問。四十多年來，我一直在研究中國文化。現在，重要的問題是為實現我的三個目標，我如何與中國互動——這種互動根子深、範圍大、內涵廣。我必須承認，自一九六六年開始，我並沒有夢想過要按什麼模式來實現或完成人生規劃。

作為一名文化研究人員，首要的是努力了解中國發生的一切。獲得碩士和博士學位，是我當時最大的設想，對一個在外交部工作的外交官來說更是如此。當時，外交部不認為必須外派對各國的政治和文明有研究的人。我的老師加馬勒丁・哈利勒大使擔任過埃及駐華使館的參贊，他熱愛中國，十分讚賞中國和中國文化。他曾指導外交學院的畢業研究，他鼓勵我不斷研究中國。雖然如此，但我也許是第一個專門深入研究中國政策和文化的埃及外交官。當時，我研究的主題是「無產階級文化大革命」，這也是當時中國的發展階段和事件本身的名稱。這一名稱引起了朝氣蓬勃的年輕人的關注，他們希望把自己的國家建設得最好，但沒有意識到當時的風險和危害。不是所有美麗的名稱都意味著美好的意義或令人滿意的結果。

接著是另一位大使，我不認識他，甚至沒見過他，但讀過他的著作——《中國的哲理》，分上、下兩冊。這位大使名叫福阿德・謝貝利。同時，我拜讀了心理學教授哈桑・薩阿菲博士寫的《孔子——中國的先知》。然後，我就全神貫注地閱讀所有有關中國的研究文章、書籍及期刊等。這些印刷品基本上是英文的，有一些翻成了阿拉伯文。還有一些是從意大利文或俄文翻成阿拉伯文或英文的。就這樣，我日復一日、年復一年地埋頭研究。

我還記得我的大學老師布特羅斯－加利博士在教我們關於外交與國際關係的課程時，講到了外交學科的重要性。他對我的影響是讓我進一步思考對中國問題的研究和加倍努力地工作。但是，也許現實生活中有些條條框框對外交部負責外派工作的值班官員產生了影響。從我攻讀博士時所學的專業出發，我請求到埃及駐日本大使館工作。對我的這一要求，值班官員不僅沒有答覆，反而把我送到印度，理由是印度作為不結盟運動的領袖，值得學習和關注。即便如此，我仍一直關注中國，特別是對改革開放後中國的發展十分欽佩。我繼續在個人層面與來自不同國家，包括中國和日本的外交官保持交往。在印度，我協助舉辦外交論壇，並被選為論壇主席。兩年後，我建議每年在論壇成員中選舉輪值主席，並得到大家的贊同。我們每月還舉行午餐例會。

我們外交論壇想請一位在政治、經濟、文化或新聞領域都十分重要的人物，讓他跟我們談談當時印度關心的問題。我在埃及駐挪威使館工作的時候，曾擔當過這樣的角色。這對提高我們國家的外交工作水平十分有益。我被任命為埃及駐巴基斯坦大使後，就與巴基斯坦社會，與那裡的思想家、知識分子和政界人士以及其他國家的外交官建立了密切的關係，我認為自己在這方面取得了良好效果。但要談論這個問題，就是另一個話題了。當我快要結束外交生涯的時候，令人吃驚的事情發生了，我收到一份外交部的豐厚禮物，那就是我被任命為埃及駐華大使。

初到中國的兩件大事

在動身前往北京之前，我的同事、時任中國駐巴基斯坦大使張成禮幫我請了一位在巴基斯坦工作的中國教員。我從這位中國教員那裡學了一點中文。

不久，我在中國的第一件大事發生了：我決定在遞交國書時用漢語與中國國家主席交談。當時，我的老師和在埃及駐華大使館工作的中國人都對我的決定感到非常吃驚。儘管我通過其他語言對中國有很深的了解，但中文水平畢竟有限，不知是什麼給了我勇氣這樣做。江澤民主席接見我時，有外交部副部長吉佩定和一名阿拉伯語翻譯陪同。大家都以為我說阿拉伯語，可是我卻開口講起了漢語，他們都感到十分突然。我的發音和表達並不完美，但我有的是堅持和決心。我要改變自己對中文的認知，要學好和講好中文，為此我抓住各種交談機會加以使用和發揮。遞交國書後，根據慣例，中國外交部負責阿拉伯和非洲事務的副部長設宴招待大使，使館官員和外交部部分同事出席。席間，副部長讚揚了我的勇氣，還轉達了江澤民主席對我的讚賞。

第二件大事是，我向我的同行——非洲大使們提出邀請中國外交部長與我們座談，並共進午餐。大家對我的想法感到驚訝，他們說，部長太忙，不會接受這樣的邀請。但最終，我們通過間接的努力，加上與外長助理和西亞北非司司長及該司一些官員的良好關係，讓時任中國外交部長唐家璇接受了邀請。宴請地點在我的官邸，並以非洲使團的名義舉行。根據我的建議，席間不談外交官熟知的傳統敏感問題。當時，唐部長提出召開中國—非洲合作論壇的想法，我們都表示贊同。為落實此事，我們與吉佩定副部長及他在西亞北非司和非洲司的助手們一起積極努力。二〇〇〇年十月，首次論壇終於在北京召開，中非關係得到質的發展。這得益於埃及的外交努力和埃及大使們的勤奮，特別是由於埃及在一九五六年五月三十日率先與中國建立外交關係，成為第一個與中國建立外交關係的非洲和阿拉伯國家。

埃中關係的三大成果

迦瑪爾・阿卜杜爾・納賽爾與周恩來在萬隆會見和埃及正式承認中華人民共和國並與之建立外交關係這兩大事件，最終促成了埃及政治、外交歷史和中國對外關係史上的三大重要發展成果：

第一，中國勸導蘇聯，促成捷克斯洛伐克和埃及簽訂了銷售武器的協議，以回應西方對埃及的武器禁運。

第二，中國與蘇聯支持埃及反對英國、法國和以色列的侵略，蘇聯甚至威脅用核武器對付侵略國家，促使美國出面制止了侵略和干涉。

第三，非洲和阿拉伯世界對中國開放，粉碎了西方孤立中國的行徑，並由此促成中國與一些阿拉伯國家如伊拉克、敘利亞、也門、摩洛哥等和一些非洲國家建立了外交關係。阿拉伯和非洲國家一獨立，就立即與中國建立外交關係。同時，產生了亞非團結運動，成立了中國和阿拉伯世界、中國和非洲合作的友好協會。由此，埃及成為中阿和中非合作的門戶。

在上述埃中傳統友好關係的基礎上，我作為埃及駐華大使，在以下幾個方面作出了貢獻：為促成中非合作論壇召開，在阿拉伯駐華大使理事會會議上進行了討論並與中國外交部進行了接觸；為落實二〇〇四年一月中國國家主席胡錦濤在訪問阿拉伯聯盟總部，會見阿盟秘書長穆薩和阿拉伯國家常駐阿盟代表時宣布舉辦中國—阿拉伯合作論壇，進行了數次討論和研究。二〇〇四年九月，阿拉伯外長們和中國外長在開羅舉行了第一次會議。當時，我已經不是埃及駐華大使了，但還密切關注著會議的消息，並寫了幾篇評論文章和研究論文，發表在埃及和中國出版的報紙和雜誌上。

埃及駐華大使為埃及、阿拉伯和非洲與中國建立友好關係做出了那些成就？回答是，中埃關係的長足發展發生在埃及前總統穆巴拉克一九九九年訪

二〇〇六年十一月五日，中非合作論壇北京峰會在北京通過《中非合作論壇北京峰會宣言》。中國國家主席胡錦濤（中）、埃塞俄比亞總理梅萊斯（左）、埃及總統穆巴拉克共同宣讀宣言。（供圖：中新社）

問中國之後。這次訪問期間，兩國簽署了關於建立埃中戰略合作關係的聯合公報和其他協定。北京大學授予穆巴拉克總統名譽博士學位，穆巴拉克總統在北大發表了演講，介紹了埃及和埃中關係的發展情況。上海外國語大學授予穆巴拉克總統夫人蘇珊・薩比特「顧問教授」稱號，並建立以蘇珊名字命名的大學圖書館，她在該大學也發表了演講。埃及和中國啟動了 K-8 教練機的共同研製，飛機的名稱為 K-8E，其中 E 代表埃及（Egypt）。同時，埃及被列入中國公民出國旅遊目的地名單，並簽署了諒解備忘錄。

埃及駐華大使一再呼籲埃及航空公司恢復與北京的直航，這在當時是非常困難的事。但埃及前空軍司令艾哈邁德・沙菲克將軍出任民航部長後，開羅到北京的航線開通，後來還開通了到廣州的航線。在我和使館官員，特別是當時的一秘、熱情的年輕人艾哈邁德・阿卜杜勒・阿齊茲和同事艾哈邁德・夏哈卜、阿拉・哈加茲，以及當時的公使賈米勒・法伊德和阿提夫・薩裡姆的努力下，在上海開設了埃及國家銀行代表處和埃及領事館。這些外交官十分關注經濟問題（後來，他們都成為大使）。此時，文化活動和經濟合作相互結合，雙方部長和高級官員互訪不斷。這裡，我想讚揚我在駐華使館工作時的所有同事，特別是使館新聞參贊哈米德・薩格爾。我曾得到以下人士的配合，他們是：商務參贊菲克里・塔德魯斯、武官穆罕默德・優素福、中東通訊社駐北京分社社長阿卜杜・拉赫曼・巴克爾和哈萊女士，在使館工作的中國兄弟姐妹，在中

一九九九年四月五日，中國國家主席江澤民在北京歡迎埃及總統穆巴拉克和夫人訪華。（供圖：中新社）

國工作的埃及人，特別是《今日中國》月刊阿拉伯文版副主編侯賽因・伊斯梅爾先生和其他我記不得姓名的人，還有中國外交部的工作人員，尤其是出色的外交官吳思科大使，他當時是西亞北非司司長，後來任中國駐埃及大使。他們都是值得我讚賞和尊敬的人。

回憶出使中國期間的重要事件

我覺得有必要回顧三件重要的事情，它們與中國社會、文化和人道主義活動有關。

第一件事，發生在我到達中國後的第一週，有一位埃及公民來使館，邀請大使出席他在教堂舉行的婚禮——他娶了一位中國姑娘為妻。我想他不會預料到大使和夫人會出席他的婚禮，也許他猜想只會有一位使館代表參加。但我沒有讓他失望，也許還超出他的想像。我和夫人及使館成員出席了在北京市中心的一個教堂舉行的婚禮，並送了禮物。由於大使的出席，這對新人感到非常幸運。

第二件事，北京第二外國語學院一位女教師邀請我參加她的博士論文答辯，她特別歡迎我參加，因為論文的題目是關於埃及大詩人法魯克・朱維戴的。她當時寫過一篇文章，發表在《金字塔報》上。該文突出介紹了在埃及知識分子和詩人中具有地位和影響的一位詩人的思想，作者在這方面作出了貢獻。讀完這篇文章，我感到十分驚訝，因為以前從未有人像她這樣介紹過這位詩人。

第三件事，我與阿拉伯大使和中國外交部官員一起赴中國西部的寧夏回族自治區訪問，期間參觀了藝術和電影中心，見到了中國著名作家張賢亮，他曾寫過小說《男人的一半是女人》。該小說描述了他和中國人民在「文化大革命」期間的遭遇。我們在文學作品陳列室裡發現，此小說已被翻譯成三十種外文，其中包括希伯來文，但沒有阿拉伯文。後來，我在《金字塔報》發表了一篇文章，概述了這部小說，並指出把這部小說翻譯成阿拉伯文的必要性。此後，我在巴林偶然發現這部小說已於二〇〇〇年在阿布扎比被翻譯成阿拉伯文出版。我不知道是否是譯者或熱心於翻譯的人看到了我的文章後動手翻譯的，還是阿聯酋兄弟本身就熱衷於文學翻譯。當然，重要的是這本書已翻譯成了阿拉伯文，這是令人喜悅的。無疑，翻譯工作是十分重要的，它是一種傳遞和連接各國人民思想和文化的工具，為豐富各國人民的思想和文化作出貢獻。

借此機會，我要說幾句，由於兩國的持久友誼和歷史經歷，吳思科大使和我曾成功地在中國國家主席江澤民訪問中東期間增加了順訪埃及的計劃。原本，訪問埃及的計劃是沒有的。我們最初提出的順訪埃及的計劃被否定，理由是江主席已訪問過埃及，中國國家主席在任期內不能兩次訪問一個國家。經過幾次與吉佩定副部長和吳思科司長的會見，最後我們同意吳思科的解決方案——說服中國領導人訪問亞歷山大，因為江主席從未訪問過亞歷山大，而亞歷山大是埃及托勒密王朝（前 305-前 30）的首都，埃及女王克里奧帕特拉（前 51-前 30 年在位）曾在這裡接見了第一位中國特使。這樣，中國國家主席同意訪問亞歷山大。另一方面，我還得說服埃及總統府方面。這一任務順利完成，因為穆巴拉克總統已根據我發給埃及外交部長穆薩的建議，發函給中國國家主席，邀請他訪問埃及。當時，我的建議中沒說中方最初否定了計劃，只是說訪問計劃得到反饋，目的地是亞歷山大，也沒有詳細說明訪問的目的。後來，每當我遇到吳思科，總會提到兩國關係中的這件大事。

我與中國外交部西亞北非司和外經貿部、文化部、教育部等部門的相關司局關係密切。由於業務需要，上述這些部門與埃中關係聯繫更多。同時，我與新華通訊社、電視台、電台的新聞工作者，與各大學的阿拉伯語教授，尤其是上海外國語大學的朱威烈教授交往很多。還有許多人，因篇幅有限，這裡不能一一列舉。但我不得不提及一位中國朋友——王世傑，我們一起在聯合國工作過，他是中國代表團的政務參贊，我是埃及代表團的參贊，後來被任命為公使。另一位也姓王，名光亞。此外，還要提一提我在中國當大使時在埃及任大使的楊福昌和安惠侯。無論是他們退休，還是我退休後，我們一直保持著聯繫。在參加中國舉辦的研討會時，我們還時常能見面。

從外交官到學者的轉變

對於我這個埃及前駐華大使來說，中國總是好兆頭。在我將要從中國離任之際，我考慮從此放棄外交工作，回到我本科畢業的大學工作。就在我準備離開北京返回開羅前的幾天，外交工作的魅力以及不可抗拒的難得的機會到來：巴林大學校長馬吉德・本・阿里・阿勒努埃米博士到中國訪問。

我找到我的朋友、巴林駐華大使克里姆，探討是否有見巴林大學校長的可能性。克里姆是巴林最有為的外交官，曾擔任多個重要的職務，最後被任命為負責國際合作的外交部次大臣。當時，他忙於安排校長的官方拜會等活動，但他答應盡量把我的要求轉告給校長。他確實做了，當時，馬吉德・本・阿里・阿勒努埃米博士聯繫了我。他邀請我到巴林大學工作，擔任校長顧問和國際研究中心副主任（當時沒有主任）。

過了不到一年，阿勒努埃米校長被任命為教育部長，原教育部長穆罕默德・本・加西姆・賈奈姆博士被任命為巴林研究中心董事會主席。於是，我考慮回埃及。賈奈姆博士聽到這個消息後，建議我加入他的中心。結果，由於他的明智決策和對我能力的信任，以及對過去我提供的報告、研究和意見所給予的回報，這段時間成為我個人學術生涯中成果最豐富的時段。

在巴林大學工作期間，我關注巴林和其他海灣國家同中國的關係發展。期間，我接到過兩個邀請，一次是阿聯酋大學有關海灣國家與印度的關係的研討會。我從個人作為埃及駐印度使館政務參贊和以後駐巴基斯坦大使的角度出發，談了自己的外交工作和經驗。

第二個邀請來自上海，它是通過埃及駐上海總領事阿卜杜勒・法塔赫・伊扎丁發來的。原來，上海國際問題研究所打電話與他聯繫，請他推薦一位專家出席研究所舉辦的有關文化及其在國際關係中的作用的研討會。他建議我作為此問題的專家出席會議。於是，我應邀參加了會議，並提交了有關的專題論文。在上海期間，上海國際問題研究所所長俞新天女士會見了我，我們就中國、中東和中東難題交換了意見。俞新天教授建議我做研究所的榮譽顧問。一年後，巴林研究中心代表團在時任秘書長哈桑・巴斯塔凱博士率領下訪問了上海國際問題研究所，並會見了俞新天所長，所長當場給我頒發了榮譽顧問的證書。

於是，我們就舉辦一次中國—海灣研討會達成一致意見。上海國際問題研究所作為中國的協調方，巴林研究中心作為海灣國家協調方。研討會的主題是能源問題、能源安全和中國與海灣國家在能源方面的合作。當時，巴林研究中心秘書長阿卜杜拉・薩迪克博士率領中心代表團參加研討會。一些海灣國家、海灣合作委員會和中國一些大學的專業人士也參加了研討會。研討會期間，發行了二〇〇六年上海國際問題研究所專刊，巴林研究中心同年也發行了類似的刊物。巴方參加研討會的人員中有安瓦爾・艾勒阿卜杜拉博士，他是海灣合作委員會秘書處高級官員。在不到十年之後，他成為巴林王國駐華大使。

再度與中國頻繁交流

我與中國的關係繼續發展。巴林研究中心曾出版一本戰略研究雜誌，我是這本出色期刊的創意者，也是第二期到第十九期停刊前的主編。二〇〇八年，在巴林首都麥納麥召開的第三屆中國—阿拉伯合作論壇期間，我們出版了一期專刊，上面刊登了一些有關中國的研究性文章。巴林研究中心在它的各類活動中，接待過一些中國大學的教授。中心還出版了一本有關中國的書，作者是《今日中國》阿拉伯文版的副主編侯賽因・伊斯梅爾，這是第二版，之所以再版，是因為我讀了這本書以後，認為書中有很多有價值的信息，可幫助了解中國文化和文明。

我曾隨中心代表團訪問過中國數次，其中一次是作為總部設在約旦的阿拉伯思想論壇的成員訪華。我在該論壇雜誌上發表了幾篇有關中國的論文。

我還多次被中國的學術機構邀請訪問中國。這些機構有中國社會科學院、上海社會科學院、新疆社會科學院和福建社會科學院等。我成為中國事務研究人員國際論壇的成員，參與了總部設在北京的國際文化論壇，出席了論壇舉辦的有關文化、中醫藥和生態文明傳統的會議。每次會議，我都發表了有創意的論文。

由此，我不僅加深了對中國文化的了解，對阿拉伯伊斯蘭文明和中非關係的了解也更深一步。我參加了一次在南非約翰內斯堡舉行的中非合作論壇會議，會上討論了論壇產生的背景。我在中國當大使時，曾參與過論壇的籌備工作，於是我在會上介紹了論壇成立的背景和我以前曾談到的有關這方面的建議。兩年後，埃及新聞總署出版的非洲事務雜誌要我寫一篇論文，談談中非關係的發展，以紀念二〇〇九年在埃及沙姆沙伊赫召開的論壇第四屆部長級會議。我的這篇論文用阿拉伯文、英文和法文發表在雜誌的特刊上。

我對中國的訪問連續不斷，我的論文和文章也陸續發表在多哈、安曼、利雅得、科威特、約翰內斯堡、北京、上海、杭州、蘇州、烏魯木齊和中國其他城市的報刊和會議的專刊上。中國國際交流協會在我兩次訪問中國的過程中發揮了重要作用，在海灣合作委員會代表團訪問中國時，他們推薦我為團長。英國 BBC 阿拉伯語廣播也不時與我聯繫，要我就中國發生的事情發表評論。美國喬治・華盛頓大學對我進行了長時間的系列採訪，並通過專家約翰・卡拉布雷斯教授在大學的網站發表了我有關中國的研究文章。

我參加過兩次獨特的會議，一次是二〇〇七年十二月在利雅得市舉行的第二屆中阿關係暨中阿文明對話研討會，這是中國—阿拉伯國家合作論壇執行計劃的活動之一。另一次會議是二〇一二年六月在北京舉行的「中國與伊斯蘭文明」國際學術研討會。這次會議由中國社科院和總部設在伊斯坦布爾的伊斯蘭合作組織（以前稱伊斯蘭會議）下屬的伊斯蘭歷史、文化和藝術中心聯合舉辦。我在兩次會議上都發表了論文。在北京的會議上，我發表的論文題目是「中國文化和伊斯蘭文化的和諧理念」。

我參加過與習近平主席提出的「中國夢」有關的多次會議，出席了烏魯木齊的「一帶一路」學術研討會、泉州的「二十一世紀海上絲綢之路」國際研討會和在華召開的有關中國的其他重要國際會議。在第一次會議上，我發表了一篇有關中國文

二〇一五年二月十二日，由中國國務院新聞辦公室主辦的二十一世紀海上絲綢之路國際研討會高峰論壇在福建泉州舉行。圖為埃及前駐華大使穆罕默德·賈拉勒演講。（供圖：中新社）

化夢想概念的分析文章，強調了這種文化的傳統理念。其中提到，中國偉大的小說家曹雪芹在一七一五到一七六三年創作、到他逝世後的一七九一年才問世的著名小說《紅樓夢》對社會各階層進行了分析，重點講述了那個時期中國婦女的夢想、希望和追求。在這之後很久，馬丁・路德・金和奧巴馬才談到美國的夢想——恢復美國黑人的自由和公正的自然權利。在關於絲綢之路經濟帶的會議上，我談到了絲綢之路與中國文明、阿拉伯伊斯蘭文明的關係。至於海上絲綢之路，它連接了伊斯蘭文明，特別是阿拔斯王朝的文明。在中國與阿拔斯王朝之間的貿易蓬勃發展的時期，今天的阿曼和巴林等海灣地區接連出現了一些港口。紅海和一些運河的作用日趨明顯，這些運河包括法老時代的塞索斯特裡斯運河和伊斯蘭時代的「信士的長官運河」，還有蘇伊士運河以及二〇一五年開通的新蘇伊士運河，後者使中國同埃及和阿拉伯地區的關係重放光彩。最後，我描述了中國「一帶一路」和埃及「蘇伊士運河走廊」這兩大倡議結合的前景。

這些是為了通過軟實力創造二十一世紀的文明，也就是通過商業交往、投資和文化交流，而不是通過激烈的競爭、殖民主義的野心和霸權、宣傳各文明之間相互排斥、主張重新繪製阿拉伯地區和整個中東乃至全世界的版圖。後者是中國不能接受的，也是阿拉伯地區所拒絕的。

在我被邀請參加的會議中，有紀念中國第一位教育家、也理所當然地被稱為全人類的導師的孔子誕辰二千五百六十五年的國際學術研討會。大會於二〇一四年九月在北京舉行，我提交了一份關於孔子思想及其對當代國際關係的指導意義的論文。該論文發表在會議發行的論文集中。但由於我要隨巴林王國赴聯合國的代表團前往紐約，我個人只能遺憾地缺席這次會議。我建議會議主辦方邀請我的同事哈薩姆丁・賈比爾研究員代替我參加會議。他曾與我一起在巴林研究中心工作過，也曾到過中國，發表過一些有關中國與巴林關係和其他專題的文章。他目前是巴林議會研究部主任。我還建議在大會討論時，由他轉交我的論文。主辦方表示同意。後來，我把自己的論文作了補充，發表在巴林大學《靈感經濟雜誌》及其英文網站上，題目是「孔子思想對經濟與國際關係的啟示」。

也許，值得一提的成就是我從中國離任後出版的一本書，即《埃及人眼中的中國》。該書於二〇〇二年由開羅知識出版社用阿拉伯文出版。其中包括一組我寫的有關中國的隨筆和論文，也包括一些大使和我在任時訪問過中國的埃及思想家的文章。文章談及他們對中國的印象和直至二〇〇二年中國發生的進步和取得的成就。這本書已經被翻譯成中文。這是我首次在中國出版由自己編著的書，由上海外國語大學的教授王有勇（阿文名字為費薩爾）翻譯，於二〇〇六年發行。我還參加了由中東研究中心主辦的二〇〇九年在約旦召開的一個會議，會議的主題為「阿拉伯地區的變化方略」。主辦方列出了尋求改變阿拉伯地區的各種國際力量，其中包括中國和印度。因為我作為一名外交官在這兩個國家工作過，有一定的經驗，故主辦方委託我談談這兩個國家。我向大會提交了一份研究報告，說明這兩個國家不尋求在阿拉伯地區發生任何變化，而在處理與該地區的關係時主要集中使用軟實力。這兩個國家在歷史上有著文明的聯繫，不同於歐洲列強和美國，甚至蘇聯（俄羅斯），這些國家都有一段完整的冒險史，它們或通過與奧斯曼帝國的衝突和十字軍東征，或利用共產主義思想實現帝國主義野心。這與耶穌基督和伊斯蘭教先知穆罕默德的主張背道而馳。恐怖主義和極端組織聲稱與伊斯蘭教有隸屬關係，他們違反了伊斯蘭呼籲自由、公正、平等與和平的原則和價值觀，犯下了最令人髮指的罪行。我的研究報告發表在二〇一二年由中東研究中心出版的《地區變化方略》論文集中。

我與中華文明、文化、經濟、政治、學術研究、外交和思想方面的聯繫，見之於我在諸多雜誌和媒體發表的文章和研究報告，以及我參加的一些會議。我的參與範圍從亞洲延伸到阿拉伯世界、非洲、美洲和歐洲，還包括中國、阿拉伯和其他國家的很多大學。

總而言之，我同中國的關係可追溯到一九六六年我開始學習有關中國問題之時，一直延續到三十二年後的一九九八年，我被任命為埃及駐華大使。

這段時間裡，我與中國長期保持著潮汐式的關係。在這以後，中國的大門向我敞開，我多次訪問中國，對中國問題的研究更為深入和專業。

以上是我通過外交工作、業務工作、媒體和文化活動、學術研究等，為鞏固中國與埃及、阿拉伯世界、非洲和伊斯蘭世界的關係所作的一些貢獻。

但中國是一片遼闊深邃的海洋，任何人都無法徹底領悟它，因為當一個泉眼枯竭，另一個新的知識和智慧的泉眼將會在你面前湧現。

埃及歲月中難以忘懷的人和事

吳毅宏

（新華社原中東總分社社長、總編輯）

當地時間二〇一六年一月二十一日晚，有著三千四百年古老歷史的埃及盧克索神廟廣場燈火輝煌、流光溢彩，正在埃及進行國事訪問的中國國家主席習近平在埃及總統塞西陪同下蒞臨盧克索神廟，出席為紀念中埃建交六十週年、由中國文化部與埃及文化部共同舉辦的「2016 中埃文化年」開幕式演出。

埃及是阿拉伯國家、非洲國家、中東國家和發展中國家，同時又是第一個承認新中國並與中國建交的非洲和阿拉伯國家。自一九五六年五月三十日中埃兩國建交起，已經歷了一個甲子。

當盧克索神廟廣場中埃藝術家共同演奏的中國《漁舟唱晚》《黃河》和埃及《隆加舞曲》《尼羅河畔的歌聲》等熟悉、動人的樂曲經電視轉播呈現在我眼前時，我的思緒彷彿又回到了那段充滿激情的歲月、那塊令人難忘的熱土。

我於二〇〇一年九月至二〇〇九年三月在新華社中東總分社工作，任總分社社長兼總編輯。光陰荏苒，離開埃及後又六年過去了，儘管對埃及的那些人和事的印象已開始變得模糊，但有三個人和三件事卻深深印在我腦海裡。

開羅分社來了位老八路

新華社中東總分社的前身是新華社開羅分社。它幾乎是同中國駐埃及大使館同步踏足埃及的。一九五六年十二月，新華社在埃及設立開羅分社，原新華社志願軍分社副社長、志願軍總分社編輯組長陳伯堅成為首任首席記者。這位一九三八年參加八路軍、一九三九年加入中國共產黨的老記者長期在新華通訊社工作，先後任新華社駐開羅和巴格達分社首席記者，新華社國際新聞部副主任、主任，新華社副社長，新華社亞太總分社社長，新華社香港分社副社長；一九八七年八月任香港文匯報副社長。他長期從事國際新聞的採編工作，為新中國的新聞事業貢獻良多。一九九一年四月十三日，陳伯堅在北京逝世。

新華社是最早進入埃及的中國媒體，也是當時唯一的中國媒體。正是由於開羅分社的存在，中國受眾在第一時間了解了埃及人民英勇抗擊英帝國主義入侵塞得港、收回蘇伊士運河，以及四次中東戰爭等重大事件。中國人民在輿論和道義上支持和聲援埃及人民的正義鬥爭，很好地配合了中國外交工作的開展。一九六四年，周恩來總理成功訪問非洲十國，開羅分社發回了大量獨家報導，彪炳史冊。

記錄歷史瞬間的攝影記者

一九八一年十月六日是十月戰爭（即第四次中東戰爭）八週年紀念日。新華社開羅分社攝影記者於小平用相機記錄下了埃及總統薩達特遇刺的瞬間。

當時，薩達特總統在開羅東南郊的勝利廣場檢閱軍隊。受閱的步兵方隊、傘兵方隊、沙漠駱駝方隊、邊境騎兵方隊、裝甲兵方隊、坦克方隊、自行火炮及火炮方隊、火箭兵和導彈方隊等按順序通過檢閱台前。突然，一輛拉炮的卡車停在正對檢閱台的廣場中間，有人持槍向主席台方向跑來，在距離主席台二十米左右時突然發生爆炸，只見一股黑煙升起。有一個兇手衝到了薩達特就座的水泥牆前，對薩達特直接掃射。於小平迅速調整照相機光圈和快門速度，對準正衝向主席台的兇手按下快門，拍下了令人震撼的瞬間。

這組照片成為轟動一時的指證暴恐分子的證據。於小平的專業攝影水平得到業界的公認和肯定，大大提高了新華社報導的影響力。

任勞任怨的埃及改稿專家

一九八五年，新華社在保留開羅分社的同時，在開羅設立了中東地區總分社。中東總分社是新華社五個地區總分社之一，下轄十八個分社，主要負責中東和北非國家的中文、英文和阿文新聞報導。

從那時起，新華社駐中東地區分社記者採寫的阿拉伯文和英文稿件不再發回北京總社編輯部，而是由開羅總分社就近直接編輯和播發。新華社中東地區外文報導的時效和競爭力從此得到明顯增強。

總分社設有專家改稿室。馬哈茂德・奧馬爾是首批中東總分社聘請的改稿專家之一。現年七十六歲的馬哈茂德・奧馬爾儘管五年前已從新華社中東總分社退休，但他勤勤懇懇、任勞任怨、一心撲在工作上的楷模型像一直在新華社總社和中東總分社的中國人和阿拉伯人中傳頌。

馬哈茂德・奧馬爾先後在新華社工作了三十年，曾兩次到北京新華社總社編輯部門當改稿專家。

他原是埃及政府部門的公務員，一九八一年到新華社工作，開始是兼職新華社半天阿文改稿工作。當新華社提出希望他能來全職改稿時，他毅然決然辭去公職，全身心投入新華社的阿文專線報導工作。誰都知道，兩份工作的薪水肯定遠遠多於一份，但馬哈茂德・奧馬爾從不抱怨，從不在金錢上斤斤計較。大家一致公認，經他改過的稿件質量非常高，是信得過產品。

中東總分社聘有近二十名埃及改稿專家和翻譯僱員。正是在一批像馬哈茂德・奧馬爾一樣的埃及專家和僱員的支持、配合、幫助下，中東總分社堅持正面報導中東地區，特別是阿拉伯國家發生的各類新聞事件，向中國和世界各國受眾詳盡報導了中東地區各國在政治、經濟、社會、文化等各個領域取得的巨大成就以及面臨的機遇和挑戰，積極反映這些國家的正義聲音、和平進程和發展成就。同時，還全面客觀公正地報導了阿以衝突、巴以衝突、兩伊戰爭、美英發動的伊拉克戰爭以及地區反恐等全球矚目的熱點問題。此外，中東總分社的報導還比較全面地記錄了中國和中東地區國家友好合作關係的發展歷程。

美伊戰爭報導：彌足珍貴的十秒

二〇〇三年二月十日，一架約旦皇家航空公司的空客 310 客機從開羅起飛，黃昏時分抵達約旦首都安曼。這是我第二次來約旦。一九九〇年八月伊拉克侵占科威特後，我曾作為中國從科威特撤出的最後一批人員之一，經過數千公里的顛沛之苦後輾轉來到安曼。而此次我到約旦又是與戰爭有關，不過與十幾年前有所不同的是，當年我只是分社的一名記者，主要承擔採訪和傳遞消息的工作。而此時，我作為新華社中東總分社的負責人，要擔負起有關戰爭報導前沿指揮的重任。在新華社領導的指示和總編室的統一部署下，中東總分社召集了伊拉克周邊八個分社的首席記者和負責人在處於戰爭邊緣的約旦召開會議，對迫在眉睫的以美國為首的多國部隊與伊拉克之間的戰爭的報導工作進行動員、部署和協調。

一個多月後，巴格達時間三月二十日五時三十分（開羅時間 4 時 30 分、北京時間 10 時 30 分），美國不顧國際社會的反對，繞開聯合國安理會執意對伊拉克發動了戰爭。凌晨時分，中東總分社阿文編輯部響起了急促的電話鈴聲。新華社駐巴格達的阿文報導員賈邁勒向編輯部報告：「巴格達上空響起警報聲。」接著，賈邁勒又喊道：「巴格達城響起巨大的爆炸聲。」瞬間，英文編輯部發稿人田斌將「Warning Sirens Sound in Baghdad」的英文特急稿簽出。阿文編輯部發稿人劉順簽發的阿文特急稿緊隨其後。幾乎與此同時，「美軍發起攻擊，巴格達響起爆炸聲」的第二條快訊也發了出來。從警報聲到爆炸聲，新華社兩條特急稿緊密相連、一氣呵成。頃刻間，新華社的聲音傳遍了全球！

後經確認，新華社發出的美伊戰爭爆發的快訊，時效速度超過所有西方大通訊社和主要媒體，甚至媲美國有線電視新聞網（CNN）還提前了十秒鐘。有些西方媒體對於新華社在這次報導中搶占了先機感到很不可思議，他們打電話質疑新華社：「你們的記者不是都撤離了伊拉克嗎？怎麼還能夠從巴格達發出消息？」

為了及時報導這次美伊戰爭，中東總分社提前一個月就進入了「戰時報導」狀態，甚至利用分社淘汰的十幾台九吋黑白舊電視建立了電視監控室，設專人二十四小時跟蹤伊拉克及周邊鄰國電視台。大家不顧連續多日奮戰的疲憊，抖擻精神，堅守崗位。正是這種精心準備和鍥而不捨的精神，才使我們最先捕捉到了戰機。來不及回味爭得第一的喜悅，我們又投入到緊張的後續報導中。「美國向巴格達發起第二輪空襲」「伊拉克領導人住所遭到襲擊」……報導員賈邁勒和哈達德不時通過海事衛星電話向編輯部口述稿件。英文、阿文字母在電腦屏幕上跳躍著，一條條電波飛向了天際。我們的報導引起了全球主要媒體的關注和重視，它充分顯示了新華社作為世界性通訊社的實力和影響。

新華社贏得這彌足珍貴的十秒鐘，爭得了振奮人心的「第一」後，得到了中央領導的充分肯定。社領導專門對全社有關編輯部、分社和職能部門在

這次戰役性報導中的出色表現進行了嘉獎。在嘉獎令中，社領導還特別表揚了身處險境、忠於職守的外籍報導員賈邁勒，這在新華社的歷史上尚屬首次。

二〇〇八年十一月二十七日，時任中共中央政治局委員、中宣部部長劉云山在應邀訪問埃及期間，專門抽出時間到中東總分社看望中國媒體駐埃機構代表，並就對外新聞宣傳報導舉行座談會。他強調：「一定要走本土化路子。現在國際上一些大的媒體、大的傳媒走的路都是如此。中東總分社聘請了很多當地報導員。關於伊拉克的報導，第一篇報導是從新華社發出的，比 CNN、BBC、美國之音和美聯社都快，原因是什麼，就是一個賈邁勒，就是雇了一個當地僱員。就這一件事、這一篇稿子就使媒體的地位大大提升。」

二〇〇五年十一月二十六日，新華社中東總分社新辦公樓啟用儀式在開羅舉行，埃及中東通訊社社長哈桑、中國駐埃及大使吳思科、新華社副社長何平、埃及新聞總署副署長路特菲共同剪綵。

媒體是開展外交工作的極好幫手和溝通渠道。在埃及八年，我曾多次採訪埃及總統、總理和政府高官，主動配合我國的外交工作，及時報導埃及政府堅持一個中國、支持中國維護領土完整和祖國統一的立場。外交活動的開展，離不開新聞媒體的報導。中國的新聞報導與外交活動相輔相成，外交活動是新聞報導的重要內容，新聞報導反映並影響著外交活動。新聞媒體通過報導外交活動，既能爭取受眾，又能影響外交的進程和方向。隨著國際傳播手段日益豐富，外交活動方式日益多元，新聞報導與外交活動的關係也日漸密切。

從埃及首都開羅出發向北一百多公里，就是第二次世界大戰的北非主戰場阿拉曼。它在埃及本是個不大的市鎮，卻因那場慘烈的戰役而名聲大噪。這座狹長的城市北臨地中海，南靠卡塔拉盆地，放眼望去，一邊是碧波萬頃的蔚藍海洋，一邊是綿延數里的黃色沙漠。而平坦的黃沙之上，則整齊地排列著一排排盟軍陣亡將士的墓碑。在埃及工作期間，我和同事曾多次來到這裡，不僅僅是因為這裡景色優美，更多的是被一位母親給陣亡的兒子寫的墓誌銘所吸引：「To the world he was a soldier, to me he was the world。」（對於世界，他不過是一名士兵；而對於我，他卻是整個世界）墓碑的主人、騎兵 G. F. Godfrey 的生命定格在一九四二年十月二十四日，那年他只有二十二歲。在這一簡短的話語中，不知蘊含著親人多少的哀痛與悲傷，講述著軍人忠孝不能兩全的故事。其實作為駐外記者，特別是戰地記者又何嘗不是如此。

中東總分社有國內派出的編輯、記者、技術員近四十人。除少數人攜帶家屬常駐外，大多數人因孩子上學、家裡老人離不開人照顧，夫婦雙方只能分開，一個看家，一個到國外分社工作。對此，大家戲稱為「跑單幫」。這種拋家舍口的感受，只有經歷過的人才能體會。

新華社中東總分社大樓外觀

二〇〇一年「9·11」事件後，中東一直戰亂

XINHUA

不斷。中東總分社對地區發生的所有重大事件毫無遺漏都作了充分報導。新華社記者無數次穿梭於地震、空難、戰爭、動亂、爆炸事件的現場。他們頭戴鋼盔，身穿防彈衣，腳下踩的是被炸後的油庫、斷橋和巨大的彈坑，身邊是無數的傷員和難民。他們一次次冒著生命危險去見證死亡，發回大量現場報導，也發出了中國聲音。

隆隆的炮聲和瀰漫的硝煙沒有難倒、沒有嚇退中國駐外記者，但往往孩子的一句話卻能撕裂大人的心扉，撩動最脆弱的神經。

記得二〇〇六年春季，開羅分社首席記者辛儉強的父母、愛人、孩子來開羅探親。假期結束，我和總分社領導班子成員去他家送行。他三歲的兒子辛未在我旁邊坐下來，一會兒給我抓把瓜子，一會兒抓把糖，突然把頭貼近椅背，輕聲對我說：「吳爺爺，讓我爸爸回家吧！」我一下子驚住了，一個最人性、最淳樸的要求竟出自一個三歲孩子之口。事後，他父母告訴我，沒有人教他，是他自已想出來的。在機場分手時，辛儉強的父母、愛人抱著孩子在機場出關處流淚，辛儉強則隔著玻璃牆，流著淚喊著辛未……看到這一幕，我的眼淚也控制不住了。

這就是中國駐外記者的情懷、鮮為人知的背後。

六十年來，雖然國際風雲變幻莫測，但中埃關係始終健康穩步發展，並成為發展中國家友好合作的典範。中埃兩國主流媒體也為這種關係的健康發展發揮著應有的作用。

一九九九年四月，中埃建立戰略合作關係。二〇〇六年六月，中埃簽署兩國深化戰略合作關係的實施綱要。二〇一四年十二月，兩國簽署《中埃關於建立全面戰略夥伴關係的聯合聲明》，開啟了兩國關係新徵程。

中埃兩國在經貿投資、基礎設施、能源交通、人文教育等各領域的友好交流與務實合作蓬勃開展。中國是埃及最大的貿易夥伴之一，二〇一五年一月至十一月，中埃雙邊貿易額達到一百一十六點二億美元。中國企業對埃投資已超過五十億美元，為當地創造了一萬多個就業崗位。埃及已成為中國在阿拉伯地區的第六大投資目的地國。

在兩國長期友好交往歷史的基礎上，中埃關係呈現出更為積極向前的新特點。二〇一五年，埃及正式宣布申請作為意向創始成員國加入亞投行。同年，中埃開展文化交流活動約八十場，埃方參與人次近三點五萬。

正如習近平主席在二〇一六年出訪埃及前發表的署名文章中所說：「我們在長期交往和合作中始終堅持互信、互助、互利、互榮的原則，成為彼此信賴和依靠的好朋友、好兄弟、好夥伴。」「在雙方共同努力下，中埃友誼、中阿友好也一定會像尼羅河水般奔湧向前，助推我們實現民族復興的偉大夢想！」

埃及，我的第二故鄉

劉水明

（人民日報社中東中心分社首席記者、人民日報社國際部前副主任）

我是一九五六年生人，與中埃外交關係同齡。所以，當十分熟悉的埃及朋友詢問我的年齡時，我都要笑著考考他：「你知道埃及同中華人民共和國正式建交是哪一年嗎？如果你知道這件歷史性事件的發生時間，也就知道我多大歲數了。」

從小嚮往金字塔

埃及是最早同新中國建交的非洲和阿拉伯國家。中埃建交，意義非同尋常。中國和埃及與巴比倫、印度一道，被稱為「世界四大文明古國」。中國位於亞洲東部，埃及地處非洲北端，兩國相隔萬水千山，友好交往卻源遠流長。早在西元前十一世紀，中國西周的絲綢就經中亞、西亞，輾轉運抵埃及。希臘化時代，亞歷山大城的聲名遠播到中國，成為在中國史籍中最早出現的非洲地名。

我知道埃及這個國名，是從金字塔開始的。埃及的歷史可以上溯七千年，高聳入云的金字塔和雄踞塔旁的獅身人面像，建成至今已有四千六百年，

雄踞金字塔前的獅身人面像。（劉水明攝）

它們是古埃及人勤勞、智慧的結晶，也是人類文明的瑰寶。在中國，小學一年級的課本裡就有關於金字塔和獅身人面像的介紹，所以，每個受過啟蒙教育的中國人都知道金字塔，知道埃及。可以說，從孩提時代起，我就嚮往埃及，嚮往金字塔。

恩師來自曼蘇拉

我走進大學校園後，這一願望就變得更加熾烈。一九七七年，我進入上海外國語學院（今上海外國語大學）學習阿拉伯語。我們的外籍老師是一對埃及夫婦，男的叫哈賈茲，女的叫娜賈哈，他們來自尼羅河三角洲的曼蘇拉市。兩位埃及老師為人謙遜，和藹可親，工作認真。

上大學前，我從來沒有接觸過阿拉伯語，連一個阿拉伯語字母都沒有見過。當首次看到那些彎彎曲曲、像小蝌蚪和蚯蚓一樣成行成頁的阿拉伯文時，驚訝和好奇之餘，我簡直不敢相信自己能學好這門語言，一股畏難情緒油然而生。特別是學字母階段要髮捲舌音，我那僵硬的舌頭怎麼也不聽使喚，只得天天口含自來水，緊閉嘴唇，鼓起腮幫子，讓舌頭在水中伸縮、捲曲、轉動。大約練了半個多月，有一次我吐掉口中的自來水，終於可以發出清晰、但還不那麼聯貫的捲舌音了！我迫不及待地告訴娜賈哈老師，並當著她的面進行演練，得到她的熱情鼓勵。當時她的神態，就像見到自己年幼的兒子能夠獨立站起來、學會抬腳走路一樣高興。

娜賈哈的肯定，給我增添了學好阿拉伯語的信心和動力。在後來的學習中，我和我的同學們都得到哈賈茲和娜賈哈老師無微不至的關心和幫助。

上海大廈開眼界

當時印象最深刻的一件事，是我們應邀到哈賈茲和娜賈哈家裡做客。當時中國剛剛從「文化大革命」的陰影中走出來，正處於改革開放的前夕，經濟落後，百廢待舉。哈賈茲和娜賈哈作為中國政府請來的外國專家，上海有關部門儘力為他們提供了最好的生活和居住條件。哈賈茲和娜賈哈住在外灘斜對面、蘇州河畔外白渡橋北面的上海大廈，他們每天到位於虹口體育場附近的上海外國語學院上班，都有專車接送。

上海大廈原名「百老匯大廈」(Broadway Mansions)，一九三四年為英國商人所建。它曾是上海這座美麗城市的標誌，與造型別緻、車水馬龍的外白渡橋相映生輝。上世紀八〇年代，上海大廈還是上海屈指可數的幾座高層建築之一，登上該樓十八層的觀景平台，浦江兩岸風光盡收眼底。那時候一般人能到上海大廈看看，也是一種榮耀。

哈賈茲和娜賈哈大概看出了我們的心思，開學不久就盛情邀請我們兩個班二十一位新生分批到他們家玩。我來自中國南部的湖南農村，在鄉下土生土長，是地地道道的山裡娃，到大上海讀書，好多東西都是第一次親眼所見、第一次親身經歷。哈賈茲和娜賈哈的家安在上海大廈的高層套房裡，面積約九十平方米。我們從一樓坐電梯進入他們家，娜賈哈就忙著履行家庭主婦的職責：招呼我們在客廳入座，端出進口巧克力和餅乾給我們吃，又給我們泡檸檬茶喝，還帶我們來到玻璃窗前，欣賞滔滔東去的黃浦江、風格迥異的外灘西側萬國建築群，最後還領著我們上了第十八層觀景平台，飽覽上海市容。

編外老師情誼深

二〇一四年十二月十八日，埃及總統塞西（右 **4**）首次訪華前夕在開羅總統府接受中國駐埃及記者採訪時與記者們合影留念。左 **5** 為劉水明。

這次到哈賈茲和娜賈哈家做客，對我來說，又創造了不少「第一」。如第一次走進上海著名的高檔飯店，第一次乘坐高層電梯，第一次吃到外國巧克力，第一次喝了檸檬茶並知道了檸檬這種水果，等等。當然，還有一大收穫是結識了他們的兒子霍塞姆和女兒魯哈。

約莫十歲的霍塞姆和只有五六歲的魯哈都長著一頭捲髮、一雙大眼睛，十分惹人喜愛。霍塞姆和魯哈常常跟隨父母到學院來玩耍，但小姑娘魯哈不怎麼出門，霍塞姆則好動，喜歡騎一輛小　轆自行車到操場跑道上「飆車」。沒去他們家拜訪前，我們同霍塞姆打招呼，他一般不大搭理，因為我們是陌生人，另外，我們的阿拉伯語說得不好，詞彙量有限。但自從去過上海大廈後，霍塞姆就像變了一個人似的，見到我們如同見到自己的大哥哥、大姐姐一樣親熱，不僅主動問候我們，同我們熱情交談，有時還認真地糾正我們的發音和病句，儼然一個「編外小老師」。我們也抓住一切機會，沒話找話同他閒聊，權當會話練習。霍塞姆則總是笑臉相迎，有問必答，從不厭煩。可以說，除了哈賈茲和娜賈哈，我們從霍塞姆、魯哈身上也學到了不少阿拉伯語知識。

文化雨露潤心田

在上海外國語學院學習期間，我直接或間接了解的關於埃及的情況，要比其他阿拉伯國家多得多。如我們的「阿拉伯國家概況」課程，埃及歷史文化占了相當大的比例。我們學會的幾首阿拉伯語歌曲，都是埃及的，其中第一首就是埃及國歌《我的祖國》，以致於後來在各種正式場合聽到演奏或播放埃及國歌，我都會情不自禁地唱出聲來。除了《我的祖國》，還有《我們一起去戰鬥》《讓敵人滾出我們的天空》等，這些歌曲節奏明快、豪邁抒情、鏗鏘有力，充分表達了埃及人民熱愛祖國、保衛和平、維護主權的心聲，唱起來令人亢奮激昂、熱血沸騰，深受我們的喜愛。我們的報刊閱讀課，所選內容大部分是《金字塔報》的新聞報導或文章。聽力訓練課的錄音是埃及「阿拉伯之聲」廣播電台的節目。我們看的第一部阿拉伯語原聲電影，也是埃及拍攝、一九六三年上演的史詩劇情片《薩拉丁》。影片長達一百七十五分鐘，氣勢恢宏，場面壯觀，故事情節曲折起伏，高潮迭起，主要人物性格特徵都非常鮮明和富有魅力。據說一九六五年周恩來總理訪問埃及時，接見了該片全體演職員工，並決定購買該影片在中國的發行權。

大學階段的學習拉近了我和埃及之間的距離。隨著對埃及知識的積累，我內心更加嚮往埃及，渴望早些踏上埃及的土地，看看舉世聞名的金字塔和威嚴神聖的獅身人面像，喝上一口奔流不息的尼羅河水，在分割亞非大陸的蘇伊士運河畔拍一張紀念照……

常駐開羅走四方

人們常說，「機會總是留給有準備的人。」我等待的機會終於來了：一九九三年九月，我被供職單位人民日報社任命為常駐開羅記者站的記者，而且一下子在開羅工作了整整四年。記得在抵達開羅國際機場，雙腳邁出機艙的那個時刻，我在舷梯的踏板上有意短暫停頓，目視遠方，深深地吸了一口清新空氣。我慶幸自己從古老的中國來到古老的埃及，盡情投入「大地之母」的懷抱，親手觸摸另一座「文明搖籃」。

我到埃及後參觀的第一處古蹟就是胡夫金字塔。我雖然讀過不少介紹它的文章，看過許多照片，對它並不陌生，但當真正站到它的面前時，我依然被它的神奇雄姿所震撼，並因之感嘆人類的偉大、個人的渺小、歷史滄桑的無情。金字塔是世界古代建築史上的一個奇蹟，它所蘊含和折射出來的文明信息，許多還是未解之謎。後來我每次參觀完金字塔，都會對古埃及文明產生一種全新的理解和敬意。

新聞記者這個職業為我在埃及走訪更多地方、接觸各色人等提供了便利條件。從一九九三年九月至一九九七年九月，從上埃及與蘇丹毗鄰的阿布・辛拜勒、哈拉伊卜，到地中海畔、尼羅河入海口的拉希德和杜姆亞特；從埃利邊境重鎮塞盧姆、臨近西部邊陲的錫瓦綠洲，到埃巴接壤的拉法口岸、西奈半島最南端的穆罕默德角，除了位於沙漠深處的新河谷省外，整個埃及幾乎都印有我的足跡。我曾在上埃及阿斯旺吃過努比亞人剛出爐的烤饢，在下埃及法尤姆的科普特人果園裡嘗過小葡萄，在盧克索神廟外的茶館裡學著抽過水煙，在蘇伊士運河東岸貝都因人的帳篷裡喝過阿拉伯咖啡，留下了許多美好和難忘的記憶。

埃及是阿拉伯世界和中東新聞事業發展最快的國家之一，無論是從媒體規模還是媒體手段來說，都與其地區大國地位及文化影響相稱。如第一份阿拉伯語報紙就誕生在埃及，埃及中東通訊社是非洲和中東地區的第一家通訊社。埃及的廣播電視，起步也大大早於其他阿拉伯國家。由於資訊發達、交通便捷，加上阿盟總部設在開羅，常駐埃及的外國記者人數在中東也是首屈一指的，據說多達五六百人，可見這裡的新聞競爭相當激烈。一九九三年，不要說互聯網，連移動電話也尚未進入埃及，為了豐富信息來源，我除了勤於外出採訪、參加各種活動以外，就是仰賴我所學到的阿拉伯語，廣泛閱讀報紙雜誌。當時，我一個人就訂閱了《金字塔報》《消息報》《共和國報》《華夫脫報》以及《最後一點鐘》《圖畫》週刊等，遇有重大新聞或突發事件，我還要到報攤上去購買其他報刊。

我密切跟蹤埃及形勢的發展變化，及時向中國受眾報導埃及政治、經濟、社會、外交、軍事、文化、教育等領域的最新動態，以便讓中國人民了解一個客觀真實的埃及。中國同埃及之間的友好交往，更是我關注的重點和謳歌的對象。作為一個由埃及老師教出來的中國學生，能為增進中埃兩國人民的了解和友誼做些實實在在的事情，我備感榮幸和自豪。

第二故鄉寫新篇

「埃及是尼羅河的贈禮。」這是西元前五世紀西方史學之父希羅多德在遊歷埃及後發出的由衷感慨。埃及之所以能夠孕育出如此璀璨的文明，從某種意義上說，尼羅河起了決定性作用。尼羅河在埃及境內全長一千五百三十二公里，由南向北貫穿整個埃及。尼羅河既是溝通上下埃及的天然大動脈，也是埃及人民賴以生存的生命線。在埃及，還有一句流傳很廣的諺語：「喝過尼羅河水的人，一定會再回到埃及。」這句話用在我身上，算是靈驗了。

二〇一三年六月，我在闊別開羅十六年後，再次來到埃及，出任人民日報社中東中心分社首席記者。重返埃及，與新朋舊友相聚，他們總要問：「你這次來埃及，同上次來感受有何不同？」我認為，埃及在變化，但變化有好有壞；埃及在進步，但步子邁得不大。作為一個人口逼近一億的發展中國家，埃及面臨的經濟、政治、社會等方面的問題都是發展中的問題，因此也只有依靠發展來解決。而發展的首要前提是安全穩定。歷史厚重、文明悠久和潛力巨大，都是埃及發展可以借重的有利條件。中國尊重埃及人民的選擇，相信埃及人民有智慧、有能力化解任何危機和挑戰，找到適合本國國情的發展道路。

現在，埃及進入了新的歷史轉型期，但無論國際風雲和各自國情發生什麼變化，中埃關係始終保持著良好發展勢頭，兩國人民的友誼歷久彌堅。這裡我可以提供兩個親歷的例子作為佐證：一是我們中心分社年輕記者王云松二〇一四年十月底準備到匈牙利休假，獨自開著切諾基吉普車前往機場時，吉普車在歐羅巴大道上拋了錨，一位埃及上校軍官見狀，馬上幫助他將車挪到路旁，並當機立斷讓他改乘出租車去機場，而這位軍官就在原地守護著這輛吉普車，直到兩個小時後我們趕去拖車他才離開。二是我和幾個朋友曾去法尤姆沙漠中的「鯨魚谷」參觀，該地警察局的薩利赫警官帶領他的兩名部下全程跟隨，義務當我們的「保鏢」。參觀結束後，他們又把我們護送到返回開羅的公路主幹道上，才和我們揮手告別。

在這樣友好的氛圍和環境裡工作，我心存感激。我已把埃及當成了第二故鄉。

阿拉伯婦女在中國

庫莎爾・謝里夫

（埃及畫家，前駐華大使穆罕默德・努曼・賈拉勒夫人）

當得知埃及外交部決定讓我們去中國時，我們夫婦真是又驚又喜，因為我丈夫在開羅大學學習期間的碩士和博士論文都是有關中國的專題研究。在他攻讀碩士和博士學位時，我一直陪伴在他身旁，也學到不少有關中國的知識。

庫莎爾・謝里夫

去中國以前，我們在巴基斯坦待過三年。我已經習慣巴基斯坦的生活，特別是在我們的住宅周邊，人們都能講英語。但在中國，在大使官邸，沒有一人能講英語或阿拉伯語。所以，我決定學習中文，向官邸的男女服務員學習，從中受益匪淺。特別是小劉女士，她既是我的中文老師，也是官邸的管家。同時，她也跟我學一些英語。

我愛好油畫創作。一九九八年底，我在北京天安門廣場旁著名的歷史博物館大廳內舉辦了第一次畫展。以後，這個博物館變成了巨大的中國國家博物館。我和阿拉伯駐華大使夫人們經常一起參加每年五月二十五日「非洲日」由非洲使團在此舉辦的展覽。我丈夫穆罕默德・努曼・賈拉勒博士擔任駐華大使期間，我在酒店舉辦了多次畫展。每年七月二十三日是埃及國慶日，這個季節北京又熱又濕，為了方便來賓，免受困累，我丈夫熱衷於在大酒店舉辦埃及國慶招待會。

每年三月八日國際婦女節，我和阿拉伯、非洲的女士們都參加中華全國婦女聯合會舉辦的活動。我和一些中國、阿拉伯、非洲國家的女士還會帶上自己的繪畫作品。

在埃及駐上海總領事阿卜杜勒・法塔赫・艾扎丁的努力下，我還在上海新天地舉辦了一次畫展。一些中國、阿拉伯和非洲國家及其他國家的人士出席並參觀了展覽，上海一家英文報紙作了報導。通過這次展覽，我了解了中國的繪畫藝術。在一次聚會上，有一件事令我十分驚訝。一位中國藝術家送給我一件禮物，他打開給我看。啊！居然是我的一幅著名的畫，這幅畫把長城和金字塔連接在一起。我感到很突然，我不認識這位藝術家，他沒有得到我的允諾，就把這幅畫繪製在大理石上。他畫得很美，很精細。我不了解這位畫家，這確實讓我感到驚喜和詫異。原來，他曾在一次畫展上見到過我的這幅畫，然後就照原樣畫了下來。他趁這次聚會的機會把他的畫送給了我，說明了他的真心誠意。至於我的原畫，我已送給了埃及金字塔新聞社。一九九五年，金字塔新聞社在社內為我舉辦了一次畫展，《金字塔報》主編出席了開幕式。《金字塔和長城》這幅畫也在這次畫展上展出。畫展閉幕後，我便把這幅畫送給了他們。

我丈夫在中國擔任大使期間和離任後，參加過好多次研討會，大多數研討會我都陪同出席。自二〇〇八年開始，我參加過多次北京國際美術雙年展。二〇〇八年，北京舉辦了兩次美術展，一次在七月，另一次在八月。後者正逢北京舉辦奧運會，我參展並獲得了金獎。我很想在美術雙年展上發表演講，也非常願意把我的部分作品捐贈給美展。

自二〇〇二年起，我和丈夫在巴林王國首都麥納麥居住。我把一幅畫送給了中國駐巴林大使，大使把它掛在官邸內。我還贈送給中國國家博物館不止一幅作品。中國國家博物館每兩年舉辦一次美術展覽，接待過很多畫家。在我第一次參展時，埃及駐華大使和使館官員、埃及和阿拉伯在華僑民及朋友們也參加了開幕式。我感到自己的作品受到了越來越多人的重視，這才是我幸福的源泉。

在中國工作期間，每逢節假日，如春節、五一勞動節和國慶節，我們總是同中國人打成一片，同中國朋友共慶節日。特別是中國的中秋節，我們和中國主人一起品嚐中國的甜食——月餅。同時，我經常參加阿拉伯和非洲國家大使夫人協會的聚會，促進彼此的了解。中國外交部組織外國大使和大使夫人們到中國一些省份旅遊，這有助於我們了解中國的文化遺產和經濟建設成就，對增進各國外交官與中國朋友的友好關係也十分有益。

我喜歡同來中國訪問的埃及客人一起上街，逛自由市場，這可以幫我練習講中文。中國人和埃及人有時對我講的中文感到驚訝，他們問：「中文那麼難，你是如何在短時間內掌握的？」我回答他們：「每天教我學中文的有十位老師，他們是大使官邸內的服務人員，我向他們學習發音。就這樣，在市場買東西，我講的是北京方言，比我丈夫講的中文更好懂。我丈夫過去拜一位女士為師，她教的是我們所稱的普通話，不是方言。」正如中國人學阿拉伯語一樣，他們只掌握標準的阿拉伯語，而不擅長方言。只有長期生活在阿拉伯國家的人才能講方言，尤其是每個阿拉伯國家都有自己的方言。幸運的是，埃及方言更容易理解，更被所有阿拉伯國家接受。這是因為埃及是阿拉伯人民團結的基礎之一，埃及電影、話劇、歌曲和教師遍及很多阿拉伯國家——當然不能說所有阿拉伯國家。

在首都經濟貿易大學、北京第二外國語學院等北京高校，我都舉辦過畫展。我的繪畫藝術受到師生們的讚賞。這完全得益於我在中國各地的訪問，使我能夠近距離觀賞中國的錦繡山河，了解古老的文化遺產和全面的科學知識。特別值得一提的是，我們參觀了孔廟，這是我丈夫最喜歡去的地方之一，因為他專注於中國古老文化的研究。除孔廟外，我們還參觀了許多佛教寺廟和清真寺等。

在中國工作期間，有一位居住在中國的埃及公民到使館來，他是科普特人（註：科普特人約占埃及總人口的 12%，信奉基督教），娶了一位中國姑娘為妻。他想邀請大使參加他們在教堂舉行的婚禮。我們應邀前往。同我們一起出席婚禮的還有使館的官員和技術部門的人員。新郎和新娘及家人對大使和夫人等使館要員出席婚禮感到特別幸運。

在大學學習時，我的專業是歷史。畢業後，我到教學部從事教育工作，先是教現代史。當時，學校缺少英語教師，教學部發現我精通英語，於是我又當上了英語老師。所有這些因素，幫助我深刻了解了以後陪同丈夫前往工作的國家，特別是中國的文化和歷史。我丈夫在中國當大使期間甚至離任後，他最關心的都是中國的科技和外交。

我特別喜歡同中國的兄弟姐妹打交道，跟他們說中文。他們對我的中文水平越來越感到驚訝，認為我有快速掌握外語的天賦。他們很愛我，我也很愛他們。我發現，語言和藝術是與人交往的重要和主要的工具，能夠幫助建立感情和友誼。

在這篇文章的最後，我想簡單地總結我對中國婦女和中國的偉大遺產的感受。

第一，一九四九年中華人民共和國成立後，中國婦女開始獲得自由和權利。她們同男人一樣，在政府部門就業，辦私有企業，參與各種文化活動。她們在普通商店和大商場工作，有的還駕駛火車和大卡車。總之，她們參與各種經濟活動，從事各行各業，涉足管理和政治領域。

第二，中華全國婦女聯合會是一支有力的槓桿，它支持婦女的政治、經濟、社會和文化活動，這是值得稱頌的。我分享了很多中國婦聯的活動，每次受邀，我一定前往。特別是三八國際婦女節的活動，我絕不缺席。一九九九年底，我曾陪同訪華的埃及第一夫人出席她與中華全國婦女聯合會領導人的會見，還陪同她參觀博物館、學校。在訪問上海外國語大學時，校方授予她「顧問教授」稱號，並以她的名字命名了圖書館。我們向圖書館贈送了各類埃及圖書和其他出版物。

第三，儘管如此，中國婦女還沒有取得所有權益。中國黨和國家領導人、政府各部門的主管絕大多數是男性，婦女很少。

第四，我十分敬佩勞動婦女和掙錢養家的婦女，還有那些老年婦女——她們在公園和公共場所十分認真地鍛鍊身體。

第五，我認為，一九九五年在北京召開的世界婦女大會是重要的里程碑，它讓世界了解中國的成就和文化，知曉中國女性的角色和力量及其參與國家發展的程度。它也糾正了世界對中國民主、自由和人權的偏見。二〇〇八年，中國成功舉辦奧運會，期間還有精彩的文藝表演，這些都使整個世界眼花繚亂。中國向世人證實，中國具有古老的文明。從古代到現代，中國擁有眾多發明或發現。由於中國擁有古老的文明和先進的科學，所以先知穆罕默德曾教誨說：「知識，雖遠在中國，亦當求之。」

我祝願中國，特別是奮鬥中的中國婦女取得更大的進步和提升，在各個領域創造更多的成就。古往今來，中華文明吸引了眾多科學家和專家學者的目光。中國的和諧和實用主義思想先於古希臘文明時代的理論，早於歐洲和美洲思想家的理論和主張。歐洲和美洲國家取得的思想、經濟和工業飛躍，中國在很短的時間內就實現了，並得到世界的讚賞。中國模式是一個樣板。我祝願婦女們獲得所有權利，能同男人並肩工作。婦女頂半邊天，甚至超過半邊天，因為她們世世代代是教師、保育員、母親、妻子、姐妹、姑媽和阿姨。她們在單位、在各領域是男性的同事。

北京世界婦女大會至今已過去二十多年了，這些年，各國婦女取得了巨大成就，她們的地位得到了改善。但在一些發展中國家，婦女的地位還沒有達到應有的水平。我們希望各國婦女團結起來，為爭取受教育和發揮聰明才智而努力。也許，婦女擔任的領導職位越多，世界就更安全、更和平，戰爭就更少。因為婦女熱衷於培育後代，絕不把他們推向戰爭。願這次婦女大會的精神遺產能給我們阿拉伯和非洲國家及世界各國帶來更多的穩定和安寧。

最後，我想提及一幅中國的名畫，它如人的心臟，可它被一分為二，一半在中國，另一半在世界其他地方。眾所周知，心臟的跳動是生命的秘訣。因此，中國不能孤立於世界而生存，同樣，世界不能遠離中國而存在。因此，我們要說，世界各國不論大小，彼此和諧和互補的理念，尊重國家主權和自決權的原則，各國選擇適合自己的政治、經濟和社會制度，而沒有任何外來干預，這些是所有人類樂於接受的基本權利和原則。

由此，我們要強有力地、毫不猶豫地、大聲疾呼地、特別強調地說，「陰陽哲學」可以在世界範圍切切實實地普及，從而避免戰爭和衝突，制服戰爭和衝突背後的貪婪、野心、征服他人而不是與其合作的慾望。

鮮血凝成的友誼

梁玉珍

（中國中央電視台常駐埃及記者站原站長、首席記者）

喝過十年尼羅河的水，來談中埃友誼這個話題，心裡積澱的人物和故事有很多，在這裡我只講述兩件事。一件是中埃建交五十週年時，中央電視台在埃及舉辦了一台中國埃及手拉手慶祝晚會。這是中國電視工作者首次、也是迄今唯一一次在金字塔地區舉辦的盛大晚會，從前期籌備工作直至晚會華麗謝幕，背後的每一項具體工作、每一個細節，都是我和導演楊凱利以及埃及朋友共同策劃完成的。那場晚會給中埃觀眾留下了深刻印象，現場的熱烈氣氛和感染力至今令我難以忘懷。另外一件事則更令我刻骨銘心，那就是我的血管裡流淌著埃及人的血。在一次車禍中，是埃及人的全力搶救和他們的熱血，把我從死亡線上拉了回來，使我的生命得以延續。我和埃及人的友誼，是用鮮血凝成的血脈相連的友誼。

先說說那場晚會。慶祝中埃建交五十週年「中埃手拉手」大型文藝晚會是二〇〇六年六月舉行的，舞台精心搭建在開羅吉薩高地的金字塔和獅身人面像聲光表演場地，以金字塔實景為背景展開，巍峨的金字塔在激光燈和電腦燈光的照射下，顯得更加雄偉和神祕。晚會的節目緊緊圍繞展示兩個文明古國的燦爛文化和半個世紀的友誼這一核心主題而設計。

晚會上，中埃藝術家同台獻藝，節目精彩紛呈，高潮迭起，觀眾席裡熱情高漲，掌聲陣陣。每當台上演唱中埃雙方都熟悉的歌曲時，觀眾便有節奏地拍手呼應，台上台下形成互動，情景感人至深。現任中國國家主席習近平的夫人彭麗媛在晚會上引吭高歌，贏得全場喝采；京劇梅派傳人胡文閣演唱的京劇《貴妃醉酒》蕩氣迴腸。與此同時，美麗端莊的中國模特走上舞台，在古埃及法老柱間展示著富麗華貴的中國古代服飾，彷彿一座流動的紫禁城與金字塔交相輝映，兩個文明古國的燦爛文化在此相得益彰。朱明瑛、阿寶等中國著名藝術家和

二〇〇一年十月，梁玉珍在埃及新河谷省作綜合性專題採訪，身邊戴墨鏡者是省長米得哈德。

歌手以及埃及當紅歌星的表演贏得觀眾陣陣掌聲。由中國女孩民樂組合演奏的曲目《尼羅河畔茉莉花》是專門為慶祝中埃建交五十週年而創作的，她們將中國的《茉莉花》和埃及音樂巧妙地融合在一起，加上開羅大學中文系學生的伴舞，整個節目寄託了「中埃友誼世代相傳」的美好願望。當中華神武團表演的中國功夫絕技登場後，現場二千多名觀眾歡聲雷動，喝采叫好。埃及藝術家表演的高速旋轉、熱情奔放的《大裙舞》和《東方舞》也令觀眾讚歎不已。雙方各具特色的表演充分表現了兩個民族文化上的特色，異彩紛呈、爭奇鬥豔。

中國總理溫家寶和埃及總理納吉夫出席晚會，觀看演出中，兩位總理不時地開懷大笑，頻頻報以熱烈的鼓掌。晚會上，著名歌唱家范競馬演唱了埃及觀眾極為熟悉的歌劇片斷《聖潔的阿伊達》，迪麗拜爾演唱了《太陽出來》，索朗旺姆演唱了《青藏高原》，韓磊演唱了《向天再借五百年》等歌曲；來自北京歌舞團的演員表演了新疆舞蹈《美麗的春天》和《秦王點兵》等經典舞蹈；北京雜技團的小演員則獻上獲得國際金獎的雜技《抖空竹的小妞妞》。每一個節目都受到觀眾的熱烈歡迎。

主題歌曲《日月東西》將晚會推向高潮，現場所有觀眾起立，大家手拉著手共同高歌：「長江與尼羅河手拉起手，人類文明便找到了美麗的源頭；長城與金字塔手拉起手，世界文化就有了迷人的綠洲；紫禁城與卡納克神廟手拉起手，蔚藍星球又多出一片錦繡；中國與埃及人民手拉起手，和平與友愛就會相伴左右。」光陰荏苒，轉眼十年過去，這優美的歌聲、深情的唱詞，仍舊時時在我耳畔迴響。

接下來講講我遭遇的那場車禍。我作為中國中央電視台（CCTV）常駐埃及記者站站長、首席記者，一九九九年赴任，二○○九年回國。我的業務轄區是西亞和整個非洲地區，重點關注的是埃及當地各類新聞以及巴以地區局勢。常駐埃及十年，我採訪的足跡遍及埃及的各個地區，對埃及的政治、經濟、歷史、文化、社會、教育等各領域進行了全方位、多角度的深層報導，中國觀眾通過我的節目對埃及有了更深的認識。中國駐埃及大使館讚揚我為進一步深化兩國的友好關係發揮了應有的作用。中國時任外交部長李肇星在向阿拉伯高層官員介紹我時說：這位連穿著都已經阿拉伯本土化的女士，

二○○一年十二月，梁玉珍首次專訪巴勒斯坦領導人阿拉法特。

二〇〇二年九月十七日，梁玉珍在金字塔祕密通道探秘直播現場。

是我們中央電視台的著名記者，她在這裡見證歷史，作了很多重要報導，擁有五億多觀眾。很多當地朋友都知道我在埃及使用的名字叫埃咪娜梁，他們尊稱我為「民間和平大使」。

由於工作需要，除埃及之外，我還經常出入中東各國和非洲地區，在戰爭、動亂、地震、空難、爆炸事件等天災人禍現場作了很多有深度、有力度、視角獨特的現場報導。在危險地區採訪期間，我曾多次受傷。二〇〇三年，我在約旦報導美國對伊拉克的戰爭時，曾經被反戰遊行的人群踩踏，導致血胸、休克、腦震盪。二〇〇六年，在以色列和黎巴嫩交戰期間，我分別在以色列城市海法、黎巴嫩首都貝魯特和南部地區戰地報導長達一個月之久，由於勞累過度，導致持續高燒不退、左腳踝多處扭傷、雙膝關節嚴重水腫，無法行走。二〇〇八年十二月二十八日在前往拉法途中遭遇的車禍，是我多年戰地採訪生涯中受傷最嚴重的一次，最終導致我加入了殘疾人的行列。

二〇〇八年十二月二十七日下午，以色列空軍向巴勒斯坦加沙地帶髮動大規模空襲，半小時之內投擲三十多枚導彈，造成眾多人員傷亡，使這個地區再次成為全世界關注的焦點。當時我正在埃及南方城市盧克索，剛剛完成時任國務院副總理李克強訪問埃及的衛星節目的傳送工作，正前往機場為代表團送行。接到通知，我立即打電話給在開羅的記者陸曄，讓她先蒐集一些當地消息，做一個電話報導，然後做好現場出擊準備。晚上，我從盧克索飛回開羅。

由於幾天來連續作戰，我很是疲憊，但返回開羅後沒顧得上休息，立即決定去前線採訪，連夜收拾行裝、檢查設備，並備好所需文件證件。次日一早，就趕去以色列駐埃及使館申請簽證。簽證很難辦，要等待結果，我不想浪費這寶貴的時間，決定自駕車取道北西奈，經阿里什前往埃及與以色列邊界的拉法口岸碰碰運氣，看能否從那裡過境進入加沙。

由於等待國際台記者耗費了一些時間，從開羅出發時已經是中午一點多鐘。本站記者陸曄、兩名國際台記者鄭磊和嚴旭都不會開車，一路疾馳只好辛苦我一人。途中，我打電話向使館新聞官宮宇峰通告了情況，他再三叮囑我們一定要多加小心，注意交通安全和現場安全。關切的話語還在耳旁縈繞，不期然大禍從天而降。一聲刺耳的摩擦聲後，車子猛然停住，我感覺自己的身子向前猛衝一下又向後反彈，安全帶把我牢牢地固定在椅背上。這時，只見面前的儀表盤閃現一片紅光，一根金屬槓子筆直地從我左側緊靠腰部的位置穿過插向後座，車內有一股難以忍受的嗆人煙氣。登時我的胸口和喉嚨裡就像有一團火在燃燒，胸腔劇烈疼痛，呼吸十分困難，左腿已不能動彈，整個人一下子癱軟無力。這時，坐在副駕駛座位的陸曄帶著哭腔、聲音顫抖地說：「梁姨，咱出車禍了！」

　　這場車禍，險些讓我的生命在不到五十六週歲時畫上句號。幸運的是我得到了非常及時的救援，埃及人的熱血和精湛的醫療技術挽救了我的生命。當幾天後從昏迷中完全清醒過來時，我並不知道過

二〇〇五年，在紀念二戰非洲主戰場勝利六十週年之際，梁玉珍在阿拉曼作專題報導。

梁玉珍採訪在埃及舉行的「明星」多國聯合軍事演習。

去了多長時間，也不知經歷了怎樣的營救過程，但我能清醒地意識到，自己已經脫離了生命危險，遠離開死神的威脅。在我精神狀態稍微好一些後，中國駐埃及使館文化參贊李景芳、使館新聞官宮宇峰、《今日中國》雜誌社駐埃首席記者賈鵬等人相互補充著向我詳細講述了埃及人給予我們的愛心大營救。

救人講究的是爭分奪秒，從幾人的講述中我感受到埃及人對我們的救援真正是一環緊接著一環，環環相扣，沒有絲毫耽擱。當時我已處於休克狀態，鄭磊左腿撞斷，肢體分離，我們兩人失血過多，隨時都有生命危險。正當萬分危急之時，後面路上剛好駛來一輛長途巴士，發現狀況立刻停車，所有人都一擁而下，一場國際大救援就此展開。

埃及人就是這樣熱心善良、樂於助人，他們忙而不亂，齊心協力把車門打開，想方設法把我們從車裡抬出來。另外幾人趕緊聯繫救護車和醫院，他們知道，當務之急是把我們送往醫院搶救，否則流血過多會有生命危險。這條路平時車輛稀少，有這麼多人參與救助真是天大的幸運。

幸運一個接著一個。就在事發地不遠處，正好有一輛巡值的救護車，這輛車很快呼嘯而來，埃及人七手八腳地把我們抬上救護車，飛速開往幾十公里外的伊斯梅利亞醫院。

在救護車馳往伊斯梅利亞醫院的同時，宮宇峰早已聯繫好在伊斯梅利亞大學任教的中國埃及學教授李曉東，李教授和一批志願者教師已經提前趕到醫院。更湊巧的是，李教授所在大學的副校長阿里兼任這家醫院的副院長，阿里對中國一直有著深厚的感情，此前不久，我曾和吳思科大使以及其他幾位應邀到阿里家做客。救護車抵達前，阿里和醫療組早已做好搶救準備，他們表示，一定儘自己的最

梁玉珍在開羅大學採訪。

大努力搶救傷員。

中國駐埃及大使武春華在得到消息後，即刻指派王克儉公參、新聞處宮宇峰等人趕赴醫院，中國駐埃及媒體界幾位朋友也爭相前往。當他們趕到醫院時，我和鄭磊已被推進手術室，醫生告知他們情況很不樂觀，兩人都有生命危險，幾位平時很要好的朋友整個心都揪緊了。搶救進行中，他們在走廊裡坐立不安，焦急等待。阿里校長看大家都很疲勞，就把他們帶到自己家裡稍事休息，阿里夫人還熱心地為他們準備了很多食品飲料。看到陸曄和嚴旭身上沾染了很多血跡污漬，阿里找來幾件外套給他們換上，並留他倆在家裡過夜。

搶救持續了十幾個小時，手術室就是個沒有硝煙的戰場，搶救過程中，醫護人員的緊張和辛苦程度是不言而喻的。直到次日凌晨六點，這場挽救生

梁玉珍就中埃民眾社會生活話題採訪收看央視節目的埃及觀眾南希。

命的大戰才告結束。我和鄭磊都失血過多，需要大量輸血，李曉東教授一再表示，如果需要的話他和志願者都可以獻血。他們一直在手術室外等到後半夜，最終雖然沒有獻上自己的血，但那血濃於水的同胞之情，至今令我深受感動。醫院的血庫裡儲備有足夠的血漿，我和鄭磊輸入的都是埃及人的血。

在緊張焦慮中等待了一整夜，當醫生出來宣布搶救成功，傷員已脫離生命危險時，守候在現場的中埃朋友都大大鬆了一口氣，懸著的心終於放下來。而後，我們被轉移到 ICU 重症監護室。我軟綿綿地躺在床上，面戴呼吸器，身邊掛著吊瓶和血液袋，時而清醒，時而昏沉，身上沒有絲毫氣力，口舌乾燥，很想喝口水，但張了幾次嘴也發不出聲音，頭一歪卻大口嘔吐起來。守護在床邊的護士馬上起身為我清理，還輕聲說：讚美安拉，你終於醒了。

在隨後的幾天裡，阿里院長放下手頭的一切工作，時刻關注著我們的治療進展。由於伊斯梅利亞醫院的治療條件有限，在保險公司的協助下，我和鄭磊很快轉到了埃及條件最好的阿布－福阿德醫院繼續治療。

埃及人不但用精湛的醫療技術挽回了我的生命，而且在後續治療中給予我非常細緻周到的護理。那時，我每天的治療主要是服藥、打針、輸血、輸液、清創換藥。此外，有三名醫生分別幫我做理療、呼吸訓練和床上鍛鍊，還有心理醫生來作

梁玉珍在埃及深入基層，採訪村委會領導。

心理干預。

埃及的醫護人員個個和藹可親，都拿病人當自家親人一樣看待，無論是醫生、護士來查房，服務生端茶送飯，還是保潔員前來打掃衛生，事先總是輕輕敲門兩下，得到允許後才進房間。進門後先是微笑著問一聲：親愛的，你今天好些了嗎？然後才開始做事，而且無論做什麼都輕手輕腳，唯恐打擾病人。有時，護士小姐還順手從花籃裡折下一枝玫瑰，插在我衣服口袋上或放在枕邊，希望鮮花帶給我好心情。

很多埃及朋友得知我出車禍的消息後非常震驚，一批接一批前往醫院探視，有的專程從外地趕來，還有的一連幾天守在病房不肯離開。

將近一個月後，我度過了危險期，病情相對穩定，於二〇〇九年春節期間回國，轉到北京積水潭醫院繼續做了幾次手術，之後又在解放軍 305 醫院

梁玉珍與阿盟秘書長穆薩在阿盟總部院子裡碰面，兩人像老朋友一樣打招呼。穆薩任埃及外長和阿盟秘書長期間，梁玉珍對他作過多次新聞採訪和人物專訪。

常住治療，最後轉到北京德爾康尼骨科醫院做了一年多的康復訓練。

現在，我已退休，在北京昌平愛地老人頤養中心安度晚年，撰寫回憶錄。每每回想起自己生命垂危時那場驚心動魄的大救援，內心的感激之情無以言表。埃及是我的第二故鄉，埃及人是我的救命恩人，埃及人的熱血在我的血管裡流淌，延續著我的生命。我熱愛埃及，感謝埃及人，沒有他們就沒有我的今天。然而，非常遺憾的是，當時我處於完全昏迷狀態，對所有這些救命恩人，我沒有任何印象和記憶。

埃及人說，喝過尼羅河水的人都會再來。我非常希望安拉賜予我一個機會，讓我再回埃及故地重遊，讓我彌補遺憾，去當面感謝那些不知名的救命恩人。

尋找瑪利亞媽媽

張　立

（中國國際廣播電台駐中東地區總站站長）

在埃及學習和工作的那些歲月，給我留下許多美好的記憶，而瑪利亞媽媽——一位平凡、樸素的埃及婦女，更是給我留下了一段不可磨滅的記憶和一份深深的感恩。中埃建交六十週年前夕，我有機會重回開羅，心中裝著一個願望：去看望瑪利亞媽媽。

那份記憶源於一九八九年我到埃及開羅大學文學院進修。我住在開羅大學女生城九號樓，瑪利亞媽媽是九號樓的清潔工。與她相處不過八個月，言語交流也不是很多，可她打著赤腳，賣力地衝刷樓道的樣子，每天晚上九點鐘大聲招呼學生們點名的吆喝聲，告誡我們不要穿短裙外出的教誨，以及她為我們親手烹製的羊肝、炸魚和埃及飯卷卻時時出現在我的腦海，我甚至還能隱隱聞到飯菜中飄出的香味。二十多年了，我心裡一直珍藏著一絲遺憾、一份感恩和一份牽掛。遺憾是因為年輕的我不善言辭，或許我當時的表達並不能讓她了解我內心的感動和謝意，甚至臨走前我都未曾留下她的地址或者一張與她的合影；感恩，是因為我第一次遠離親人、遠離故土，在那些內心孤獨的日子裡，她的飯菜讓我感到了母親般的關愛，她的提醒讓我感到家的溫暖。多年過去了，她還好嗎？我還能再見到她嗎？

因為工作的關係，過去的二十多年我來過埃及很多次，但每次都是腳步匆匆。二〇一四年，我被派往中國國際廣播電台駐中東地區總站工作，地點在開羅，這讓我終於有機會去實現自己的願望了。

離得越近，思念就越發強烈。一踏上埃及的土地，我便開始盤算如何實現這個願望。要找到瑪利亞媽媽，唯一的線索就是開羅大學女生城——開大女生宿舍區。可是，自從埃及「革命」以來，各大院校和學生城都把控得很嚴，沒有許可誰都不讓進，我怎麼才能進入開羅大學女生城呢？況且按瑪

開羅大學女生城九號樓

利亞媽媽的年齡，她如今應該已退休多年，那裡還會有人認識她嗎？無論如何先試試看吧。

驅車來到女生城——一個有兩道大門把守的女生世界，稍作解釋，第一道崗竟然把我放進去了！好兆頭，加油！

第二道大門可就沒那麼輕鬆了。任憑我如何解釋這裡曾是我生活過的地方，只想故地重遊找回當初的記憶，任憑我打開隨身攜帶的手包給他們檢查，都無濟於事。無奈，只能多費些口舌了。我盡量簡潔地告訴他們，這裡有一位我十分尊敬和心懷感激的老媽媽，曾經在我留學的時候給予我很多關心和照顧，我希望通過這裡找到她，去看望她。或許是看出了我的真誠，終於有位男保安開口了：「就讓她進去吧。」可其他人還是堅持原則，說沒有許可就是不能進。然而，男保安的話讓我看到了希望，不能輕言放棄。藉著他們問東問西的好奇心，我說，中國人跟埃及人一樣，最珍惜感情，懂得感恩，我知道埃及人是最熱心幫助別人的，所以，我喜歡埃及，喜歡埃及人，更珍惜與埃及人的友誼……終於，有位女士站出來說：「讓我陪她進去吧，我帶她去找女生城總管。」事不宜遲，表達了感謝，我緊隨這位女士進入了女生城。

我說的話毫無恭維之意，確是內心的真實感受。在埃及，我常常被埃及人的熱情、熱心所打動。問個路，他們怕你找不到，會親自帶你去；路上發生車禍，見到的人會飛奔過去幫助救人，你

張立與瑪利亞媽媽

會看到路上的車一輛接一輛地停下來，司機們匆匆下車一起幫忙，甚至來不及顧忌停車的地點，也絕不會考慮是否有可能被訛詐。在開羅，行走在大街上，會有孩子們上來搭訕，而更多的是素不相識的人善意的微笑。

進入女生城，走過那條歷經二十多年沒有些許改變的入城小路，第一棟樓就是女生城總管的辦公室。敲開門，辦公室裡除了坐在辦公桌前的那位四十多歲慈眉善目的女總管，還有六七位貌似在一起開會的女士。寒暄之後，陪我進來的女士替我說明了來意，隨後是七嘴八舌的驚嘆聲：真主啊，二十多年了，你還記得她？中國人太珍惜感情了！她長得什麼樣子呀？多大歲數了？當時四十多歲，現在早就不工作了呀，說不定人都沒了呢……還是女總管冷靜許多，打電話叫來了九號樓的主管，又問我在那裡住宿的確切年份和瑪利亞媽媽的真實姓名，說是有了真實姓名才能從員工檔案中找到。是呀，她的真實姓名是什麼呢？我真的不知道。在埃及，女人生了孩子之後，出於尊敬，旁人大多不再直呼其名，而是稱呼她為某某他媽，這一點跟中國的傳統很像，相當於「虎子媽」「小妮媽」一樣的稱呼。我所說的瑪利亞媽媽，實際上是她的大女兒叫瑪利亞，而我和我的同學們從來就不知道她本人的真實姓名。

我努力把我能想到的瑪利亞媽媽的特徵都描繪了一遍：中等身材，微胖，是基督徒。在埃及，穆斯林占人口的絕大多數，或許基督徒是個比較明顯的線索。一番沸沸揚揚的討論之後，有位女士似乎找到了答案，說她應該是某某人，她的外甥女現在還在女生城工作。幾分鐘後，「外甥女」出現在總管辦公室門口。為了不多耽誤人家的工作，我感謝了總管和在座的女士們，與九號樓主管一起走出辦公室，繼續跟「外甥女」核實情況。令我喜出望外的是，所有的情況都相符！「外甥女」告訴我，瑪利亞媽媽就住在離大學城不太遠的老地方，七十歲出頭了，一切都還好。真是好消息！我請她給瑪利亞媽媽打個電話，可忙活了半天還是沒有打通。好吧，二十多年了，雖然心中很急切，卻也不在一時之間，有了電話就有了最直接的聯繫方式，首戰告捷！

傍晚時分，終於打通了「外甥女」給我的電話。電話那頭傳來的第一聲問候就讓我確信，她就是我要找的瑪利亞媽媽。多年的播音經歷讓我對聲音特別敏感，電話裡傳來的正是二十多年前那個吆喝孩子們點名的洪亮而有底氣的聲音，只是增添了些許蒼老。看來「外甥女」早已把這個消息告訴了她，她的言語中沒有我想像中的驚詫，卻是洋溢著熱情與興奮。

「親愛的，你是冬妮婭嗎？」

「瑪利亞媽媽，我不是冬妮婭，可我相信冬妮婭也吃到過您親手做的飯卷！」

「明天能來我家嗎？我太想念中國的孩子們啦。」

是呀，我又何嘗不是同樣的心情呢。第二天，我如約前往瑪利亞媽媽家。

她的家位於離開羅大學不遠的一個平民居住區。穿行在熱鬧而狹窄的街道，讓我隱約回憶起這裡多年前的樣子。這裡沒有太多的改變，甚至不少街道還保留著以往的土路，坑窪不平，唯一改變的貌似只有隨處可見的載人三輪機動車，當地人叫它「TUKTUK」，給街道平添了一分擁擠和嘈雜。我們的車艱難地穿過幾條這樣的街道，一路打聽，終於找到了瑪利亞媽媽的家。剛下車，就聽到瑪利亞媽媽的招呼聲，抬頭望去，老媽媽正站在狹小的陽台上笑盈盈地朝我揮手，而她的老伴此時已在樓門口等候。老先生帶我們上了樓，透過敞開的家門，第一眼看到的正是我思念多年的瑪利亞媽媽！我加快腳步，迎接我的是老媽媽熱烈的擁抱和阿拉伯式的親吻。此刻，彼此問候和思念的話語交織在一起，好像要把這二十多年的話一下子說個痛快！

瑪利亞媽媽還是從前的那身裝束——黑色長袍，基督徒式的頭巾，精神不錯，只是消瘦了不少。老媽媽告訴我，她生活得還不錯，只是患上了糖尿病，眼睛因為白內障，視力衰退很多。看來，我帶去的甜點她是無福消受了。

老媽媽的家不大，簡單而整潔。細長的過廳是待客、用餐的地方，牆壁上掛滿了家人的照片。老媽媽的丈夫是位謙恭和藹的老先生，與他們一起在家裡迎接我的還有他們的小女兒。

一陣寒暄之後，終於坐了下來。老媽媽一直拉著我的手，仔細端詳我。雖然沒有記對我的名字，但她還記得我的模樣。她說我沒太大變化，只是胖了些。她轉身指著她的女兒，問我還認不認識她。坦率地講，我真的不認識了。我只記得留學時來她家吃飯，有她的兒子、女兒在，但具體是哪個兒子、哪個女兒，還有他們的樣子，我真的記不得了，畢竟二十五年過去了。但我保證，即使是在馬路上見到瑪利亞媽媽，我也能一眼認出來。

談笑中，我告訴瑪利亞媽媽我記憶中的她，她開懷地笑了，還是那麼爽朗、那麼有感染力！她說，那時候她真的很能幹，最令她自豪的就是我們住的九號樓是整個女生城最乾淨的，那是她一點一點擦出來的，從不放過任何角落。她還記得，當時中國孩子們吃不慣食堂裡的大餅、奶酪、蠶豆類的飯菜，打來飯後就讓她帶回家，孩子們則用小電爐燒些白米飯、青菜之類的自己吃。沒錯，這是學生城給我們的特殊照顧，當時在學生宿舍能被允許用電爐燒飯的貌似只有中國學生了。感恩埃及，感恩每一位曾經照顧過我們的埃及朋友。

看得出，瑪利亞媽媽的生活並不富裕，她本人每月有七百五十埃鎊的養老金，大致相當於一百美元。加上埃及政府給予百姓的糧、油、茶、糖、洗衣粉等補貼和優惠政策，基本的生活保障沒有問題。相比生活條件，老媽媽的天倫之樂倒著實令人羨慕。七十歲出頭的她有兩個兒子、兩個女兒、十二個孫輩和十二個重孫輩。她和老伴跟小女兒一起生活，以便照顧他們的起居。還有個兒子就住她樓上，其他兒孫的家也離她不遠，常常回來看望，這令她的生活充實而快樂。

不知不覺中，兩三個小時過去了，我起身告辭，老媽媽卻一定要留我吃飯。因為還有其他事情，在我一再堅持下，老媽媽勉強同意了，卻一定要約好下次來的時間。此後，我和老媽媽的電話聯絡不斷，有時間也會去看望她，每次她都會讓女兒換著花樣做我喜歡吃的飯菜。她的兒子、孫輩也見了不少，作為她的「女兒」，我也成了奶奶輩的人，雖然不好意思，卻也洋洋得意。

如今，來埃及已經近兩年的時間，忙碌中每天都過得充實快樂。因為我知道，在那片老舊的居民區，在那套狹小的住房裡，有我埃及的媽媽和親人。那是我埃及的家，是我心的歸屬。

人物篇

追懷布特羅斯·布特羅斯－加利先生

曹彭齡 盧章誼

（中國前駐埃及使館武官、外交官）

二〇一六年二月十七日，從電視新聞中突然聽到前聯合國秘書長布特羅斯·布特羅斯－加利先生病逝的消息，我們不由心頭一緊。就在不久前的一月二十號，國家主席習近平訪問埃及期間會見的十位榮獲「中國－阿拉伯友好傑出貢獻獎」的人士中，就有加利先生。我們從電視屏幕上看到，九十三歲高齡的他儘管坐在輪椅上，卻依舊神采奕奕，精神矍鑠地與習主席握手、談話，臉上依舊含著那令人備感親切的、溫暖的微笑。我們感到十分欣慰，想他一定能活過百歲。怎料，一個月還不到，他竟駕鶴西去了！後來從埃及官方媒體報導得知，他是幾天前因骨盆骨折入院，病情惡化而不治的，我們不禁扼腕長嘆，相對默默。凝望著窗外向晚的紅霞，他的音容笑貌，特別是那令人備感親切的、溫暖的笑容，又浮現在眼前……

加利先生一九二二年十一月十四日生於開羅一個信奉基督教的名門望族，其祖父也曾擔任過政府高官。由於出生在這樣背景的家庭，他自幼便受到良好教育，一九四六年從開羅大學法學系畢業後即赴巴黎深造，並於一九四九年獲得巴黎大學國際法博士學位，一九五四年赴美任哥倫比亞大學客座教授。回國後，他先後擔任過記者、開羅大學國際法教授，及聯合國國際委員會委員。一九七三年他步入政壇，出任過埃及外交事務國務部長、主管外交事務的副總理；一九九二年一月被選為第六任聯合國秘書長，也是首位掌管聯合國這一國際機構的非洲籍領導人。那時，正值蘇聯解體，冷戰時期以美蘇兩個超級大國為中心的戰略平衡被打破。國與國之間，以及一國之內一些被長期掩蓋的地緣、宗教、民族、黨派等更深層次的權益紛爭與糾葛像火山突然一樣爆發起來，形成一處處舉世矚目的熱點。那時，我們恰好受命赴伊拉克工作，成為蘇聯易幟、東歐裂變、亞洲金融危機，伊拉克、科威特由邊界糾紛釀成的海灣危機，進而觸發的海灣戰爭等重大事件的見證者與親歷者，深知此類事件的錯綜複雜。一九九三年八月，我們轉赴埃及。雖說中東和平進程已艱難地啟動，和平與發展已成為世界的主旋律，然而，冷戰時期就埋下的種種矛盾糾葛，如盧旺達種族屠殺、安哥拉內戰、前南斯拉夫充滿血腥與火藥味的分裂等，依舊暗流湧動，此起彼伏。而且，這些事件的背後，都依然有冷戰時期兩個超級大國的影子，只不過一個更強勢，一個正衰退罷了。加利先生正是在這樣一個與其前任絕然不同的複雜、無序的國際背景下，執掌聯合國機構的權柄的。國際社會也越來越寄望於聯合國能夠有效解決這些緊迫、複雜又棘手的問題。這對加利先生來說，不能不說是一個嚴峻的考驗。加利先生以他一貫的百折不撓、永不言敗的精神，和長期從事國際問題研究和實踐的積累，堅持《聯合國憲章》規定的公平、公正、合理、合法的原則，臨危不懼，沉著冷靜，充滿自信地擔負起這一重任。

根據國際局勢的發展、變化，他果斷提出重組聯合國機構，裁減臃腫機構與人員；主持撰寫「和平議程」報告，強調「預防性外交，建設和平與維持和平」，推動中東和平，加強南南合作，加快維和機構與力量建設等頗具建設性的舉措。儘管他在處理盧旺達種族屠殺、安哥拉內戰等事件中頗具爭議，以及在拒絕削減聯合國預算比例和對波黑問題的處理上與美國存在嚴重分歧，但他始終據理力爭，不妥協、不屈從，堅持維護聯合國機構的權威性與獨立性。

聯合國秘書長每五年一個任期，一九九六年又將是聯合國秘書長選舉年。依慣例，歷屆秘書長都連續擔任兩個任期，記者問加利：「您對此有何考慮？是否參加第二任期競選？」加利笑答：「埃及有一句諺語：『舊鞋比新鞋更合腳。』」這表明了他對競選第二任期，及對進一步深化聯合國機構與職能改革、維護和平與國際秩序方面的後續工作的自信。然而，隨著時間的推移，加利不妥協、不屈從的立場，使得他與美國的分歧越來越大。時任美國國務卿奧爾布賴特常在公開場合挑起紛爭，直到劍拔弩張的程度。記得當時開羅的外交界，不僅是發展中國家外交官，也包括美國的盟友——北約國家的外交官，都對那位「蠻橫、霸道的老太太」表示不滿，特別是對她蓄意拖欠美國應交的超過十億美元的聯合國會費，我們就曾聽到北約成員國的同事輕蔑地說：「那是耍無賴。」因為交會費是聯合國成員國應盡的義務，何況美國是「五常」之一呢！而對加利，大家則表示支持與同情。後來，在美國公然提出不惜使用否決權的強大壓力下，加利尋求連任的願望終於未能實現。這使他成為迄今為止唯一僅擔任過一個任期的聯合國秘書長。

但歷史是公正的。二十年過去，二〇一六年二月十六日，加利先生病逝的當天，聯合國安理會輪值主席、委內瑞拉常駐聯合國代表拉米雷斯宣布了加利先生病逝的消息，安理會十五個理事國代表隨即起立默哀。現任聯合國秘書長潘基文稱讚加利是「值得我們銘記的領導人，他為世界和平與國際秩序作出了非常寶貴的貢獻」。就連美國現任國務卿克里也表示加利是「和平不懈的捍衛者」……而誰還念及當年那個信奉「強權即真理」的「蠻橫、霸道的老太太」呢！加利先生卸任聯合國秘書長後，曾出任法語國家組織秘書長，繼續以他豐富的從事國際外交事務的經驗與才學，為加強各國間特別是發展中國家之間的合作與交流、推動南南合作而努力。

加利先生引起我們關注是在上世紀七〇年代末他擔任埃及負責外交事務的國務部長期間，為配合安瓦爾・薩達特總統打破中東長期「不戰不和」的沉悶局面，在國內外眾多爭議聲中陪同薩達特總統前往耶路撒冷，勇敢地邁出尋求阿以和談的石破天驚的第一步的過程中所扮演的重要角色。經過多輪艱苦努力的外交談判，埃以兩國終於在一九七八年九月簽署了《關於實現中東和平的綱要》和《關於簽訂埃及、以色列和平條約的綱要》兩份在中東和平進程中具有劃時代意義的文件（史稱「戴維營協議」），為埃以一九七九年三月正式簽訂和平條約，結束長逾三十年的戰爭狀態打開了通道，也開啟了艱巨、曲折、漫長，至今尚未終結的「中東和平進程」。上世紀九十年代中期我們在開羅任職期間，雖然在一些重大場合見過加利先生，但與他沒有工作上的交集，彼此並不相識。當時，我們對這位前輩只是景仰而已——景仰他在國際外交事務中傑出的學識與才幹，也景仰他從不居高臨下、盛氣凌人的質樸與謙遜。

我們認識加利先生很晚。一九九九年九月，我們忽然接到埃及駐華大使穆罕默德・努曼・賈拉勒博士的請柬，邀請彭齡出席他為來華出席昆明世界園藝博覽會開幕式及埃及館日活動的前聯合國秘書長布特羅斯・布特羅斯－加利先生一行舉行的告別晚宴。就在之前不久，我們從報上曾看到出席昆明世博園開幕式的貴賓中有加利先生的名字，當時還

加利獲贈散文集《埃及漫步》後，手持該書與作者曹彭齡合影。

曾疑惑，這是那位加利嗎？現在終於得到證實，而且還得到這樣一個同他會面、交談的機會，自然令我們興奮異常。章誼忙找出與在國外逢年過節包禮品用的一樣的彩紙，把用中文和阿拉伯文兩種文字題籤的我們新出版的散文集《埃及漫步》仔細包好，準備送給賈拉勒大使和我們仰慕已久的加利先生。九月二十二日，彭齡應邀抵達埃及駐華使館後始知，加利先生是應我國具有官方色彩的民間組織——中國聯合國協會之邀，出席昆明世界園藝博覽會開幕式和埃及館日活動的。回北京之前，加利先生一行還專程訪問了大連。那天，晚宴的氣氛友好、溫馨，按賈拉勒大使的說法，是「小規模、家庭式」的。應邀出席的客人除中國聯合國協會相關人士與加利先生一行外，還有與我們同期在駐開羅使館工作的前外交部副部長、駐埃及大使楊福昌，後來曾任我國駐埃及大使、中東問題特使的前駐埃及使館公使吳思科。另外，還邀請了一位我們未曾料到的「特殊客人」——以色列駐華大使南月明。這不禁讓我們記起二十一年前，正是加利先生陪同薩達特總統，以巨大的勇氣與魄力前往耶路撒冷，促成埃以結束戰爭狀態、簽署和平條約的「破冰之旅」。

晚宴前，彭齡將《埃及漫步》送給加利先生，並告訴他，我們夫婦在埃及工作、生活了四年，把埃及看成第二故鄉並將所見所聞、所思所感寫成了這本散文集。加利先生微笑著接過去，問：「是用中文寫的，還是英文、阿拉伯文？」彭齡說：「很遺憾，是中文的。」並解釋說，在對外文化交流上我們做得還很不夠。加利微笑著說：「不要緊，它是珍貴的紀念，我會把它珍藏在心中。」他一邊說一邊打開包裝紙，將書捧在手裡細細端詳，對封面與裝幀讚歎不已：「印得太漂亮了，您和您夫人做了一件非常有意義的工作。」並說：「我們兩個古老文明國家，應當在政治、外交、經濟、文化各方面加強往來與交流。」

看到扉頁上阿拉伯文的題籤「贈給中國人民的老朋友——尊敬的布特羅斯・布特羅斯－加利博士」，加利一邊輕輕讀著，一邊笑著說：「謝謝您和您的夫人！我非常高興你們把我稱作『中國人民的老朋友』，我這次已是第十次來中國了，每一次來，都發現中國有很大變化，我從心底為她的快速發展而高興。同中國人合作、共事、做朋友，是我最快樂又最感榮幸的事。」加利先生一邊說一邊翻看手中的書，接著說道：「我雖不懂它的文字，但不少照片我是熟悉的：獅身人面像、拉希德石碑、卡納克神廟……」他對一幀照片仔細辨認，像是喃喃自語：「這是……」忽然說：「啊！想起來了，這是費沙維咖啡館吧，埃及著名作家納吉布・馬哈福茲年輕時常去的地方？」彭齡笑答：「您的記憶力真好！這正是費沙維咖啡館裡的『馬哈福茲角』，馬哈福茲先生早年常坐在那張桌邊喝咖啡、寫作及接待朋友與讀者。」加利點點頭，鄭重地說：「馬哈福茲是我崇敬的前輩，也是埃及的良心。」彭齡說，我們在離開開羅之前，還設法專程去馬哈福茲先生家中拜訪過他。說著，他將書頁翻到「訪納吉布・馬哈福茲」那篇文章，其中有一張章誼與馬哈福茲的合影及馬哈福茲留給我們的題詞。他告訴加利先生，那是馬哈福茲用他被宗教極端分子刺傷、尚未完全恢復功能的手為我們和為中國讀者題寫的。加利先生輕輕唸著：「非常高興你們來訪，它為我們提供了一個交談中國與阿拉伯文學的機會。祝願偉大的中國進步、繁榮。」他深情地說：「馬哈福茲是埃及和國際上受尊敬的文學大師，這題詞非常珍貴。」稍停，又補充說：「說它珍貴，不單

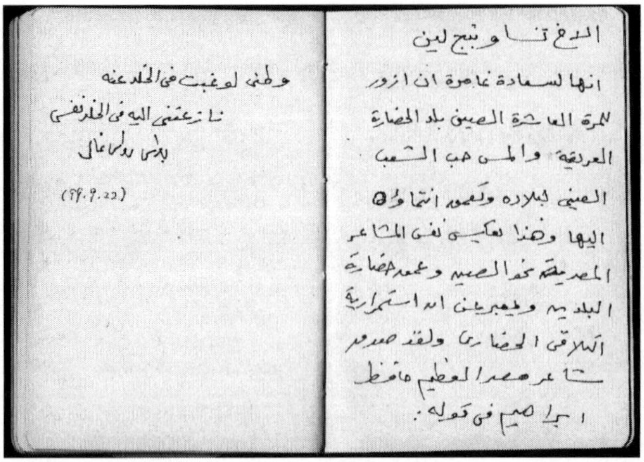

加利給作者手書的題詞

指它本身的價值，還在於我們兩個國家那種無法比擬的文化淵源與友誼。馬哈福茲的題詞也正說明了這一點……」

這時，埃及使館的攝影師過來拍照，加利先生把《埃及漫步》的封面對著鏡頭說：「還有這本書，這是友誼的見證。」拍完照後，彭齡拿出小本，想請加利先生題幾句話。由於晚宴即將開始，加利先生說：「您把本子留下，晚上我回到旅館一定給您寫好，明天我回國前還會見到賈拉勒大使，我請他轉交給您。」幾天之後，我們果然收到了賈拉勒大使轉來的本子，只見加利先生用阿拉伯文題寫了這樣一段話：

曹彭齡兄弟：

我為第十次訪問中國這個有著悠久文明的國家感到無比幸福。我感受到中國人民越來越深地對他們國家的熱愛。埃及對中國和對加深兩國文化的繼續交流懷著同樣的感情。誠如埃及的偉大詩人哈菲茲·易卜拉欣所云：

> 我的祖國，如果我為了追求虛名而忽視你，
> 即使得到虛名，我的靈魂也不會安寧。

布特羅斯·布特羅斯-加利

而今，按照中國人習慣的說法，中國人民的老朋友、九十三歲高齡的布特羅斯·布特羅斯－加利先生，已經拋開他鍾愛的一切駕鶴西去。我們重讀一九九九年九月二十二日寫的那篇日記，看著與他的合影和他留給我們的題詞，忽然想起那次晚宴上的一個細節：曾出任過我國常駐聯合國大使銜副代表的中國聯合國協會負責人在發言中說及加利先生姓名中的「布特羅斯」，他說希臘語中這個詞意為「磐石」，即厚重穩固的基石。他舉例說，《聖經》中耶穌在塔巴列湖邊布道期間，將打魚人西門收為門徒時，把他的名字改為「布特羅斯」（保羅），並說要把教會「建在這『布特羅斯』——磐石上」。而加利先生的姓名中，卻有兩個「布特羅斯」，那就意味著他更加厚重穩固，是不畏懼任何重壓的磐石……在大家的熱烈掌聲中，加利先生連連擺手，臉上依舊含著那令人備感親切、溫暖，又謙和、質樸的笑容。而今，中國人民的老朋友加利先生已經遠行，他的主要著作《通往耶路撒冷的埃及之路》《民主化與全球化》《非洲邊界爭端》《不屈不撓：美國—聯合國傳奇》《永不言敗——加利回憶錄》

等，都已被譯成包括中文在內的各種文字。正如他為我們題的詞中所說，加利先生沒有浪得虛名，他用畢生精力、才學為之奮鬥的理想、信念，以及他所堅持的通過外交斡旋等和平方式防止衝突，通過交融、發展縮小南北半球之間的差距，通過改革加強聯合國處理國際事務、應對各種挑戰的能力，不但要在國家內部，而且要在聯合國這一國際系統內的國家之間實現民主化等原則，都已成為他為他的祖國、為聯合國機構與全人類未來的發展所留下的「磐石」般厚重的、可資借鑑的珍貴遺產。

我們由衷地祝福他一路走好！

拉加卜博士與中國的情緣

高秋福

（新華社前副社長）

上世紀八九十年代之交，我在埃及常駐三年，結識了不少當地朋友。其中，最難以忘懷者之一是哈桑・拉加卜博士。拉加卜博士是埃及當代名人，曾任埃及駐中國首任大使，並且是久已失傳的古埃及法老宮廷專用的莎草紙之再造行世者，因此有「當代埃及法老」之譽，其名聲在埃及可說是如雷貫耳。但我真正了解他，還是通過一九九一年的一次傾心交談。

那是九月的一天，開羅秋高氣爽、陽光燦爛，

高秋福在開羅採訪拉加卜。

我同幾位朋友來到位於尼羅河畔的莎草紙研究所參觀。公關小姐熱情地將我們引領到會客室，說：「請稍候，拉加卜博士馬上就到。」我知道，這個研究所是拉加卜博士創建的，但我們來參觀之前並未預約，何以將他驚動呢？公關小姐解釋說，拉加卜博士有一條不成文的規定：凡中國人前來，下屬必須通知他；只要有空暇，他一定親自出面接待。正說著，只見一位身材單薄、白髮銀鬚的老翁走了進來。不用介紹，顯然他就是拉加卜博士了。一雙熱情的手伸過來，用有點生澀的漢語與我們寒暄起來。雖屬初次謀面，年齡反差又很大，但同他談起

一九五八年，北京郊區的十三陵水庫修建期間，阿聯駐華大使拉加卜率領大使館官員到工地義務勞動。（供圖：FOTOE）

話來，竟如同故交，毫無陌生與隔輩之感。他開門見山就說，他一生中有兩個「想不到」，一是出任駐華大使，二是再造莎草紙。而這兩件事，都同中國有難解之緣。

拉加卜博士一九一一年五月出生在開羅近郊的海爾旺，一九三二年從開羅大學工程系畢業，旋即赴巴黎深造。一九三五年回國後，他長期在部隊從事軍備研製工作，官至國防部主管軍工生產的副國務秘書，領將軍銜。一九五六年五月，埃及同中國建立外交關係。九月，他被納賽爾總統委任為首任駐華大使。三年後，他離開中國，先後轉調為駐意大利和南斯拉夫大使。他說，納賽爾總統之所以遴選他為首任駐華大使，主要是看重他的軍工背景。那時，埃及革命剛剛成功，急於同新中國發展政治關係，更急於同新中國進行軍事合作。在北京三年，他曾幾次受到毛澤東主席接見，多次同中國總理兼外交部長周恩來交談。他完成了納賽爾總統託付的使命。他為此深感自豪，並同中國結下了不解之緣。

拉加卜博士說，除國家使命之外，他到中國赴任時還有一點個人想法：埃及和中國都是世界文明古國，應該在文化交流方面也做點事情。因此，一到北京，他就認真學習中文，研讀中國文化史。他考察中國古文化設施的保護工作，著迷於中國古文物中大批斷簡殘篇的修復工藝。由此，他聯想到埃及從古代墓葬中出土的大量殘缺不全的莎草紙文獻。只可惜莎草紙久已失傳，這些文獻無法修復。「莎草紙能否再造呢？」在一次走出北京到湖南省參觀時，他腦海中閃現出這樣一個火花。那是在該省郴州一個偏僻的農村，據說是中國造紙術發明人蔡倫的故鄉，他看到農民們用手工方式在造紙，原料主要是毛竹、繩頭和破布。他仔細觀察、詢問了造紙的全過程。回到北京後，他查閱歷史資料，發現這種造紙的方法同西元二世紀初蔡倫的造紙術有驚人的相似之處。時間過去一千八百多年，在機器造紙術的應用已相當普遍之後，傳統的手工造紙術竟在中國民間被保留下來。那麼，莎草紙的傳統製造方法在埃及是否也有跡可尋呢？一九五九年，他正是帶著這個問題戀戀不捨地離開中國的。

在中國造紙術發明之前，莎草紙曾是世界上最先進的文化傳播工具。起初，這種紙為法老宮廷書寫聖諭和禱詞所專用，其製造方法為王宮壟斷，嚴禁外傳。但是，無論是王命還是宮牆，都禁錮不住文化的傳播。這種紙後來逐漸流傳到民間，成為從下戰書、簽和約到寫婚契、開藥方、打借條都用得到的日常文化用品。這種既輕便又易保存的紙張很快從埃及傳播到兩河流域、希臘、羅馬，取代了當地流行的泥板、蠟板和羊皮紙，一時成為最時髦的書寫用品。古埃及、西亞和歐洲究竟有多少文獻記錄在這種紙上，恐怕誰也說不清。用這種紙抄寫的各種古代文字材料，現在統稱「莎草紙文獻」，是研究古代地中海地區的政治、經濟、文化、宗教的寶貴資料。這種在古代稱作「papyrus」的莎草紙，大約在西元十世紀失傳。失傳的一個主要原因，據說是中國造紙術的西傳。製造方便、經濟耐用的中國紙張搶占了莎草紙的市場，促使其生產和流傳逐漸走向衰落。

拉加卜博士告訴我，如果說是中國紙張的流行促使莎草紙的製造術失傳，那麼，又正是他在中國親眼所見的古老的造紙術促使他產生了重造莎草紙的想法。一九六二年，他結束六年多的外交生涯，回國出任旅遊部技術顧問，下決心探索莎草紙的再造問題。

他當時面臨兩大難題，一是沒有製造這種紙的原料，二是不掌握這種紙的製造方法。顧名思義，這種紙原來是利用一種屬於莎草科的水生植物紙莎草製造的。這種草曾大片生長在尼羅河三角洲地區。後來，由於氣候變化，這種草在埃及逐漸絕跡。製造莎草紙而沒有紙莎草是不行的。那麼，到哪裡去尋找這種草呢？拉加卜博士不畏艱難，沿著尼羅河四處尋覓，最終在蘇丹北部的一片沼澤地裡找到這種高四五米、莖呈三角狀的紙莎草。他挖掘出草根，帶回開羅，在尼羅河的一條汊道中進行人工種植。

種植成功，有了原料，拉加卜又開始尋找造紙的方法。他從城市到鄉村，跑遍全國，希冀像在中

根據女法老的故事繪製的莎草紙畫

國那樣，在某個不大惹人注意的地方把湮沒已久的古代造紙術找到。一次次失敗沒有動搖他的決心，反而磨礪了他的意志。「我一定辦出他人辦不到的事。」他這樣一邊自勵，一邊轉向蒐羅古代文獻。從國內到國外，他用了兩年多時間，幾乎傾家蕩產，終於收集到一些資料。經過研究、分析、綜合，他仿照在中國農村看到的那種造紙方法，將紙莎草切碎研爛，浸泡在自己家中的澡盆裡漂取紙漿。經過一次次實驗，他總結出一套莎草紙再造的工藝，製造出一種色澤淡黃、紋絡分明、疏密有致，酷似中國舊時粗麻布的紙張。把這種紙張同埃

一九五八年，阿聯駐華大使拉加卜（右1）等在北京陪同陳毅副總理觀看伊拉克藝術展覽。（供圖：FOTOE）

及古墓中出土的莎草紙一比，他驚喜地發現，兩者幾乎一模一樣。他終於成功了，時為一九六六年七月。

拉加卜博士興奮地說：中國造紙術的發明與傳播，導致莎草紙失去市場，以致最後失傳。事隔近二〇〇〇年，中國古老造紙術的保存與應用使他受到啟迪，促使久已失傳的莎草紙得以再造和新生。這是一個多麼奇特而有趣的歷史怪圈！在場的朋友們不由評論說：在這個怪圈中，中國的蔡倫在人類發明史上扮演了一個光輝的角色；埃及的拉加卜在人類弘揚自己的古老文明的歷史上又占有了一席光輝之地。

聽到朋友們這番議論，拉加卜博士撫摸著漸見稀疏的滿頭銀絲，嘴角上不由漾起一絲微笑。他告訴我們，莎草紙再造成功之後，一方面用於修復、謄抄、保存埃及古代文獻，另一方面用於發展現代旅遊事業。他聘請一大批藝術家，將從古墓中挖掘出來的壁畫、法老與神祇的頭像、楔形與象形文字、著名典籍的斷片一一描繪到這種紙上。拙朴的淡黃色紙張，配以風格別緻的圖畫，顯得古色古香，給人以鮮明而沉重的歷史感。這種莎草紙畫一上市，立刻就成為各國遊客爭購的紀念品，年銷售額達幾億美元。不幾年，埃及全國各地興辦起幾百家莎草紙製作作坊和莎草紙繪畫室。無論走到哪裡，都可見到莎草紙畫的銷售。不過，拉加卜博士指出，市場上出售的莎草紙畫，許多是　品。那些又黃又硬的畫紙，並非用紙莎草製作，而是用玉米秸或甘蔗渣做成的。但是，不管怎麼說，莎草紙畫已成為埃及旅遊業中一種特色獨具的紀念品，成為人們了解古埃及人民生活、弘揚古埃及文明的一個特殊的門徑。

拉加卜博士不僅熱衷於創造發明，還勤勉於總結他的實踐經驗。他告訴我，莎草紙試製成功兩年後的一九六八年，他利用尼羅河上一艘私家小船創建了這座莎草紙研究所。研究所的資料表明，二十多年來，他就紙莎草的種植、莎草紙的製造、莎草紙畫的製作以及莎草紙的歷史興衰已寫出三十多篇學術論文和兩部專著，成為當今世界首屈一指的莎草紙專家。他創立的莎草紙製造新工藝，於一九七七年獲得埃及國家專利。一九七九年，他榮獲法國格勒諾布爾國家科技學院應用生物學博士學位。同年，他又榮獲埃及總統專為國家文職人員頒發的最高榮譽獎——共和國勛章。

談到他的成功和榮耀，拉加卜博士總是滿懷深情地提到中國。他說，一九五六年出使中國是他人生之旅的一個重大轉折點。作為埃及首任駐華全權代表，他是創建埃中友好合作關係的參與者，是兩國人民傳統友誼新發展的見證人。同時，他一再強調，他是中國古老文明的仰慕者，正是這一古老文明，點燃了他的想像力與創造力的火花，使他從軍人——祖國的保衛者，變成了文人——祖國古老文明的弘揚者。

確實，拉加卜博士對中國人民懷有真摯而深厚的感情。在他的辦公室，在他的莎草紙研究所，在他興建的展示古埃及人民生活情況的「法老村」，都在顯眼的地方擺放著他當年同周恩來總理交談的巨幅照片。每當中國新任駐埃及大使到任，他都邀請他們參觀「法老村」。每當中國客人參觀他的研究所，他都以珍貴的、親筆簽名的莎草紙畫相贈。我這次參觀和採訪，不但得到他親筆簽名的莎草紙畫，還得到他親筆簽名的一本關於莎草紙再造的博士論文集和一本裝幀精美的莎草紙畫集。在畫集的內頁上，八十高齡的他顫抖著雙手，分別用阿拉伯文和中文一筆一畫地書寫上他和我的名字。看著他那認真的神態和工整的筆跡，我感到，這絕不只是一個簡單的簽名，而是埃及人民對中國人民友好情誼的真情流露。

那次難忘的長談之後，我同拉加卜博士還有過幾次簡短會晤，除表達問候之意外，我曾建議他訪問中國。他說，那本是他夢寐以求的事，但年屆耄耋，已力不從心。十多年之後的二〇〇四年一月，他以九十三歲高齡在開羅溘然長逝。得悉噩耗，我調閱了關於他的大量報導，重讀了他所餽贈的作品，在遙遠的北京默默向他致祭。現在，又是十多年過去，在中國同埃及建交六十週年之際，我不禁又憶起這位慈祥可敬的老人。搓搓手掌，我彷佛感到，他當年同我雙手緊握留下的餘溫，仍然溫暖著我的掌心。

回憶與哈桑·拉加卜先生交往的日子

曹彭齡　盧章誼

（中國前駐埃及使館武官、外交官）

中國與埃及一九五六年五月三十日正式建交，至二〇一六年五月三十日，便是整整六十年了。為了紀念這值得慶賀的日子，兩國政府將二〇一六年定為「中埃友好年」。學長劉元培將埃及駐華使館的約稿函用電郵轉發我們，邀我們寫一篇回顧與埃及朋友交往的文章。但提起筆來，一時還頗費躊躇。此時，一則關於「新蘇伊士運河」通航的消息把我們記憶中的歷史和現在連接起來。「新蘇伊士運河」工程是在原一百九十三公里長的蘇伊士運河北段開鑿與原河道平行的長約三十五公里的新河道，並將與之連接的三十七公里長的舊河道拓寬、疏濬，使原來只能單向通行的河道變為雙向通行，從而大大提升過往船隻的通行效率。塞西總統稱這項耗資數十億美元的國家項目是「埃及奉獻給全世界的厚禮」，其蘊涵的深遠的政治、經濟意義是不言而喻的。視頻中，我們看到在一面面迎風招展的彩旗的映襯下，在過往船隻歡快的汽笛聲中，埃及空軍戰鬥機群呼嘯而過……那莊嚴、宏偉的歡慶場面，將我們的思緒拉回到六十年前，一位慈祥的老人的身影浮現在腦海。他，就是中國人民的老朋友、埃及首任駐華大使哈桑・拉加卜先生。

我們第一次見到拉加卜先生，正是在六十年前——一九五六年的秋天。我們進入北大東語系阿拉伯語專業學習不久，便爆發了「蘇伊士運河事件」，由於埃及將蘇伊士運河收歸國有，英、法、以三國悍然出兵入侵埃及，激起中國和世界人民的憤怒。北京和其他許多城市都舉行了大規模遊行。我們用剛剛學會的阿拉伯語呼喊著「聲援埃及」的口號，走在北大遊行隊伍的最前面。在埃及駐華使館門前，一位高年級同學代表北大師生，用阿拉伯語宣讀了支持信。拉加卜大使站在使館陽台上，向遊行隊伍頻頻招手，並不時將雙手握在一起高舉過頭頂，我們懂得，那是表明埃中兩國人民決心團結在一起，為正義與和平而鬥爭。「蘇伊士運河事件」一下子拉近了中埃兩個文明古國的距離，也為我們的學習增添了新的動力。我們除了關注戰局的發展，蒐集相關資料出壁報、寫詩傳單之外，也更自覺地投入了阿拉伯語的學習。後來，我們還參加了在天安門廣場舉行的百萬人的集會，並應邀去政協禮堂聽過拉加卜大使作的有關戰事進展的報告。那時，我們連阿拉伯字母都未學全，自然無法直接聽懂報告內容，但我們卻那樣專注，努力從中分辨出學過的詞彙，記得聽得最清楚的兩個詞便是「中國」「埃及」。

一九五六年十一月，埃及駐華大使拉加卜在天安門城樓出席中國首都各界人民支持埃及維護蘇伊士運河主權的遊行集會。

那時，我們多麼希望畢業後有機會去埃及工作，為加強兩國人民友誼做一點力所能及的事。然而，這個願望直到上個世紀九〇年代，我們連續在好幾個阿拉伯國家工作了二三十年之後才得以實現。

我們到埃及後始知，哈桑・拉加卜先生在開羅幾乎是盡人皆知的傳奇式人物：他於一九一一年出生於一個名門望族，一九三二年自開羅大學工程系畢業後，又去法國進修，獲博士學位。他一生中經歷過多種角色轉換，都取得驕人成績：他參過軍，出任過埃及首任駐美國武官，主持過國防部軍工生產局，官至少將；一九五六年出任首任駐華大使，以後又相繼擔任過駐意大利、南斯拉夫大使；離開外交界後，又擔任國家旅遊局顧問，出版過近三十種學術專著；在旅遊局工作期間，他除熱心關注埃及旅遊業的發展與建設外，更潛心研究失傳了幾千年的法老時代紙莎草紙的生產工藝，並獲得成功。他無償將製作這種莎草紙的技藝獻給國家，被譽為埃及「莎草紙工業之父」。那時，僅在開羅，生產和銷售這種仿古的莎草紙的商店與作坊就超過八千家，不僅解決了大批人員從業的問題，而且，這一工藝還成為埃及旅遊業發展的一項獨特的重要資源。這樣的傑出成就與貢獻，使他成為埃及唯一兩度獲得一級共和國勛章的人。

開羅近郊尼羅河中的雅各布島上，有一個「法老村」，是開羅著名的旅遊景點。一個假日，我們和使館的同事慕名前往，買門票時，發現少收了錢。向工作人員詢問，始知這 「法老村」竟也是拉加卜先生主持修建的，而且自落成之日起，他就專門交代：凡中國遊客一律八折優惠。工作人員解釋說：「拉加卜先生是埃及首任駐華大使，他喜歡中國……」在「法老村」，我們不僅乘坐被稱作「時光小舟」的由拖船牽引的浮台，沿著象徵尼羅河的彎彎曲曲的河道，瀏覽法老時代生活在尼羅河三角洲的男男女女如何耕作、狩獵、織麻、釀酒以及製作這逾千年不腐不蛀的莎草紙，而且還看到五千餘株法老時代生長在尼羅河三角洲的花草、樹木——那時的尼羅河流域，紙莎草與荷花這兩種植物本是很多的，古埃及神廟及陵墓的石雕上，常有紙莎草和蓮蓬的圖案，但不知從什麼時候起，這兩種植物都在埃及滅絕了。研製莎草紙生產工藝時，拉加卜先生走遍尼羅河三角洲也沒有找到紙莎草，便溯尼羅河而上，終於在蘇丹境內找到這種草，遂將它重新引入埃及。而荷花，則是拉加卜先生從中國引進的。我們在「法老村」中看著豔麗的荷花、翠碧的荷葉，傍著岸邊依依的垂柳，彷彿又回到了我國的江南。

在「法老村」的展廳裡，工作人員見我們在仔細觀看拉加卜先生任駐華大使期間向毛主席遞交國書和「蘇伊士運河事件」時與彭真、郭沫若等領導人在天安門城樓上參加百萬群眾聲援埃及集會的照片，便笑著走過來。我們告訴她，當年我們也參加了那次集會，並聽過拉加卜先生的報告。她笑著說：「如果拉加卜先生知道你們來參觀，他會很高興的。」我們忙問老人家身體可好，她笑著說：「拉加卜先生雖然八十多歲了，精神卻非常好，每天都去市內拉加卜莎草紙研究所上班，也常來這裡……」她還指著一張拉加卜先生同周總理的合影

曹彭齡、盧章誼夫婦在開羅法老村留影。

拉加卜先生在尼羅河畔的紙莎草研究所。

說：「告訴你們一個祕密，一個美國遊客曾提出願出三千美元購買這張照片，因為那上面有周恩來的親筆簽名，被拉加卜先生一口回絕：『一百萬也不行！』」

由於感念拉加卜先生的情誼，我們寫了《時光小舟滿載友誼》的短文，發表在《人民日報》文藝副刊上。

後來，在準備接待國內一個重要代表團時，埃及方面把參觀「法老村」也列入了訪問日程。拉加卜先生得知後，約我們到以他的名字命名的紙莎草研究所，想聽聽代表團有什麼要求，以便更好地接待中國客人。研究所設在開羅尼羅河邊的一艘輪船上，我們如約走進拉加卜先生的辦公室，意外地發現他辦公室裡只有一張從中國帶回的半舊的黃楊木小桌，上面擺著辦公用品和與世界其他博物館來往的信函。桌前有兩把木椅，賓主便隔著小桌相對而坐。拉加卜先生出身名門，本人又是將軍、學者、外交官，在一般人眼中，早該是家財萬貫的富翁了。然而，他卻這樣簡樸，就像開羅大街上遇到的一位普普通通的平民長者。但是，同他一交談便會發現，他雖已滿頭白髮，卻依舊集學者的博學、軍人的幹練和外交官的機敏、睿智於一身，而又不失平民百姓的質樸與謙和。他對代表團的要求問得很

周恩來總理簽名贈送給埃及首任駐華大使拉加卜的兩人合影照片。一九九四年，拉加卜把照片贈送給時任中國駐埃及使館臨時代辦吳思科，並說：這張照片是我最珍貴的收藏品，現在我年事已高，因此把這張照片交給年輕人，希望埃中友誼世代傳承。

細，一再表示他在中國時，中國就是他的家，他希望中國客人到埃及，也像回到家一樣。

談起在中國的日子，他談得最多的是周恩來總理：「從我第一次見到周總理，我就認定他是我的朋友和老師。他博學、真誠、謙遜，讓你打心眼裡感到他是完全值得信賴的人……」他說，從那以後，他碰到問題，第一個想要請教的便是周總理。每次周總理都是同他商量、討論，沒有絲毫大國總理的架子，和外交界慣見的圓滑與虛偽。因此，他同周總理談話，也總是直來直去，從不用外交辭令，感到有什麼不妥的地方，也坦率提出。他回憶說，有一次，他看到北京市民把城牆上拆下來的城磚搬去蓋自己的房子，便向周總理提出：「你們中國人看慣了這些古城磚，或許覺得它很普通，但在我們外國人看來，它卻是東方古老文化的一部分……」周總理聽後馬上說：「拉加卜先生，你批評得對，是我們工作沒做好。」並立即打電話要有關部門制止這種行為。拉加卜先生感慨地說：「這就是周恩來！他總是注意傾聽別人的意見，和你平等地交換看法。難怪他能贏得全世界的尊敬……」

我們問起一位遊客想購買有周總理簽名的照片的事，他笑著說：「如果是別的東西，我可以送給他，但那是周恩來總理簽名的照片啊！周恩來是我最崇敬的人，我在中國任職三年多，從他身上學到的東西，對我的一生都有巨大影響……」

那次中國代表團訪問「法老村」時，拉加卜先

拉加卜先生為中國代表團講解。

生親自陪同、講解，使每個人都有賓至如歸的感覺。訪問結束，還送給每人一幅他親筆簽名的莎草畫。

熟悉哈桑·拉加卜先生的埃及朋友，無不對他執著的工作熱情和無私奉獻的精神讚不絕口。他早已功成名就，獨子在美國做醫生，他完全可以去美國盡享天倫之樂。但他卻舍不下「法老村」——這還是他一九七九年赴美探親時參觀迪斯尼樂園受到的啟發。自然，他也舍不下他的莎草紙研究所及埃及旅遊業，他說埃及雖不富裕，卻有豐富的尚待進一步開發的旅遊資源，他願為祖國繁榮與發展再出一把力。我們在埃及工作期間，曾多次同拉加卜先生促膝暢談，從他身上感受得最深的，也正是他對祖國的熱愛、對中國的友好和對周總理的崇敬。他在我們的紀念冊上題過這樣一段話：

我認為，只要有可能，就應當工作，盡其所

能，建設他的祖國。這是衡量一個人生命價值的尺度。如果一個人停止對他的民族、他的國家奉獻，他的生命便失去意義。

他說：「這是我的信條，也是我從我的朋友和老師周恩來常說的『活到老，學到老，工作到老』的名言，及他的言談舉止中學到和感悟到的真理……」

拉加卜先生二〇〇四年一月十一日病故，享年九十三歲。他不僅身體力行地為他的祖國奉獻了一生，也為中埃兩國人民的友誼作過傑出的貢獻。

如今，當我們從電視中看到塞西總統主持啟動「新蘇伊士運河」通航慶典的宏偉場面，不禁又想起六十年前「蘇伊士運河事件」時那一個個令我們終生難忘的日日夜夜。

為開鑿運河，一八五八年十二月起，由西方掌控的蘇伊士運河公司在埃及強徵一批批貧苦百姓充當勞工，在乾旱的沙漠上冒著酷暑，日復一日地進行挖掘，由於伙食粗劣、飲水缺乏、工具簡陋、勞動繁重，而防護與衛生條件又極差，一批批勞工因脫水、勞累、飢渴或傷病猝然倒下。特別是一八六三年和一八六五年傷寒與霍亂大流行時期，工地上的死屍都來不及掩埋。據史料統計，至一八九六年十一月蘇伊士運河正式通航止，在將近十一年的挖掘過程中，共有十二萬勞工倒斃在運河工地上，平均每開鑿一公里運河，就有七百三十八點五名勞工喪生。這是多麼驚人的數字啊！可以說，蘇伊士運河是埃及人民用血肉、用生命開鑿的。然而，通航後的半個多世紀裡，它所贏得的豐厚利潤，全都為西方掌控的運河公司吸納，落入了西方殖民者的腰包。甚至在埃及擺脫殖民統治獲得獨立後，運河公司依舊是西方殖民者插在埃及肌膚上的吸血管。一九五六年七月二十六日納賽爾總統宣布將蘇伊士運河收歸國有，是完全正當的舉措。英、法、以三國竟置國際輿論於不顧，公然合謀對埃及動武，怎能不激起中國和世界人民的強烈反對呢？！我們這批剛跨進大學校門的學生，在「蘇伊士運河事件」所激起的時代大潮的推動下，也和老師、學長們一起，關注事態發展，出壁報、寫詩傳單，參加遊行與集會，聲援埃及人民的正義鬥爭……至今，我們還清楚地記得，當年哈桑・拉加卜大使作的有關蘇伊士運河戰爭的形勢報告中，提到這樣一則實例：英、法軍隊對塞得港狂轟濫炸後，又實施大規模空降。開羅百姓義憤填膺，自發組織敢死隊前往支援。一位十四歲的少年給父母留下一封信，也追隨前往。他和敢死隊員們一起奮勇殺敵，直到最後勝利……正是在那記掛著埃及，特別是塞得港軍民英勇抗擊侵略者的不眠的日日夜夜，我們突然意識到自己肩頭的責任，迅速地由青澀、幼稚、不諳世事的少年，向勇於擔當、努力進取的青年時代跨進了一大步。

曹彭齡與拉加卜先生在一起。

如今，當年的戰火硝煙早已化作眼前這歡慶「新蘇伊士運河」啟動典禮上的洪亮的歌聲、笑聲、汽笛聲……怎麼不令我們感慨萬分呢？！

而且，我們得知，包括興建公路、機場、港口，及連接西奈半島與尼羅河三角洲的多條新河底隧道在內的「蘇伊士運河經濟走廊」建設規劃也即將實施，而這一宏偉規劃，也正與習近平主席倡導的「一帶一路」戰略構想相契合。我們想，倘若中國人民的老朋友、埃及首任駐華大使哈桑·拉加卜先生得知這一切，也當回眸笑慰的。

人和悅而筆剛健的馬哈福茲

高秋福
（新華社前副社長）

納吉布・馬哈福茲

埃及作家馬哈福茲在其祖國和整個阿拉伯世界都享有「一代文豪」之譽。他的作品在中國也有廣泛的讀者群。我在開羅工作期間，常聽當地朋友稱頌他「為人和悅，為文剛健」。他懷抱愛國愛民的仁愛之心，手執社會批判的犀利之筆，孜孜矻矻，筆耕不息，著作等身。但是，他的人生道路並不平坦，不但創作多次遭責難，人身也遭到攻擊。這是為什麼？不同的人好似有不同的答案。

馬哈福茲一九一一年十二月出生，生在開羅，長在開羅，大學畢業後在開羅工作。他先後在政府的宗教、文化、藝術部門任職，業餘時間進行文學創作，全部作品皆以開羅為背景。一九七一年，他從國家公務員崗位上退休，隨即應聘擔任阿拉伯世界聲譽最高的報紙《金字塔報》的專欄作家。這家報紙的常務副總編薩拉馬先生告訴我，報社延聘像馬哈福茲這樣的社會名流當專欄作家，並非屬望他為報紙撰稿，而是想藉助他的名望提高報紙的社會地位。但是，馬哈福茲並不這樣看問題，一走馬上任就在報紙上開闢專欄，每週至少撰寫一篇短小精悍的時評。他的時評在阿拉伯世界擁有眾多讀者，報紙的發行量不斷上升。

薩拉馬先生為有這樣的專欄作家而自豪。一九九一年八月，正是在他的幫助下，我同兩位同事走進《金字塔報》報社大樓，在六層一間寬敞的辦公室裡採訪了馬哈福茲。

馬哈福茲給我的第一印象是，他就像開羅街頭常見的那些慈眉善目的藹然長者，話不多，臉上總是閃現微笑。他當時將屆耄耋之年，背有點駝，面容憔悴，頭髮花白，鼻樑上架著一副深色墨鏡，左耳邊掛著一個助聽器。他告訴我們，他的健康狀況不佳，患有糖尿病，視力不濟，聽力也不好。聞此，我把事先準備好的三頁長的採訪單子悄悄收起來，只向他提了兩三個最想了解的問題。其中之一是，一個作家如何做到既有容人之雅量，又保持創作的社會批判之鋒芒。

馬哈福茲摘下耳邊的助聽器，慢悠悠地說：「在漫長的文學道路上，我一直踽踽獨行，備受煎熬。」原來，從二十世紀三〇年代登上文壇起，他一直對社會持批判態度，也一直遭到不同社會勢力的攪擾。當時，埃及雖已宣布獨立，但當政的封建王朝仍受到英國的操控。著名作家塔哈・侯賽因因敢於直言而被罷免文學院院長職務，詩人邁哈穆德・阿卡德因歌頌自由而被投入監獄。在這樣的氛圍中，馬哈福茲在創作上採取了一種獨特的敘事方式，即把他對現實的評判掩隱在歷史的面紗之下。

他早期的作品《命運的嘲弄》《底比斯之戰》，都以法老時代埃及人民抗擊外族入侵的史實為素材，曲折地反映埃及人民反對英國殖民統治、爭取民族獨立的鬥爭。英國人感知到這一點，但抓不住任何整肅他的把柄。

一九五二年，「自由軍官組織」在迦瑪爾·納賽爾率領下發動革命，推翻法魯克封建王朝，宣布埃及為共和國。馬哈福茲對這場革命表示歡迎，出版了被稱為「開羅三部曲」的《宮間街》《思宮街》《甘露街》三部小說。小說主要通過開羅一個商人之家三代人的生活變遷，反映兩次世界大戰期間埃及人民反對英國軍隊占領和封建專制統治的鬥爭。這三部後來被譽為馬哈福茲代表作的鴻篇巨製，給他帶來極大的聲譽。就在這時，他看到，納賽爾當政後實行鐵腕統治，把許多左翼知識分子投入監獄，有的還被關押在完全與世隔絕的沙漠監牢中。他對革命的熱情很快涼下來，再也無從下筆。他不得不暫時停止創作，以免以言獲罪。

經過五六年的蟄伏與觀望，馬哈福茲重新拿起筆來，創作了長篇小說《我們街區的孩子》，並從一九五九年到一九六〇年在《金字塔報》連載。人們原以為這不過是在講述市井頑童的故事，但隨著情節的展開，卻發現其中對基督教、猶太教和伊斯蘭教的聖賢人物，諸如耶穌、摩西、穆罕默德，都作了人性化的描寫。一些宗教界人士認為，這是一部「嘲諷性的寓言」，是對聖賢的「公然褻瀆」。

於是，一場不大不小的風波驟然而起。先是一些激進的伊斯蘭教阿訇帶領信徒上街遊行，要求立即停止這部作品的連載。隨後，埃及權威的伊斯蘭教組織的代表發表聲明，要求法庭審判作者和連載者。他們甚至直接寫信給納賽爾總統，要求絕不准這部作品在埃及出版。

當時的《金字塔報》主編是埃及著名記者、總統新聞顧問穆罕默德・哈桑寧・海卡爾，他依仗自己同納賽爾總統的密切關係，沒有對宗教界的籲求作出任何回應。馬哈福茲只好出面辯白說：這部作品描寫的是「人對精神價值的尋求，而絕不是反對精神價值」。他表示，他絕不正式出版這部小說，因為「國家的問題已經夠多了，不想再給國家添加一個文學上的麻煩」。當然，在當時的情況下，埃及也沒有哪家出版社敢於出版這部作品。直到一九六七年，在阿拉伯世界以「思想自由」著稱的黎巴嫩，才有一家出版社將這部書稿出版，但也作了不少刪節。就是這樣，這部小說仍不能在埃及銷售。此事，馬哈福茲是知道的。他不知道的是，在禁售的背後，一些宗教極端分子暗中將他列入了死亡黑名單。

因宗教問題招致的麻煩尚未了結，現實政治麻煩又接踵而來。小說的禁止出版和銷售使馬哈福茲的創作信心備受挫傷。這時，又是海卡爾站出來支持他，鼓勵他不要害怕，「只要你敢寫，我就敢發表」。於是，馬哈福茲接連創作出長篇小說《尼羅

馬哈福茲《思慕宮》
中文版封面

河上絮語》和《米拉馬爾公寓》。前者於一九六六年在《金字塔報》連載，受到廣泛好評。後者於一九六九年被搬上銀幕，豈料，影片剛剛上映，就有人指稱其中隱含有批評執政的阿拉伯社會主義聯盟的內容，於是不得不停映。倒是當時的電影檢察官還比較開明，向納賽爾總統解釋說，有點批評性內容不但無大礙，反而有助於消解人們對政府的不滿情緒。據說，納賽爾覺得此言有理，隨即解除了禁令。這使馬哈福茲虛驚一場。

馬哈福茲驚魂甫定，又有一場政治風暴襲來。一九七八年，埃及總統薩達特與以色列總理貝京簽署戴維營協議，曾幾次交戰的埃以兩國實現媾和。此舉不但遭到埃及國內一些政治勢力的反對，也遭到幾乎所有阿拉伯國家的譴責。馬哈福茲在《金字塔報》上撰文，公開支持薩達特這一舉動。他說，阿拉伯國家同以色列的問題只能通過和平談判來解決，薩達特總統現在是果敢地邁出了歷史性的一步。他這一看法有點「超前」，被斥為「背叛阿拉伯民族的胡言亂語」。從此，他的作品，不問其內容，在許多阿拉伯國家一律被查禁。

一九八八年八月，瑞典文學院宣布授予馬哈福茲諾貝爾文學獎。這無疑給他帶來巨大榮耀，緩解了他在國內外的困難處境。但是，在阿拉伯世界，對獲獎的不同解讀和反應也是有的。有人認為，馬哈福茲獲獎與其說是因為他的作品，不如說是因為他支持薩達特「向以色列低頭」這一政治態度。另有人認為，給他這樣一個阿拉伯作家頒獎，是「世界上猶太人策劃的一個政治陰謀」。還有人認為，他根本就不配得獎，因為他的作品中「充斥著一些醜惡的社會現象的無恥描繪」。

獲獎的風波尚未平息，更大一場政治風暴又猛烈襲來。一九八九年二月，印度裔英國作家薩爾曼・拉什迪出版的小說《撒旦詩篇》被指控「誹謗伊斯蘭教」。伊朗最高領袖霍梅尼發布宗教命令，要求全世界的穆斯林追殺拉什迪。世界各國有幾百名作家發表聲明，反對伊朗的做法，對拉什迪表示聲援。作為穆斯林作家的馬哈福茲也加入聲援者的隊伍。他說，他堅信「沒有一本書能動搖一種宗教信仰」，發布宗教追殺令是錯誤的，「鼓動殺戮者必遭懲罰」。他的言論在阿拉伯國家引起強烈反應。有人對他表示失望，有人指斥他是「企圖摧毀伊斯蘭教的外國意識形態的傳播者」。埃及的極端宗教頭目、後因涉嫌參與「9・11」恐怖襲擊而在美國坐牢的謝克・奧馬爾・阿卜杜勒・拉赫曼則聲言，馬哈福茲已經背叛伊斯蘭教，「如不幡然悔悟，根據伊斯蘭法，必須把他處死」。

鑒於馬哈福茲的處境日益險惡，埃及警方提出給他配置警衛人員。但是，他謝絕了。他說：「我不需要什麼悔悟，我並沒有犯什麼罪。我也不害怕，不需要什麼特殊的保護。」他沒有料到，就在這時，確實有人在暗中謀劃對他下毒手。說實話，當時我們也未料到。我清楚地記得，採訪結束時，他是帶著滿臉自信的微笑同我們握手告別的。他還照樣每天到報社上班，到外面參加各種社會活動。

離開開羅兩年多之後，我突然從外電中讀到一條快訊；馬哈福茲遇刺身亡。震驚之餘，我當即撥通開羅同事的電話，得到的回答是：馬哈福茲確實遇刺，但並未身亡。那是一九九四年十月十四日黃昏時分，馬哈福茲走出家門，坐上汽車，準備去尼羅河宮舉行週末文學講座。這時，一個年輕人悄然走上前來。馬哈福茲視力不好，還以為是有人前來向他致意。那個年輕人一句話沒說，舉起藏在身上的尖刀，徑直向他的頸部和右臂連刺兩刀，然後乘車飛馳而去。這是繼埃及另一著名作家法拉德・福達一年多前在開羅遭伊斯蘭武裝分子殺害以來又一令人震驚的凶殺事件。許多埃及作家或撰文或發表談話，譴責這種卑劣的暗殺行徑。時任埃及新聞部長薩伏瓦特・謝里夫代表政府到醫院探視，稱他為「阿拉伯世界的良心」，並鄭重宣布，政府從不主張查禁他的任何作品。馬哈福茲在病床上說：「死亡威脅並不可怕，我隨時準備迎接它。」他表示：「我祈求真主讓警察戰勝恐怖主義，使埃及掙脫這種罪惡，使人民、自由和伊斯蘭教得到保護。」他還說，他並不仇視那些企圖謀殺他的極端分子，他們的行動完全是出於愚昧，同伊斯蘭教沒有任何關係。

這件政治謀殺案件不久即告破，原來是幾個伊斯蘭極端分子合謀策劃的，主犯是一個年僅二十歲的年輕人。他在法庭上供認，他同馬哈福茲沒有任何私怨，也沒有閱讀過馬哈福茲的作品，只聽說他反對伊斯蘭教。因此，在其他人的鼓動下，他決定對馬哈福茲「進行懲處」。

馬哈福茲雖然倖免於難，但因傷及右臂神經，他的右手幾乎再也難以握筆，寫作受到嚴重影響。他後來出版的作品，大多是在朋友幫助下，由他口授完成的。人們本來還期望看到他的更多新作，豈料，他卻在二〇〇六年八月三十日與世長辭，享年九十四歲。時任埃及總統穆巴拉克參加了他的葬禮，稱讚說：「馬哈福茲是一道文化的曙光，是他讓阿拉伯文學走向世界。他以創造力帶給眾人的價值標準，充滿了啟迪精神和寬容品格。」埃及極端宗教組織穆斯林兄弟會在其網站上發表聲明說：《我們街區的孩子》一直被視為對伊斯蘭教義的破壞，但是，無論如何，馬哈福茲本人還是一位偉大作家。

馬哈福茲在其長達七十多年的創作生涯中，或秉筆直書，或含而不露，描繪和評述各種社會問題，出版有長篇小說三十四部、短篇小說集十七部，還有其他著述多種。他的作品是埃及乃至整個阿拉伯世界的一份珍貴的文化遺產。作為作家，他雖然遭到一些人的敵視和忌恨，但這都是由於政治或宗教見解的不同。他為人寬厚，同任何人都沒有個人恩怨。對我採訪時提出的那個問題，他當時沒有直接回答。現在回顧他的一生，我好似感到，其實已經得到很好的回答。

「人民友好使者」

——記埃及著名畫家黑白

劉元培

（中國國際廣播電台阿拉伯語部前主任）

黑白・埃奈亞特自一九五三年從開羅美術學院繪畫系畢業後，一心想到國外深造，特別想到中國學習繪畫藝術。一九五六年，在中國與埃及建交後不久，他和夫人圖瑪迪爾有幸被選為埃及第一批赴中國留學生。伊斯蘭教的先知穆罕默德有一句名言：「知識，雖遠在中國，亦當求之。」黑白夫婦從埃及到中國的確很遠，用了一週的時間，輾轉經莫斯科抵達北京。到北京後，他們先在北京大學學習中文一年。

當時正值蘇伊士運河戰事剛起，英、法、以色列聯合入侵埃及。中國政府和人民全力聲援埃及反對外國的侵略，成千上萬的北京市民上街舉行聲勢浩大的示威遊行。我當時也和北京大學的同學一起，從西郊經長安街來到日壇東路的埃及駐華大使館，用阿拉伯語高呼「支持埃及人民的鬥爭」和「反對帝國主義」等口號。黑白夫婦親眼目睹了這一動人的場面。從那一刻起，他們就感到自己踏上的並不是一個陌生的國度，體會到了中國人民與埃及人民同呼吸、共命運的深情厚誼。北京大學對這兩位來自尼羅河畔的學生也備加關照。

在北京大學，黑白不僅精通了中文，而且結識了很多中國朋友，建立了深厚的友誼，延續達五十多年，我就是其中之一。一九五六年，我正在北京大學就讀阿拉伯語專業二年級，所以與黑白有過一些接觸，總的印象是熱情、隨和。記得首批埃及留學生有七八個人，記憶比較深的還有塔海爾和伊德里斯等。一年後，這批埃及學生各奔東西，進入北京各大院校學習專業知識。黑白和圖瑪迪爾進中央美術學院學習繪畫專業。因為中央美院在北京市內，離北大太遠，與他們聯繫就不太方便了。但有些埃及同學分配在清華大學和北京醫學院，離北大較近，有時星期六下午或星期天我還去看望他們。

黑白原先在開羅美術學院學油畫。被派到中國學習後，覺得再繼續學油畫意義不大，最好學習中國的傳統畫，所以就選學了版畫。學版畫前，得先了解中國的山水畫、人物畫等。他先後師從吳作人、李樺、李琦、黃永玉、李苦禪和李可染等中國繪畫和雕刻大師。

一九六一年，黑白和圖瑪迪爾學成回國。黑白先後在多家埃及報社和雜誌社擔任美編、作家和主編，並在埃及和其他一些阿拉伯國家舉辦了多次畫展，受到一致好評。

五次見到周總理

一九八八年正逢中國農曆龍年，中國國際廣播電台各語言部舉行了徵文比賽，主題為「中國在我心中」。阿拉伯語部同樣在《聽眾信箱》節目中廣播了徵文通知。一週後，便收到了突尼斯、摩洛哥、伊拉克、敘利亞和埃及等阿拉伯國家聽眾的來信，包括他們自己寫的文章。

在諸多的徵文中，有一件是埃及著名畫家黑白的文章。文章共三頁，全部打印，設計別緻。第一頁是文章的題目「我記憶中的中國人」，右下角是家庭地址、個人簡歷，從中得知，他時年五十六歲；左上角是他親手畫的龍和兩行阿拉伯文字「龍年一九八八」。最後一頁是他的阿拉伯文名字和中文圖章「黑白」。

黑白在他的文章《我記憶中的中國人》中談了周恩來、齊白石、梅蘭芳、魯迅和他的老師及農民等諸多人物。在中央美院學習的時候，他碰見過很多中國高層領導人，其中見得最多的是周恩來總理，前後共五次。

他這樣描述五次見到周總理的情形：「第一次見到周總理是在一九五六年年底，記不清那是逢什麼時辰，只記得是同埃及駐華使館成員在一起。我走到周總理的跟前，沒有同他握手，而是和他熱烈擁抱，猶如擁抱一個古老民族的歷史。通過翻譯，我同總理進行了簡單的交談。

一九九八年十月，劉元培（右1）訪問畫家黑白。

「第二次是在埃及駐華使館舉行的國慶招待會上。這次可是近距離接觸，我仔細地打量了一番：烏亮的黑髮、醒目的眉毛，目光裡凝聚著超群的智慧，衣服熨得特別平整，穿著一雙涼鞋，襪子的後跟露出一塊補丁。當時，我站在大畫家吳作人的旁邊，他是我求學的學校——中央美術學院的院長。周恩來總理從我們身邊走過。讓我沒想到的是，周總理居然記得我。他與吳大師談了片刻。後來從翻譯那裡得知，周總理要吳大師趁我在美院學習中國藝術期間，好好學習點埃及美術。

「第三次是中國人民的藝術家齊白石去世的時

候。齊老的追悼會在一個佛教寺廟的庭院內舉行。周總理也來了，他穿著一身灰色的衣服，手臂上戴著黑紗，胸前別著塑料白花。追悼儀式結束後，我走到周總理身邊，向他表示了我的哀悼。在很短的交談中，他簡單地介紹了齊白石，並勸導我要研究他的作品。」

第四次是在電影院裡。黑白描述說：「當時我和夫人正在看電影。電影廳的燈黑了，不一會兒，突然聽到一種輕微的聲音，感到進來了一些人，在我們的旁邊和前排的空位坐下。電影放完，大廳的燈打開。我們一看，前面坐的不是別人，就是中國總理周恩來。這次，我主動和他打招呼，並用中文交談。他顯得很高興，還用手指著我夫人圖瑪迪爾笑了。圖瑪迪爾也用中文與總理交談了幾句。這時，我們和在場的觀眾一起鼓掌致意。離開電影院後我在想，總理為什麼指著我夫人而且笑了？回到學校宿舍後，我才注意到圖瑪迪爾穿的是一件中國的藍色旗袍。原來總理手指著圖瑪迪爾笑，是因為她穿了中國旗袍的緣故。」

又過了一段時間，黑白第五次，也就是最後一次見到周總理。他在文章中說：「那是在天安門旁邊的人民大會堂的宴會廳。總理走到每桌跟前，舉杯祝賀。當他走到我們桌前時，我們全都站起來向他致意。我同他熱烈握手，他也緊緊地拉著我的手，這時，我們已經不需要翻譯，隨便交談，互致問候。」

訪齊白石，見梅蘭芳

按周恩來總理的教導——「要研究齊白石的作品」，黑白對齊白石等中國名畫家的藝術和畫作進行了深入細緻的研究，從不放棄每次學習機會。他說：「我很幸運，能到中國人民的大畫家齊白石的家看望他。當時，他身體欠佳。因為是夏天，當天溫度很高，他感到很悶，極不適應。他要家人拿出水果和乾果招待我們，然後問我有關埃及、尼羅河、金字塔和撒哈拉大沙漠的問題，還突然問我：『你們那裡氣溫也這樣高嗎？』我回答說：『比這裡還高。』聽後，他寬慰了一些，要他的兒子再拿糖果給我們吃。」

黑白在回憶文章中說：「對齊白石的新老作品我都儘力關注。我讀過他的簡歷，知道他小時放過牛、當過木匠、雕刻過木頭和戒指，然後從事繪畫。一生中僅有兩次放下畫筆，一次是母親病故，另一次是自己得了一場重病，疼得難於提筆。他每天堅持畫畫，把非凡的天才傾注在畫捲上，直至畫筆從手中永遠脫落，於九十七歲離開人世，在一座佛教寺廟舉行的遺體告別儀式後，去他最後的安息之地。」

對中國的國粹——京劇，黑白一開始要聽懂和看懂非常困難，對伴奏也不易接受。他在《我記憶中的中國人》一文中說：「京劇對非中國人來說很難迅速領會。開始，我對京劇伴奏樂隊銅樂器的震耳聲無法忍受，對坐在演員旁的樂隊隊員的普通服裝不習慣——他們的衣服與演員的色彩鮮豔、精心刺繡的戲袍和像戴面罩那樣的濃重豔麗的化妝形成鮮明的對照。但這一切後來都逐步習慣了，而且我還能分辨出演員出場的音樂。總而言之，看多了，我就愛上了京戲，成了戲迷。」

入中央美院兩三年後，黑白夫婦見到了梅蘭芳。黑白回憶說：「當偉大的藝術家梅蘭芳知道我愛好京劇時，他對我說：『我老了，發胖了，肚子也大了。但是，不久還有最後一場演出。我非常歡迎你和夫人一起來看，我會給你們送兩張票。』在王府井大街附近的長安劇場，我們看了《貴妃醉酒》。梅蘭芳同平時一樣，表演非常精彩。我有一個八毫米的彩色攝影機，我用它拍了部分片段，至今還保存完好。」

大約在此之後的幾個星期，黑白聽到了梅蘭芳先生不幸去世的消息。黑白說：「那天，我和夫人正在泰山旅遊，我們想收聽『美國之音』有關美國總統大選結果的消息，不料聽到新聞節目的頭條消息是：才華橫溢的中國藝術家梅蘭芳逝世。電台還介紹了梅蘭芳的生平。對他的去世，我們感到無比悲痛。欣慰的是，他的藝術地位，不僅在國內，甚至在海外也達到了巔峰。」

黑白夫婦對中國文化情有獨鍾，他們不僅在課堂上虛心向各位老師求教繪畫知識，而且在課餘時間廣泛涉獵中國的文學、戲劇以及各種傳統藝術。

他們不只喜愛京劇，而且還愛看話劇，夫婦倆看過老舍的名劇《茶館》，並認識了老捨本人。他們還喜歡看舞劇《虞美人》和《小刀會》，特別愛看中國電影，如《洪湖赤衛隊》等。

黑白十分敬仰魯迅先生，他在《我記憶中的中國人》一文中說：「我通過《魯迅文集》的阿拉伯文和英文版本讀到了他的部分作品。我見到他生活中不同場合的畫像，還見到了一座魯迅的漢白玉雕塑——他坐在籐椅上，下方是毛澤東主席的題詞。第一次讀到魯迅的短文是在開羅，是從英文翻成阿拉伯文的。那時我體會到，現實的文學能推動革命，文學是人們的實踐。在北京，我看到由魯迅先生的一部作品《祝福》改編成的彩色電影，著名演員白楊出演女主角。我希望魯迅的所有作品都能拍成電影。」

黑白夫婦到過魯迅的故鄉——紹興，但僅待了一天，見到了魯迅小說《狂人日記》《藥》《肥皂》《幸福的家庭》《故鄉》《阿 Q 正傳》等故事的發生地。黑白說：「魯迅是我在中國領悟的偉人之一。是的，我沒有見到他本人，但我感到，他已深深銘刻在我的腦海中。他的四大捲著作永遠擺放在我書房的書架上，每本書的封面上印有魯迅的照片。每當我見到照片時，感覺就好像他伸出雙手和我握手。」

回到第二故鄉

一九八九年十月，在闊別了二十八年後，黑白夫婦重返中國。我作為中國國際廣播電台的記者作了部分跟蹤報導。一到北京，黑白便向記者談了這次訪華的目的。他說：「中國是我們的第二故鄉，這次我們夫婦一同回中國，心中激動異常。我們一直注視著中國的巨變。回到我們的中國故鄉，想看看北京和其他一些城市，順便回母校，看望朝思暮想的指導老師和昔日的同窗好友。」

就在到達北京的第三天，黑白夫婦重返位於王府井大街東面校尉胡同五號的老中央美術學院（現改為中央美術學院美術館）。他們向陪同要求，先要看看他們原來居住的宿舍區。黑白向周邊的陪同介紹了他倆與中國同學同吃同住的情形。他說：「當時，生活十分方便。即使在冬天，大地覆蓋著白茫茫的雪，我們也沒有感到任何不便。我們踩著雪地，到開水房打水。我們也會燃煤生火取暖，晚上睡前封火。第二天早晨，當聽到我們樓下一層幼兒園的孩子們進園的聲音時，我們便打開爐子加煤。孩子們看到我時，就叫『埃及叔叔好！』見到圖瑪迪爾時，就叫『埃及阿姨好！』在絕大多數時間裡，我們並不是孤獨的兩個人。閒暇時，我們身邊全是中國男女同學，他們給我們關懷和溫暖。」

接著，他倆懷著濃厚的興趣參觀了學校的版畫系、中國畫系、油畫系、民間美術系。在素描室，他倆停留很久，仔細觀看學生認真學習素描的場景。黑白夫婦對學校的教育設施和各方面的發展深為驚嘆。

中午，中央美院院長靳尚誼在學校食堂設宴招待黑白夫婦，參加的有黑白夫婦的指導老師——版畫家李樺、中國肖像畫畫家李琦、時任副系主任的譚權書及後來擔任北京書畫研究院院長的黃均等。黑白夫婦見到昔日的指導老師和同窗學友，特別高興，同他們一一擁抱。

見到老師，黑白回憶起了許多往事。他對老師說：「我們很幸運，先後有多位繪畫大師教過我們中國畫、木刻、版畫和攝影。吳作人是當時的中央美術學院院長，李樺是版畫系系主任，還有李可染、李苦禪、李琦和黃均老師等。黃永玉先生是版畫主講老師。」他繼續說，「那時候，我們同老師關係都特好。白天，有問題就找他們，他們總是積極而熱情地鼓勵我們刻苦學習。晚上，有時走家串門，我們邊喝茉莉花茶邊交談，直至深夜。」

在北京訪問期間，接待單位中國人民對外友好協會安排了諸多活動，其中有一項是遊覽長城。我有幸隨同前往。途中，黑白風趣地告訴我：「很多人以為我是新疆人。一次，我在外地寫生，遠方是高山峻嶺，古木陰森。這時，一位大約四十歲左右的女農民迎面走來，在我身旁蹲下，見我畫畫，便說：『哦！你在畫風景。』她問：『你是從哪裡來的？』我回答：『我從北京來。』又問：『你是什麼民族，是新疆人嗎？』我說：『不，我是從埃及來的。』她說：『埃及在哪兒？』我回答：『埃及是離中國很遠的一個國家。』她驚訝地盯著我看，問道：『那你是外國人？』我說：『對啊，沒錯。』她感到奇怪，便說：『但你說的是中文，同我們一樣，穿的是中國衣裳，也同我們一樣。』我說：『是啊，我住在北京，在中央美術學院學習。』這時，她站起來，慢慢點頭，好像恍然大悟，並說：『歡迎你再到我們山裡來。』」聽完這個故事，我對黑白說：「你已經完全融入了中國社會。」黑白笑道：「類似的事還有很多。」

二〇〇二年八月，黑白夫婦和他們在北京出生的女兒小紅與來訪的中國記者梁玉珍合影。

在北京活動後，黑白夫婦就前往中國南方訪問，到過廣西的幾個城市、四川的成都和福建的廈門。在他們返回北京的第二天，我又對他們進行了第二次採訪。

我首先問黑白：「你們到中國南方一些城市訪問了一個月。在你們到達北京的第二天，我對你們進行了簡短的採訪，從中知道了你們這次訪華的目的。現在，你們即將結束對中國的訪問，我想知道你們是否達到了訪問的目的？」

黑白回答說：「當然，我們達到了目的。我們見到了很多東西。這次長途旅行非常愉快。」

我接著問：「你們從中央美院畢業至今已 28 年，這次你們故地重遊，發現中國有哪些變化？」

黑白提高嗓門，肯定地回答說：「變化太大了、太多了。沒有想到變化這麼大，簡直不可想像。我們訪問了北京和其他一些城市，發現房子加高了，馬路加寬了，汽車加多了，市場更擁擠了，人們生活水平提高了，衣食住行得到全面提升。」

黑白夫人圖瑪迪爾女士插嘴說：「我也發現有很多變化。現在中國女性比以前更注意外表和著裝。特別是年輕人，觀念大大改變。傳統的服裝已經不多見了，多穿得比較時尚。城市建設也發生了巨大變化，過去很多是一層矮房，現在是高樓大廈遍地林立。在埃及，我們稱這大片高樓為鋼筋水泥森林。」

在談到中國的美術發展時，黑白對我說：「當然，有向西的趨勢，但這一趨勢不是主要的，是有限的。絕大部分是保流傳統。畫家們試圖提高表現手法，反映社會現實。過去，繪畫和雕塑的主題是英雄人物，現在是普通百姓。這說明基本觀念在改變。至於其他藝術如音樂和唱歌，我發現古老藝術如京劇和其他古典戲曲藝術仍得到保存。現代藝術，特別是年輕人的藝術，如迪斯科開始湧入。我還注意到電視上的廣告多了，很多現像以前是沒有的。」

最後，我請黑白談談通過這次訪問對中國的印象。黑白興奮地說：「與過去我們在中國生活的時候相比，中國的確發展很快。中國製定了發展經濟和增加收入的計劃，為了建設一個現代的社會。以前我們在的時候，國家的主要任務是解決吃住問題、公平合理地分配消費品的問題，以保障生活延續，社會安定。現在，中國度過了這個階段，生活必需品極大豐富，衣食住行極大豐富。總之，應有盡有。但這也需要非常小心，現代生活會帶來好的東西，也會帶來不需要的東西。就像河水氾濫，水是我們需要的，但它也帶來淤泥和沉渣。這是很可怕的，必須警惕。」

採訪是在黑白夫婦離華前一天，我最後祝賀他們這次訪華成功，希望下次在北京或在開羅再見。

果真，我與黑白在開羅又一次見面了。那是一九九八年十月，我當時在埃及度假，約有兩個月，時間比較富裕。前幾次到開羅是隨中國新聞代表團和中國廣播電視代表團訪問埃及，時間倉促，沒有機會拜訪。我與黑白夫婦畢竟是北大校友，又採訪過他們兩次，還陪同他們回母校並遊覽長城，可稱知交。我想趁這次長假看望黑白夫婦，並把這一想法告訴了中國國際廣播電台駐埃及記者站的同事。他們答應說，沒有問題，但得先與中國使館文化處聯繫，通過文化處與黑白先生打招呼。黑白夫婦的家，離我的住地較遠，路不熟的人，前往不太方便，於是我就請中國使館文化處的負責人帶領我們一起前往。

黑白穿著一雙中國布鞋，熱情地在家門口迎接我們。一進黑白夫婦的家，如同步入中國藝術陳列館，客廳內的擺設全是中國工藝品。四面的牆上掛著齊白石、李可染、黃胄、石魯等名家的畫。黑白指著牆上的兩幅畫對我說：「我特別珍惜這兩幅畫，那是齊白石大師的親筆畫，一幅是一群海螃蟹，另一幅是木蘭花。我每天都要仔細觀賞它們，好像我每天去他家看望他、請教他。」

客廳的桌上和茶几上擺放著中國的工藝品，有花瓶、瓷盤、茶具等。甚至上樓的台階上也放著各式各樣的中國花盆。黑白夫婦的中國情結，體現在

中國中央電視台記者梁玉珍專訪黑白夫婦。

客廳裡的每一件擺設上。置身這裡，我被濃濃的中國文化氣氛所包圍，有一種深情的親切感。

在談到近幾年的情況時，黑白著重介紹了埃及亞非團結委員會。他說，他作為該委員會負責中國事務的委員和阿拉伯—中國論壇的協調員，努力加強埃中和阿中民間交往。自一九九二年起，已舉辦了多次阿中論壇，加深了人民間的相互了解。協會還組織代表團訪華，也接待中國美術界和其他各界人士訪問埃及。黑白接著說，他利用工作之餘時常為埃及著名的報刊撰文，介紹和宣傳中國的經濟建設成就，尤其是改革開放後的巨大變化。

可以說，黑白先生一生情系中國。他自己也經常對我和其他中國朋友說：「我是半個中國人。」

二〇〇二年九月四日，中國人民對外友好協會授予黑白先生「人民友好使者」光榮稱號，以表彰他長期以來為促進和發展中國和埃及人民的友誼所作的不懈努力和傑出貢獻。黑白先生成為阿拉伯世界獲此殊榮的第一人

二〇〇五年十一月九日，黑白先生在開羅病逝。他留下的無數繪畫、攝影作品和文章，永遠在向後人講述自己與中國的故事，謳歌中國和埃及、中國和阿拉伯人民的友誼。

最是文化能致遠

——憶與薩基特大使的真誠合作

吳富貴

（中國前駐中東國家外交官、

中國人民大學國際出版中心高級顧問）

二〇一六年正值中國和埃及建交六十週年。時針撥轉到一九五六年五月三十日，中埃兩國政府發表聯合公報，宣布建立大使級外交關係。自此，埃及成為阿盟所屬二十二個成員國中第一個同新中國建交的國家。

時間如白駒過隙，轉眼六十年過去了。在我畢生從事外交工作認識的眾多埃及朋友當中，有一位埃及著名的公眾人物可圈可點，他在華的歲月值得留戀。此人就是阿盟前駐華大使、中國問題專家穆罕默德・瓦哈卜・薩基特博士。

最是文學潤後生，最是文化能致遠。值此中埃建交六十週年之際，令我記起的還有一本《阿拉伯人之家》漢語和阿拉伯語雙語雜誌，因為它自創刊至今的二十年中，與薩基特大使有著千絲萬縷、相濡以沫的特殊關係。

我與薩基特大使結識

說來有緣，我與薩基特大使結識，是在一九九六年的初春。

記得當年三月的一天，阿盟駐華代表處首任大使易卜拉欣・穆・哈薩寧給我打來電話，寒暄之後，邀我於次日晚七時到長城飯店宴會廳赴宴。我聽後很是高興，老友相聚很是難得。第二天晚上，我按時赴約。

來到宴會廳，我看到易卜拉欣大使正在同身邊一位文質彬彬、戴著金絲眼鏡、看上去像一介書生的阿拉伯客人親切交談。我想，這位陌生的客人來頭不小，一定就是那位新來的阿盟駐華大使。果然，當我出現在他倆面前的時候，易卜拉欣大使趕緊向我介紹。之後，我們按照阿拉伯人的禮節，相互跟對方打招呼：「عليكم السلام」，「السلام وعليكم」。雙方握手致意後，相互寒暄了一陣。此刻薩基特大使給我留下的第一印象就是開朗樂觀、和藹可親、平易近人，而且十分健談。只見他兩鬢云絲，深邃的眼神裡透射出學者的睿智與耿直。

席間，我們親切交談，話題從中埃兩國商人舟楫往返進行商品貿易的古代，談到銀鷹飛渡、互惠互利、友誼更濃的今天。此後，我和薩基特大使便成了工作中的好朋友、事業上的好夥伴、絲綢之路上的同路人，正如當年那首膾炙人口、眾人傳唱的歌曲《永遠是朋友》：「千里來尋是朋友，朋友多

一九九六年三月四日，吳富貴與薩基特大使在阿盟駐華代表處銘牌前合影。

了路好走，以誠相見，心誠則靈，讓我們從此是朋友。」

回到家中，我閱讀當日的《參考消息》。報載，中國問題專家穆罕默德・瓦哈卜・薩基特博士近日從香港赴京履新，出任阿盟駐華代表處主任（大使銜）。看完這條消息，我很是欣慰，心想，這真是「馨香盈面花淺笑，繁華靜處遇知音」。

薩基特大使與《阿拉伯人之家》雜誌

時隔兩週，我接到薩基特大使打來的電話，約我於當日下午二點去他的辦公室，有要事相告。我準時赴約。見到薩基特大使後，他開門見山地告訴我，為加強中國同阿拉伯國家之間的友好合作關係，增進互信和交流，他計劃在京創辦一本《阿拉伯人之家》漢語和阿拉伯語雙語雜誌。另外，他讓我再找幾位中國阿拉伯語界的專家和學者，為日後負責阿拉伯文版的翻譯工做作準備。聽罷，我很是高興，當即表示，將會全力參與這項具有特殊意義的中阿友好信息傳播工作，做一個名副其實的中阿友好使者。

一九九六年十一月十日，是我和中國阿拉伯語界同仁終生難忘的一天。在中阿各界專家學者們的共同努力下，在薩基特大使的親切關懷和精心指導下，由阿拉伯國家聯盟駐華代表處主辦的《阿拉伯人之家》雙語雜誌創刊號在北京正式出版。

記得當年薩基特大使在創刊號上發表的致讀者的信中說：「阿拉伯國家聯盟駐中華人民共和國代表處榮幸地印發自己的刊物《阿拉伯人之家》第一期。其目的是，加強阿拉伯人民同中國人民之間的相互了解，繼續雙方在歷史上從未間斷過的對世界文明與進步的建設性的貢獻。

「自西元七世紀始，阿中關係便以積極的態勢，互幫互助地開始並發展著；雙方從未出現過任何分歧或緊張，彼此均對對方懷有美好的情感和崇高的敬意。一九九三年五月，中華人民共和國政府同意阿盟在北京設立代表處；一九九六年五月，中華人民共和國主席江澤民訪問阿盟在開羅的總部，與阿盟秘書長艾哈邁德·阿索邁特·阿卜杜·馬吉德博士親切會見，並舉行了具有歷史意義的工作會談，這是阿中雙方建立政府機構之間關係的一個重要的歷史轉折點。這種政府機構之間的關係，為阿中雙方利益服務，將加強雙方在建立二十一世紀以平等、公正、共同發展及和平為基礎的當代國際秩序中的作用。

「因此，我們希望這本將在一九九七年成為月刊的刊物，是在這條道路上邁出的第一步。這一點，從《阿拉伯人之家》第一期的內容讀者便可一目了然，即我們發表了阿中關係活動中的一部分，如雙方簽訂的一些重要的協議等。依靠真主賜予我們的吉祥，我們正開始這一工作。希望我們的讀者幫助我們，不僅僅是閱讀它，而是給予批評指正，提出建議，我們必須重視讀者的意見。真主支持我們達成這一目的，引導我們走上正確之路。」

此後，《阿拉伯人之家》迅速成為熱銷雜誌，在中阿業界好評如潮。但因當年這本雜誌屬內部刊物，故內地及非業界人士知之不多。不過，該雜誌

一九九六年四月，吳富貴在薩基特大使辦公室。

欄目眾多，每月刊登發表和披露了許多鮮為人知的中阿友好交往歷史中的人和事，以及阿盟和所屬二十二個阿拉伯國家駐華大使館與中國國務院各部委之間每週每月在政治、經濟、商貿、文教、科技、能源、農林牧副漁等諸多領域開展的互訪交流活動，且又多是由當事人以親歷講述，所以其信息來源和史料的可靠程度他人無法匹敵。因而，該刊出版後便受到中阿業界人士廣泛青睞。讀者在潛心拜讀的同時，積極應薩基特大使之邀，為該雜誌撰寫和提供稿件。

我作為薩基特大使的老朋友、中國阿拉伯語學者，曾應邀為這本中阿雙語《阿拉伯人之家》雜誌撰稿，並在該雜誌上發表過四篇署名文章。分別是：「中國同阿拉伯國家的藥用植物交流」，載於一九九八年第五期；「阿拉伯國家在華直接投資的現狀與歷史回顧」，載於二〇〇〇年一到三月合刊（第 32 期）；「中阿留學生互派工作追憶」，載於二〇〇二年九到十月合刊（第 43 期）；「中阿化工領域的合作現狀與前景」，載於二〇〇四年四月第四十七期。

而今，彈指一揮間，二十年時光已成過去，每每提及這本中阿雙語雜誌，我立刻會聯想到薩基特大使，想起與他的近距離工作接觸，從而喚起對這位曾在中國期刊史和中阿友好六十年交流史上作出過突出貢獻的創刊人和先行者的美好回憶。

記得薩基特大使上任後，由他構思並潛心策劃出版的這本《阿拉伯人之家》雜誌，在中國阿拉伯語界引起熱烈反響。它既被看作聯繫中國阿拉伯語界專家、學者了解中阿各國之間交流互動的一個信息傳播窗口，也被視為阿盟在華架設的一座中阿友好互利合作交流平台與信息交流的橋樑，是推動中阿關係向前發展的助推器，同時也為有志於發展中阿友好事業的中國理論學術研究專家、學者提供了

一九九六年十一月出版的《阿拉伯人之家》雜誌創刊號封面。該雜誌創刊號名為「阿拉伯之家」，從一九九六年十二月第二期起，正式使用「阿拉伯人之家」刊名。

一個發表研究成果的百花園地。在中阿友好六十年的交流史上，薩基特大使的作為和功績是不可磨滅的。相信讀過薩基特大使主編的這本《阿拉伯人之家》雜誌的中國阿拉伯語界的專家學者們都會感慨讚譽良多。

薩基特大使獨具慧眼，出任阿盟駐華大使後便在華創辦《阿拉伯人之家》雜誌，表現出一個成大事業者的魄力和眼光。創刊號出版後，他迅疾連續推出了五期雜誌。對此，中阿業界人士對這位主編奇才尤為敬佩，所以特別留意閱讀和收藏薩基特大使編輯過的這本刊物。而薩基特大使沒有辜負中阿業界專家學者們的厚望，很快又顯示出他的大膽革新、與時俱進的特質，使《阿拉伯人之家》雜誌成為一份「學者專家不覺其淺薄，非業界人士不嫌其高深」的雅俗共賞的大眾文化信息刊物，並引起各國駐華大使館的高度關注。

僅以我為例，我家中的書櫃裡至今保存著《阿拉伯人之家》每一期雜誌，每每看到這些雜誌，我便想起這位埃及老朋友，他當年辛勤勞作的忙碌身影就展現在我眼前。中阿友誼躍然紙上的這本《阿拉伯人之家》雜誌，也曾經給在華的中阿各界同仁帶來過愉悅和歡樂。

但令人遺憾的是，《阿拉伯人之家》自一九九六年十一月創刊，在阿盟三任駐華大使的共同努力下，在華出版發行十二年之後，不知何故竟然停刊，與讀者說再見了。聽到這一消息，我們這些中國阿拉伯語界的專家、學者無不深感惋惜。

如今，雖說這本雜誌早已停辦，但信手翻閱當年的雜誌，仍然記憶猶新，同樣具有「驟看悅目，久看有味」的藝術感染力。憶想當年，薩基特大使除了極為重視「雜誌之臉譜」的封面設計外，對雜誌內容、版式及插圖也十分精心和考究。致讀者、中阿交流時事圖片、阿拉伯家庭的新成員、阿拉伯駐華大使人物照片、阿拉伯組織、阿拉伯文化、阿拉伯人視點、中國人視點、阿中互訪與交流等眾多欄目，組成了雜誌的骨肉；運用自如，調配得當，每期雜誌都有新意，都能出彩而不是流於平淡，都在選題策劃上下了功夫，視界開闊，手法翻新。與時俱進的辦刊思路加之超前的預見力，造就了一位中阿友好事業中才華橫溢的出版奇才。

二十年後的今天，我們這一代中國阿拉伯語界的專家學者大多年事已高，且不論述和評判它為何不能在華繼續出版的原因，我們今天聚在一起，能在中埃建交六十週年之際認真回顧一下我們曾與它和它的創辦人薩基特大使的手足之情、歡愉之日，就足以讓我們這代人從內心感到快慰與寬心。

回想當年，身為阿盟駐華代表處主任的薩基特大使，在華工作期間不但潛心致力於《阿拉伯人之家》雜誌的組稿、翻譯和出版工作，當雜誌第一期終於在一九九六年十一月十日正式出版之後，他和代表處工作人員又一起夜以繼日地按照花名冊將雜誌寄給在中國各領域工作的阿拉伯語界著名專家、

《阿拉伯人之家》雜誌封面集錦

學者等有關人士。雖然這一期雜誌字數不到十萬，總共也只印了一千本，但一開始就獲得了中國阿拉伯語界專家學者的一致好評。

作為雜誌主編，薩基特大使心裡也特別高興，因為這是他辛勤勞動的成果，其中的文章都是他花費心血從眾多的來稿中精選出來，然後一篇一篇地修改、一個字一個字地校對。當印刷廠工人把刊物送來時，他捧著這散發著油墨香味的第一期《阿拉伯人之家》雜誌，激動得不知說什麼才好，情不自禁地淚濕雙眼。

記得當年薩基特大使在創刊號的致辭中說：「我領導的阿盟駐華代表處十分榮幸地創辦並編輯出版了漢語和阿拉伯語版的《阿拉伯人之家》雜

誌。我們向中國各界讀者獻上這本雜誌，希望它能如阿拉伯人之手與中國人民的手緊緊相握；希望它能如一張名片，送去友情與繼續交往的願望。」

薩基特大使衷心希望這本雜誌的篇篇文章有助於中國讀者了解阿拉伯國家過去、現在與未來的真實面貌和現代二十二個阿拉伯國家與中國正在開展的友好往來及各項互惠互利的交流合作，希望阿語界、新聞界的朋友乃至更多的中國人喜歡它，願它成為阿中各國人民之間友誼的象徵與互利合作的橋樑。

歲月輪轉，情懷依舊。薩基特大使用這本《阿拉伯人之家》雜誌向中阿社會和民眾傳遞真情和友好，交流互利合作信息。期間，也演繹著他中阿外

吳富貴與薩基特大使在慶祝《阿拉伯人之家》雜誌出版兩週年宴會上。

交人生別樣的精彩。

二十一世紀的今天，我們在懷念《阿拉伯人之家》雜誌的時候，會更加想念它的創始人穆罕默德・瓦哈卜・薩基特博士。在此，請允許我以中國阿拉伯語學者的身分，向他致以親切的問候和崇高的敬意！願他在「一帶一路」的征程中與中國人民一道，為中阿六十年傳統友誼與互惠互利的合作關係續寫新篇。

《阿拉伯人之家》雜誌二〇〇四年四月第四十七期封面

用知識和信念勤奮工作

——記埃及專家夏阿班

劉元培

（中國國際廣播電台阿拉伯語部前主任）

上世紀七〇年代後期，中國國際廣播電台阿拉伯語部來了一位埃及專家——穆罕默德・穆斯塔法・夏阿班。這位專家曾於五〇年代末在北京大學東語系阿拉伯語專業工作過兩年，還曾是我的老師。在北大讀書時，曾有好幾位阿拉伯國家的專家教過我們，但大家一致認為夏阿班老師教得最好，是讓我們學生受益最多的外教，是最稱職的教師。他平易近人，沒有架子，也不留情面。上課時，有的同學發音不準，夏阿班老師便走到他的課桌前，教他如何張大嘴，有時甚至伸手直接扒開他的嘴，告訴他從哪個部位出聲、口形怎樣，直到發准為止。

在阿拉伯國家，埃及電影的發行量最大。埃及的開囉音，等於中國的北京話，使用最廣泛，被大多數人認為是標準音。大學時，受夏阿班老師教授語音的影響，他的學生都學開囉音。直到在電台工作初期，我也經常收聽埃及電台和開羅「阿拉伯之聲」電台的廣播，努力模仿埃及播音員的發音。二

○一三年初，我見到埃及前駐華大使艾哈邁德·裡茲格，並與他交談片刻。他對我說：「你的講話中有埃及音。」我便告訴他，我們北大的外教是埃及專家，而且我自己還經常收聽埃及的廣播。

功底紮實，善於教學

夏阿班不熟悉新聞業務，不適合播音，但他阿拉伯語功底紮實，文字水平較高，譯稿改稿用詞恰當，而且通俗易懂。經他改過的稿子，讀起來朗朗上口。

他修改過無數稿件，樂於幫助中國譯者，並耐心地回答譯者提出的任何問題。一九八七年，我接到中國外文出版社的任務，把《中國古代寓言選》翻譯成阿拉伯文，全書六萬多字，包括從西元三世紀到十八世紀的一百一十三個中國古代寓言，翻譯難度很大。該書經夏阿班修改後，譯文水平大增，受到中國有關方面和阿拉伯讀者的好評。

除改稿外，夏阿班還為大家講授阿拉伯文學、歷史、地理、詩歌、散文、寓言、埃及土語和阿拉伯修辭學等，並帶領大家朗讀。有一段時間，我們阿拉伯語組堅持每天八點至九點學習阿語，由夏阿班授課。

夏阿班原先是一位中學語文老師，善於教學。為了充分發揮他的一技之長，提高大家的阿拉伯語水平，經醞釀，決定由夏阿班講授阿拉伯語語法，並由他選定教材——阿拉伯文版的《阿拉伯語語法》。該書有三百多頁，我們用蠟紙打印，並裝訂成冊，分發給大家，人手一冊。一九七九年，全組分成三個班，每個班脫產學習三個月。上午上課，由夏阿班按書中的順序主講，下午自學，期末還要考試。經過短期學習，大家普遍感到受益匪淺，翻譯水平得到提高。

練習瑜伽，精力充沛

來中國國際廣播電台工作時，夏阿班已年近六旬。從北京西郊的友誼賓館到靠近市區的復興門廣播大樓有十幾公里，雖然每天上下班有班車接送，但他從來不坐車，而是選擇騎自行車。就這樣，他每天要花兩個小時來回奔波在長安街、三里河路和白頤路（今中關村大街）上，不管颳風下雨，連續堅持了十一年。

他嚴守工作時間，每天早晨八點前後就到辦公室，有時比中國同事還早。他手裡經常提著國際台的民族布包，裡面裝著午飯和自製的酸奶。他白天以辦公室為家，中午在辦公室吃飯休息，上午十一點左右練瑜伽功、盤腿、靜坐、深呼吸，有時還拿幾個倒立，雙手著地，兩腳靠牆懸空在上。

我一九六〇年年底開始阿拉伯語播音工作，有時播音量特大，嗓子很累，甚至發啞。他便教我打開嗓子的竅門：深呼吸、憋氣、伸舌頭、發「啊」的聲音，堅持二十秒鐘，這樣反覆兩三次。這方法確實不錯，在嗓子累的時候特別管用。一九九七年香港回歸時，要完成大量電視紀錄片的配音解說工作，我在錄音間連續播音半個月，非常勞累，當時我就用這種方法，特別管用。

夏阿班每天堅持鍛鍊，除上午十一點在辦公室一次外，早晨在家就已晨練過一次。這位個子不高的老者體壯如牛，胸似鐵扇，背脊如熊，有時還給大家表現幾下胸肌等健美動作。

夏阿班很注意生活規律和飲食結構，清晨三四點起床，晚上七八點睡覺。他是一位虔誠的穆斯林，不喝酒，不抽菸。每年齋月，白天不進食，但他堅持上班，只是縮短時間。出於對真主的虔敬，他天天背誦《古蘭經》。由於能把《古蘭經》背得滾瓜爛熟，他的阿拉伯語語法造詣很深，語言水平超群。

以誠相待，合作愉快

夏阿班出身中下階層，生活簡樸，待人中肯，與阿拉伯語組成員相處融洽。那時，我與他同坐一個辦公室，天天有說有笑，氣氛十分活躍。我當時負責阿拉伯語組的工作，所以他直接用中文稱我為「領導」。阿拉伯語組有位女士，她兒子的奶名叫「冬冬」，於是，他就叫她「冬天他媽」。

夏阿班認為伊斯蘭教和社會主義有著某些聯繫，包括一些用詞都很相似。所以，他熱愛周圍的社會主義氣氛，欣賞身邊共事的中國人的社會主義精神。

夏阿班與阿語組合作愉快，以誠相待。他在國際台阿拉伯語廣播開播三十週年紀念會上發表了熱情洋溢的講話，談了自己的工作感受。他說：「我要說，這是一個難得而幸福的巧合，我很榮幸，能有三個紀念日湊在一起：首先，是我們的話題，慶祝北京電台（即現在的中國國際廣播電台）阿拉伯語組成立三十週年；其次，是我本人曾於一九五八年十一月首次來華，在北京大學阿拉伯語專業教授阿拉伯語語言和文學三十週年；再次，是我在電台工作十週年。這使我成為在阿拉伯語組工作時間最長的阿拉伯專家。這段工作歲月在我心中留下了深刻的印象，因為我和我的同事們在充滿友好和真誠幫助的環境中一起工作。我的這些同事對我來說並不陌生，他們中有我三十年前在北京大學教過的學生。」他在講話中提到了我的名字，因為三十年前，我也是他的學生。

他接著說：「我就是在這種充滿歡樂、友愛與合作的氣氛中進行工作的。隨著歲月的流逝，廣播各領域，從翻譯到掌握播音技巧，直至豐富節目內容，都取得長足的進步。」

最後，他動情地說：「有一個事實我必須在這裡指出，我可以打個這樣的比喻，我和我的同事猶如清水和肥土，培育出豐碩的果實。北京電台阿拉伯語組的同事們在掌握、學習和獲益於我的微薄努力方面確實是傑出的典範。阿拉伯語組的興旺首先和最終都要歸功於它的成員優秀。也正是這一點，促使我勇往直前。他們正如一位阿拉伯詩人所說的那樣：只要決心不移，勿慮荊棘載途。另有詩人說：成功在勤奮，失敗屬懶惰；堅定齊更生，希望展眼前。願你們闊步前進，取得更大的輝煌！」

在慶祝國際台阿拉伯語廣播三十週年，向廣大阿拉伯國家聽眾廣播的特別節目中，他道出了肺腑之言：「我們的電台很重視伊斯蘭和中外穆斯林。我願意用第一人稱稱呼北京電台，因為除去官方場合以外，我並不把自己看作一個外國人，而把我和我的同事看作情同手足的弟兄。事實上，我和他們是一個身軀上的不同部位。儘管國籍和語言不同，但我們都表現出同一個精神——忘我和為了人類的進步。我們用自己的知識和思想，孜孜不倦地工作。」夏阿班這樣說，也是這樣做的。他確實用自己的知識、信念和思維勤奮地工作，毫無保留地把自己的知識傳授給我們，是我們學習的楷模。

在生活上，他沒有向我們提出過高的要求。他有一個女兒，精神上有些損傷，聽說是由於她母親去世而受到了極大的刺激。夏阿班很疼愛她，女兒沒有了媽媽的呵護，他就把女兒帶到北京來療養了一段時間，承擔起父親的養育之責。

自一九五七年阿語廣播開播到二十世紀末，到阿拉伯語組工作的有幾十位外國專家。大家一致認為，在這些專家當中，我們從夏阿班身上學到的知識最多。自一九七七年十月起，到一九八八年九月止，我們與他前後共事了十一年。加上在北京大學工作的兩年，他前後在華工作十三年，是與中國合作時間最長的埃及專家。一九八八年，他已超過退休年齡，卻還準備續約，願意繼續留在中國工作。按他的身體狀況，既無疾病，又肯幹，精力又充沛，完全可以延續合同。但國際台負責外國專家工作的部門還是考慮他年事已高，不忍再占用他本可以安享晚年的時光，沒有挽留。

對他的離開，大家都有些戀戀不捨。他回國後，我們便再也沒有得到他的任何消息。我曾試圖通過各種渠道了解他的動向，但都沒有結果。但願他健康長壽！

文化篇

豐富多樣化的埃中關係

胡達・福阿德・穆罕默德・扎德拉
（埃及駐華大使館新聞處參贊）

埃中關係源遠流長，歷史悠久。法老文明和中華文明是人類所知的最為古老的文明。儘管埃及和中國地理位置相距甚遠，但是兩國在價值觀、歷史環境、民族性格等方面有著諸多相似之處，這為兩國間的貿易往來提供了便利，並且從古至今一直為兩國之間各種模式的文明和文化交往提供了便利。法老文明和中華文明都是農業文明，紮根於和平與合作的價值觀念之上，並且熱愛自己的國土。它們都不是主張殖民擴張、喜好侵略戰爭的文明。

埃及人民和中國人民均創造了屬於自己的文明。埃及人民修建了金字塔和各種巍峨雄偉的神廟，而中國人民則修建了萬里長城。這些歷史遺跡世世代代都將是人類永恆的寶貴遺產。金字塔修建於四千五百多年前，無論從何種標準來判定，它都是世界建築史上的奇蹟，彰顯了法老們在建築方面獨特的創造力。而中國的長城則蜿蜒二千四百公里，是中國古代帝王們為抵禦外敵入侵而修建的。

關於遠古時代中埃兩國在文化上的交往，考古學家已經在法老們那些珍貴的收藏品中發現了中國

二〇一五年九月三日，埃及三軍儀仗隊參加在北京天安門廣場舉行的紀念中國人民抗日戰爭暨世界反法西斯戰爭勝利七十週年閱兵儀式。

的絲綢。眾所周知，當時只有中國能製造絲綢，中國人民將絲綢的生產工藝保密了好幾百年。

中世紀，兩國開始了貿易往來。當時中國有名的航海家鄭和是和平共處、包容和諧的信使，他率領的船隊從中國出發遠赴世界各地，甚至抵達了非洲的東海岸，這比著名航海家哥倫布發現新大陸、葡萄牙人達・伽馬發現好望角都要早。鄭和航海的主要目的是打通中國和其他國家之間的商品貿易通道，建立外交關係，開展文化交往，而不是發動侵略戰爭、進行殖民擴張，或是讓其他國家歸順中國。這就充分地證明埃及文明和中國文明一直以來都是熱愛和平、造福人類的文明。

近代以來，埃及和中國都遭受了罪惡的殖民入侵，如同埃及曾被英國占領一樣，中國的很多領土也曾受到殖民統治。兩國人民幾乎是在同一時期擺

脫殖民統治的。第二次世界大戰期間，中國人民慘遭法西斯的屠殺和虐待。埃及也曾經並且至今仍在承受戰爭帶來的創傷，這些戰爭令埃及生靈塗炭。直至今日，從地中海岸的馬沙馬特魯城到埃及—利比亞邊境這片區域內，仍然有不少戰爭遺留下的雷區。埃及人民將這片區域叫作「魔鬼花園」，不僅是因為它造成了大面積肥沃的土地無法進行耕種和開發旅遊項目，更是因為它奪走了很多生活在當地的居民的生命。

正是由於兩國在殖民時期和戰爭中遭受了共同的苦難與折磨，埃及積極地參加了中國為慶祝世界反法西斯戰爭勝利舉辦的盛大活動。

埃及總統阿卜杜勒·法塔赫·塞西出席了中國抗戰勝利七十週年閱兵式。同樣，八十一名埃及儀仗隊官兵也參加了該閱兵式，這是埃及軍隊第一次參加阿拉伯地區之外的閱兵式。埃及也是派出軍隊來參加中國這一歷史性的閱兵活動的唯一的阿拉伯國家、唯一的中東國家和唯一的非洲國家。這充分證明了兩國堅固的友誼，也明顯表達了兩國啟動夥伴關係的意願——大約十個月前，塞西總統訪華期間，雙方將這一夥伴關係提升為全面戰略夥伴關係。在慶典上，埃及總統塞西表示：「我們應該以史為鑑，堅定我們維護和平的決心。」

儘管埃中之間的關係從古至今都十分密切，但是埃及人民依舊希望更多地了解中國和中國文化。儘管埃中兩國對於對方的印象都很美好、很正面，但這種了解依舊需要更多地補充和充實，兩國普通老百姓對於對方國家的一些方面的了解仍然很模糊。

為了消除這些疑惑，增進了解，媒體界和各文化部門都需要付出巨大的努力。首先，我們可以從翻譯書籍、電影和紀錄片，舉辦展覽，民間訪問團互訪，舉行聯合會議和研討會開始。

發展兩國近代外交關係

一九二八年，埃及就與當時的中華民國建立外交關係，成為第一個與中國建交的中東國家。一九三五年九月，中國在開羅設立了首個領事館。

一九五五年，在印度尼西亞召開的萬隆會議給埃及總統迦瑪爾・阿卜杜爾・納賽爾和中國總理周恩來這兩位國家領導人提供了一次會見的機會，他倆一見如故。他們都堅定地反對西方帝國主義。正

周恩來總理在萬隆會議期間會見埃及總統納賽爾。

是帝國主義的壓迫拉近了兩國之間的關係，鞏固了兩國的友誼，特別是在文化方面的關係。一九五五年，埃及和中國簽訂了第一份文化合作協議。

一九五六年五月三十日，埃及承認中華人民共和國並與之建交。埃及堅決抵制西方帝國主義，宣布了蘇伊士運河的國有化。在此之後，中國領導人宣布支持埃及，並且堅決反對英國、法國和美國想要發動戰爭，迫使埃及撤回這一計劃，用武力控制蘇伊士運河的企圖。當埃及遭受三方侵略時，中國政府發表了聲明，譴責這一侵略行徑，將之稱為野蠻行為，並強調了中國支持埃及人民為維護國家主權和民族獨立而進行的正義鬥爭的堅定立場。

一九九九年，埃及成為第一個與中國建立戰略

一九五六年十一月十日，中國埃及友好協會在北京成立，會長包爾汗在成立大會上表示支持埃及人民的反侵略鬥爭。（供圖：FOTOE）

合作關係的國家。在二〇一三年埃及「6・30」事件中，這一關係就體現在中國充分尊重和支持埃及人民變更和選擇領導人、反對外國干涉內政的自由意志之上。

埃及還曾支持中國重返聯合國，這在很大程度上幫助了中國於一九七一年重新獲得在聯合國的合法席位。

「文化大革命」期間，中國撤回了駐中東地區的所有大使，唯獨沒有撤回駐埃及大使，這充分證明了埃及在中國外交政策中的重要地位。在一九七三年「十月戰爭」期間，中國的立場也再次彰顯了埃及的這一獨特地位——在此期間，中國宣布完全支持埃及人民為收回被占領土所付出的努力。

二〇一四年十二月二十二日，埃及總統阿卜杜勒・法塔赫・塞西在上任僅僅幾個月後就對中國進行了國事訪問，訪問期間完成了全面戰略夥伴關係協議的簽訂，兩國還在很多領域簽訂了一系列的合作協議和諒解備忘錄，比如經濟、交通、醫療設備供應、民航、教育、環境等領域。此外，埃及總統還接見了很多中國大型旅遊公司的領導，並向他們發出了訪問埃及的邀請。

有了兩國人民和兩國領導人的強烈意願，這種全面戰略夥伴關係勢必能夠大力發展和進步。目前的現實狀況也需要如此，從反恐到處理氣候問題，再到復甦經濟，都有賴於兩國間全面戰略夥伴關係的發展。此外，兩國也需要在各大國際場合得到對方國家的支持，只有這樣才能實現它們的和平目標和國際穩定。

除了埃及總統塞西對中國進行的兩次訪問，以及全面戰略夥伴關係協議的簽訂，兩國之間的外交關係、經濟關係和政治關係均得到了十分重要的發展。其中包括由中國商務部部長高虎城率領的政府經貿代表團參加二〇一五年三月於沙姆沙伊赫召開的埃及經濟發展大會。會上，中方就加強中埃合作提出了四點建議：第一，共同發展「一帶一路」；第二，改善基礎設施，加強工業合作；第三，促進貿易便利化，令雙邊貿易朝更加平衡的方向發展；第四，加強國際合作。中方還強調，它將繼續支持埃及的發展，幫助埃及在國際和地區事務中發揮更加活躍、更加富有建設性的作用。

此外，還有其他的一些大事，包括埃及作為創始成員國加入亞洲基礎設施投資銀行。因為埃及認為這個銀行是對世界金融機構的補充，能夠填補發展中國家所需的基礎設施項目融資的巨大空白，並且亞投行也是促進絲綢之路沿線國家間實現合作和互補的重要因素。

埃及十分樂意與中國發展合作關係和夥伴關係，同時也十分歡迎中國在埃及的投資。這些投資都是無條件投資，旨在實現社會的發展，而非干涉這些國家的內政，因為尊重國家主權和不干涉他國內政是中國外交政策的最重要的原則。

同時，埃及也希望中國作為熱點問題和衝突的協調者，在國際政治舞台上發揮更大的作用，特別是在第三世界國家和發展中國家的問題上。儘管中國實現了顯著的經濟發展，成了世界第二大經濟體，並且根據觀察員的預測，中國將於二〇二四年成為世界第一大經濟體，但是，迄今為止，中國依舊認為自己是發展中國家。

中國在反恐問題上發揮著重要作用，並且很可能在不遠的未來發揮更大的作用，以對抗那些不僅僅侷限於某個固定地方，而是逐漸蔓延開來的恐怖威脅。在反恐問題上，中國一直主張不可採用雙重標準，這同樣也是埃及主張的，因為反恐問題上的雙重標準只會給恐怖主義蔓延至所有國家提供機會。

文化傳媒合作

一直以來，特別是近幾年，埃及和中國之間的傳媒和文化關係取得了顯著發展。傳媒發揮著越來越重要的作用，有利於增進兩國人民的互相了解，促進政治、經濟、社會、文化等方面關係的發展。近期埃中之間在傳媒領域最重要的合作有：

在埃及有很多中國媒體的常駐代表機構，比如新華社、人民日報、中國國際廣播電台、中國中央電視台；同時在中國也有埃及中東通訊社的分站。二〇〇四年，《今日中國》雜誌社在開羅設立了中東分社。

兩國的傳媒企業之間簽訂了很多合作協議。文化方面的合作為埃中關係各方面的發展提供了思想框架，並令兩國相信，文明對話應該用與時俱進的語言，埃及和中國在這種對話裡發揮著關鍵作用。

埃中文化交流最重要的途徑就是通過孔子學院。目前，孔子學院已經在埃及開設了多個分校，成為埃及人民了解中國文化的窗口。此外，兩國之間還有使團互訪、藝術表演團的互訪。

二〇一五年，埃及和中國合作舉辦了很多傳媒、文化、旅遊方面的活動。其中主要有：

一月，埃及接待了史上最大規模的中國旅遊團。埃及人民為了歡迎這一旅遊團，舉辦了一場大型的慶祝活動和晚宴，並安排了獨具風情的埃及歌舞表演。這個旅遊團由三百名遊客組成，是二〇一一年以來來到埃及的最大的中國旅遊團，反映了中國遊客對於埃及的極大信任。

四月，埃及駐華使館在北京 798 藝術區舉辦了「埃及紙莎草畫文化交流展」，埃及駐華大使馬傑迪・阿米爾先生出席了該展覽的開幕式。此次展覽為中國藝術家和藝術愛好者欣賞埃及古老藝術——紙莎草畫藝術提供了一次良機，也為他們加強對埃及藝術的了解提供了一次良機。

五月，在開羅的愛資哈爾大學舉辦了「漢語橋」比賽，來自愛資哈爾大學、蘇伊士運河大學、艾因・夏姆斯大學、開羅大學等十所埃及大學的十五名參賽選手進入了決賽。比賽中，選手們均描述了他們心中的「中國夢」，通過各種精彩的演出，抒發了對漢語和中國文化的熱愛。經過激烈的競爭，來自開羅大學的兩名女生摘得大獎，將參加最後在中國舉行的總決賽。來自艾因・夏姆斯的學生大偉（艾哈邁德・阿卜杜勒・哈米德）獲得了前往中國觀摩總決賽的機會。

八月，埃及第一個教授漢語的電視節目「孔子課堂」開播，這是中國境外首個通過衛星直播教授漢語的電視節目。準確地說，這個節目是在位於開羅馬斯伯樂區的埃及電視大廈播出的。北京語言大學黨委書記、校務委員會主任李宇明先生和尼羅河電視台主席侯賽因・宰因先生出席了該電視節目的開播儀式。這一節目將在二十二個阿拉伯國家播放，供各國大量的阿拉伯觀眾收看。

九月，以「弘揚絲路精神，深化中阿合作」為主題的第二屆中阿博覽會在中國寧夏回族自治區首府銀川舉辦。本屆博覽會的主要活動包括中國——阿拉伯國家工商峰會、網上絲綢之路論壇、中國——阿拉伯國家衛生合作論壇、中國—阿拉伯國家旅行商大會、中國——阿拉伯國家技術轉移暨創新合作大會等。本屆博覽會上，埃及受邀作為二○一七年中阿博覽會的主賓國，並領取了主賓國徽章。

九月，由中國絲綢之路生態文化萬里行組織委員會和埃及駐華使館教育文化處聯合主辦的以「中國人眼中的快樂埃及」為主題的攝影展在北京集典美術館舉行。此次展覽從眾多攝影作品中挑選了二百幅精品，均由中國攝影愛好者在埃及各地旅行途中拍攝，集中表現了埃及的文物古蹟、歷史遺址、沙漠魅力、紅海浪漫、風土人情、城市人文等，更好地打開了中埃文化交流的大門。

九月，《金字塔報》報業集團董事長艾哈邁德・薩義德・納賈爾對中國進行訪問，旨在加強與中國媒體的合作。期間，他還出席了以「阿拉伯地區變局中的大國博弈」為主題的第四屆阿拉伯研究論壇。值得一提的是，我們迫切地需要類似思想家、藝術家和社會學者之間的互訪交流，以此來加強中埃在絲綢之路框架內的思想經驗交流。

八月，阿語紀錄片《開羅宣言》在開羅上映，這是首部披露中國和埃及在第二次世界大戰中的作用和犧牲的阿拉伯紀錄片。整部紀錄片圍繞在埃及首都開羅召開的中、美、英三方峰會之後於一九四三年十一月二十七日發表的《開羅宣言》展開。此次三方峰會由時任美國總統富蘭克林・羅斯福、英國首相丘吉爾以及中國最高統帥蔣介石出席。

紀錄片《開羅宣言》還講述了中國與日本的島嶼之爭，並著重介紹了埃及與中國之間源遠流長的文明關係，以及此種關係對這兩個古老文明的影響。此外，紀錄片還追溯了《開羅宣言》發表之後中國收回被掠奪的權利的歷史過程。

十一月，由三十名演員組成的京劇藝術團為埃及觀眾呈現了一場精彩紛呈的表演，從而更好地加深了埃及民眾對中國傳統文化的了解和認識，也為

一九四三年十一月二十五日，中、英、美三國軍事首腦和政府官員在埃及開羅舉行三邊會議時合影。前排左起：蔣介石、羅斯福、丘吉爾、宋美齡。（供圖：FOTOE）

中國藝術和埃及藝術的交融提供了機會。這個藝術團還表演了很多精彩的京劇作品，並在埃及舉辦了京劇圖片展、京劇服裝展和京劇樂器展。

還有很多其他的文化、傳媒、藝術和慶祝活動，這裡不再贅述。我們希望，在接下來的幾年裡，這些活動能夠越來越多，進而加強埃及和中國人民之間的友好關係。

值得一提的是，在二〇一六年中埃建交六十週年之際，埃中雙方共同舉辦「埃中文化年」等一系列的文化活動，主要是在埃及舉辦的中國文化展和在中國舉辦的埃及文化展。此外，還有很多旨在增進兩個文明之間的聯繫、理解和和諧的聯合活動。

埃及漢語言文化發展的歷史與現狀

——漫談埃及方興未艾的漢語教學與持續升溫的漢語熱

霍文傑
（遼寧大學國際關係學院教授、中國駐埃及大使館前教育參贊）

中國和埃及同為歷史悠久的文明古國，同為世界文明和人類進步作出過巨大的貢獻。歷史上，兩國人民的長期交往，不僅豐富了東方文明，促進了人類文明和進步，也為今天中埃兩國發展全面友好合作關係打下了深厚的文化和歷史根基。

自一九五六年建交以來，隨著兩國政治、經濟、文化等交流的深入和全面戰略夥伴關係的建立，中埃關係已逐漸達到一個嶄新的高度。博大精深的中埃兩國文明，在不斷的交流和融合中已經綻放出耀眼的光芒。

埃及有句諺語——「知識，雖遠在中國，亦當求之」，表達了埃及人民對遙遠的東方文明的嚮往。隨著中國經濟的崛起，近年來，在埃及這個文明古國，正在興起一股探索遙遠東方文明的「漢語熱」。除了大學的中文專業外，在大街小巷和商鋪中，我們隨時可以聽到「你好！」「你怎麼樣？」的問候。埃及人民用僅會的幾句漢語向中國人問好，表達著他們對中國語言文化的鍾愛之情。可以說，任何一種語言都沒能像中文這樣，給埃及這個有著古老文明的國度帶來如此巨大的感召力。

那麼，中國語言文化在埃及有著怎樣的發展與影響呢？

埃及各大學中文系的建立

第一個中文系的建立

在埃及，艾因・夏姆斯大學是首先建立中文系的高校。埃及漢語教學始於一九五七年。起初，艾因・夏姆斯大學語言學院開設了中文班；然後，一九五八年設立漢語專業；直到一九七七年成立中文系，開始大批招生。這期間，中國政府及時給予各方面的幫助與支持。中國教育部根據埃方需要，每年從國內選派二到六名漢語教師到艾大中文系執教，艾大部分學生也被派往中國學習。一九八一年，艾大中文系第一屆學生畢業，與中國老師一起承擔起漢語教學工作，他們是埃及首批本土漢語教師。

如今，經過近六十年的發展，特別是進入新的世紀，艾大中文系已經成為埃及漢語教學的重要基地。在兩國政府的共同關心和中埃教職員工的辛勤耕耘下，該校培養了一大批優秀的埃及漢語人才，在一定程度上為中埃兩國的各項交往作出了卓越貢獻，在中埃文化教育交流方面發揮著重要作用。如今，它不僅有漢語言文學學士、碩士學位授予資格，而且還有漢學博士學位授予權，被譽為埃及的「漢語之母」。如今的艾因・夏姆斯大學，已成為非洲和阿拉伯地區規模最大、師資力量最雄厚、設備最完善的漢語教學基地，同時，也是埃及塑造外交、翻譯、經濟、旅遊、新聞等行業漢語人才的搖籃。

各大學中文系的相繼建立

隨著二〇〇一年被譽為「伊斯蘭世界燈塔」的愛資哈爾大學建立中文系，二〇〇四年開羅大學開辦了中文系，二〇〇六年蘇伊士運河大學、科技大學開辦了中文系，二〇〇九到二〇一三年，開羅高等語言翻譯學院、亞歷山大法魯斯大學、哈勒旺大學、明尼亞大學、阿斯旺大學等也相繼開辦了中文系。

截至二〇一五年年底，埃及已有十所高等院校相繼開設了中文系。其中，科技大學、開羅高等語言翻譯學院、法魯斯大學、哈勒旺大學、明尼亞大學、阿斯旺大學等高校具有漢語言學士學位授予資格；而愛資哈爾大學、開羅大學、蘇伊士運河大學，不但具有漢語言本科教學，而且具有漢語言文學碩士學位授予資格。目前，埃及十所高校的中文系在校學生達到二千二百多人。本土漢語教師隊伍也在不斷壯大，其中在職教授二十二名、副教授十六名，講師、副講師及助教六十餘名。

值得一提的是，二〇一二年，埃及中小學也開始了漢語教學。埃中友好學校就有四名本土漢語教師進行中學部的漢語教學，開羅納爾曼國際學校在小學部也開設了漢語課，「漢語熱」在埃及持續升溫。

二〇〇九年十一月七日，正在埃及訪問的中國國務院總理溫家寶來到開羅中國文化中心。喜愛中國文化的埃及年輕人向溫家寶頻頻提問，溫家寶一一作答。（供圖：中新社）

埃及是中東和阿拉伯國家、非洲國家中第一個在高等學校中開設漢語專業的國家。在長期的漢語教學中，埃及各所學校的中文系積累了豐富的經驗，老師們為推動漢語教學，推動埃及和阿拉伯人民了解中國文化，促進阿拉伯國家和中國人民之間

的友誼作出了重要貢獻。為了表彰他們的業績，二〇〇九年十一月七日，溫家寶總理為兩名埃及本土漢語教師（艾因・夏姆斯大學奈哈萊教授、愛資哈爾大學阿卜杜阿齊茲教授）、一名埃方孔子學院院長（蘇伊士運河大學阿里・吉亞特教授）等九人頒發「中埃文化交流貢獻獎」；二〇一一年十一月七日，駐埃及使館宋愛國大使代表國家漢辦/孔子學院總部向埃及十所高校中文系的二十名本土漢語教師頒發了「漢語教學突出貢獻獎和優秀教學獎」。

埃及兩大孔子學院的成立

二〇〇八年，開羅大學孔子學院、蘇伊士運河大學孔子學院先後掛牌成立。每年有來自埃及各地區、各階層的學員二千餘人次在這兩所孔子學院學習漢語。孔子學院也根據學員們的情況，分別開設了「漢語初級班」「漢語中級班」「漢語口語初級班」「漢語口語中級班」「漢語導遊強化班」「HSK考試輔導班」「商務漢語班」等，既培訓了學員的語言能力，同時也給學員以專業語言的訓練，實用性不斷加強。因此，學員數量不斷增加。孔子學院每年還在學員中選拔優秀學員六十餘名，給予獎學金，使其獲得赴華中短期語言進修的機會；部分特別優秀的學員，還可以獲得赴華漢語本科、碩士、博士學位學習的全額獎學金。這些優厚的條件，更增加了孔院學習班學員學習漢語的熱情。

總之，埃及漢語教學的飛速發展，使其培養出

二〇一四年八月四日，埃及尼羅河電視台孔子課堂揭牌儀式後，合作雙方領導與節目組全體成員在尼羅河電視台第十二演播室合影。

一批又一批知華、友華的漢語人才，為加深埃及和阿拉伯國家人民對中國文化的了解、促進中國和阿拉伯國家之間的友誼作出了重要的貢獻。

電視教學節目的熱播

二〇一二年十一月十二日，埃及尼羅河電視台首次播出了《漢語文化教學》節目。這個節目籌辦於二〇一二年六月，最初是在中國國家漢辦支持下，尼羅河台與中國駐埃及使館教育處合作的漢語教學節目。該節目以阿拉伯語作為講解語言，原本只在尼羅河電視台高教頻道播出。但節目播出後，觀眾反響熱烈，於是擴大到尼羅河電視台文化和教育等多個衛視頻道播出，每週四次。每期節目三十分鐘，包括二十分鐘的語言教學和十分鐘的中國文化知識介紹，旨在通過埃及主流媒體，在阿拉伯國家推廣漢語言和中華文化。

中方通過與海外其他國家電視台合作，播出中國自己製作的漢語教學節目，埃及尼羅河國家電視台是首例。其播出的意義與影響是不言而喻的。

隨著節目影響的擴大，二〇一四年五月，埃及（國家）尼羅河電視台鄭重向中國孔子學院總部提出申請，與北京語言大學合作承辦電視孔子課堂。二〇一五年五月，中國國家漢辦／孔子學院總部批准了這一申請。八月四日，埃及尼羅河電視台孔子課堂揭牌。合作雙方力圖建設一個獨樹一幟、高水平、有特色、以普及漢語和推廣中國文化為主題的媒體型孔子課堂。

尼羅河電視台孔子課堂是海外第一個通過衛星電視形式教授漢語的孔子課堂，它面向二十二個阿拉伯國家的億萬觀眾，受眾群體之龐大前所未有。相對於傳統的面對面式教學，尼羅河電視台漢語教學節目以其靈活，不受時間、地域限制的特點，被讚譽為「沒有圍牆的學院」。

除了電視教學外，節目組還積極以網絡為媒介，在 Facebook 和 Twitter 視頻網站上進行網上補充教學。節目組將每期節目上傳至視頻網站，讓不能在電視播放時段收看節目的觀眾收看。同時，他們也定期上傳一些在節目中講到的漢語語言知識和中國文化知識，作為觀眾的課外閱讀素材。據人民日報記者調查，在視頻網站上，平均每期節目都有三四千人次觀看，最多時達上萬人次。許多觀眾紛紛留言，表達他們對「沒有圍牆的學院」電視教學的褒揚和感謝。以下是幾位網友的評論：

埃及扎加齊克大學職員薩馬・胡斯尼說：「漢語教學節目可以為我打開許多領域的求知之門，比如國際關係、信息技術、旅遊、教育和翻譯等。從對一種全新文化的認知中，我獲得了寶貴的經歷。」

網友納加・凱末爾說：「這個節目非常有意思，學習中文是與經濟大國打交道的需求，感謝你們的努力。」

聯合國駐蘇丹維和部隊觀察員艾哈邁德・比亞里是一名漢語學習愛好者，雖然曾在開羅中國文化中心和部隊語言學院學習過中文，但由於工作條件艱苦且時常調動，他無法堅持到固定課堂上課。漢語教學節目為比亞里創造了繼續與漢語保持「親密接觸」的條件，「我從社交網站上下載了你們所有的節目，感謝你們讓我學到了更多的漢語和中國文化！」

網友穆罕默德・穆斯塔法說：「節目用十分精彩、簡單易懂的方式介紹了中國的日常生活，通過這樣的節目，普通埃及民眾能夠了解更多的中國文化。另外，我非常喜歡主持人在講解中文時平和穩重的風格。」

巴勒斯坦的一位名叫哈尼·沙爾的高中二年級學生說：「漢語教學節目很棒，我從中受益良多。」

從阿拉伯國家廣大受眾的積極反響可以看出，該節目起到了「讓世界了解一個真實的中國」的作用，已成為漢語推廣、公共外交和人文外交的重要平台，是對習近平總書記「創新對外宣傳方式，講好中國故事，傳播好中國聲音」指示的具體踐行，也是中國增加「軟實力」戰略在中東地區實施的重要基礎。

豐富多彩的漢語文化活動

中國與埃及雖遠隔萬里，但在埃及興起的「漢語熱」正在金字塔的國度散發著獨特的魅力。

二〇〇二年，中國在埃及建立了中東地區第一個文化中心——開羅中國文化中心。該中心有計劃地開展文化交流活動，舉辦「中國文化周」「大使杯講故事比賽」「大使杯中國歌詠比賽」「歡樂春節」等活動，也開設了短期漢語教學班，每年招收學員一百到三百名，在埃及首都開羅產生了很大的影響。

二〇一五年五月九日，第十四屆「漢語橋」世界大學生中文比賽埃及大區賽決賽現場。

與此同時，埃及各大學中文系和孔子學院不單單進行漢語教學，還分別舉辦形式多樣、多層次、多受眾的文化傳播與交流活動，如中國語言文化論壇、中國語言主題研討會、文化周、電影節、文物展、圖片展、漢語小品比賽、漢語詩詞朗誦比賽、文藝演出和青少年交流等大型公共外交活動，在埃及社會不斷掀起感知中國、了解中國的熱潮。特別是中國國家漢辦每年春季舉辦的「漢語橋」世界大學生漢語綜合比賽，影響更加深遠。

二〇一五年，經中國國家漢辦批准，埃及賽區首次舉辦「漢語橋」非洲地區唯一大區賽。來自開羅大學、愛資哈爾大學、艾因・夏姆斯大學、蘇伊士運河大學、哈勒旺大學、法尤姆大學、阿斯旺大學、埃及科技大學、亞歷山大法魯斯大學、開羅高等語言翻譯學院等十所高校的一百餘名選手在埃及吉薩省、開羅省、伊斯梅利亞省三個賽區的預賽，分別在開羅大學孔子學院多功能廳、艾因・夏姆斯大學語言學院禮堂、蘇伊士運河大學孔子學院多功

能廳展開。最後，決賽在享譽世界的愛資哈爾大學會議中心成功舉行。愛資哈爾大學校長、埃及旅遊部部長顧問、中國駐埃及大使，以及各高校中文系師生、媒體代表等七百餘人觀看比賽。埃及尼羅河電視台高教頻道、《金字塔報》、《消息報》、《七日報》、《埃及公報》、《今日消息報》，以及中國湖南電視台衛星頻道、新華社、《人民日報》、國際廣播電台等十餘家媒體對本次比賽進行了採訪和報導。

這些活動不僅加深了埃及人民對中國和中國文化的了解，加深了中埃兩國人民的友誼，更促進了中國文化與埃及文明的融合。

隨著中國語言和文化在埃及的普及，「中國」在埃及已不再是簡單的一個符號，亦不再是「中國製造」廉價商品的代名詞。越來越多的埃及人開始了解中國，欣賞並認知與埃及不同卻同樣燦爛、輝煌的中國文化。

勇敢堅定的文化使者

我對埃及懷有特殊的情感，因為我曾在那裡工作了美好而難忘的十個春秋。古老的文明與充滿現代活力的埃及和生活在這片熱土上的勤勞熱情的埃及人民，在我心底留下了彌足珍貴的記憶。但同時給我留下了最深刻記憶的還有一個特別的群體，就是我們的漢語教師——這些特別的文化使者！

我關心埃及的變化，關注埃及的發展。我親身經歷了埃及近代以來最大的一場人民民主運動，即二〇一一年「1・25 革命」，見證了這場運動的歷史時刻；也經歷了震驚世界的埃及二〇一三年「6・30 事件」和「8・14 清洗」。在這兩場運動中，埃及局勢動盪、衝突升級、遊行示威不斷，形勢瞬息萬變。而我們的四十五名漢語教師，卻勇敢地堅守在各自的崗位上，並在局勢稍微平穩後率先復課。這群在和平中長大、從未經歷過戰爭的教師們，堅守著自己的崗位，表現出了超常的冷靜與果敢。動亂平息後，蘇伊士運河大學副校長阿里・吉亞特博士和開羅大學孔子學院埃方院長李哈布博士都給予我們漢語教師和志願者以高度的評價，稱他們為中埃語言、文化交流的使者，為埃及的漢語教學事業作出了巨大貢獻。

我們的漢語教師們都知道，離開祖國的他們，每一個人代表的都是中國的形象，每一個行為都會被評價為「這個中國人如何」。所以，他們用自己的行動，充分地表明了中國人民和中國政府堅持「支持埃及人民的選擇」的聲音。無論國際風雲如何變幻和兩國國內形勢如何發展，中埃兩國人民的牢固友誼始終不會改變，中國對埃及友好合作的政策、兩國的戰略合作關係始終不會改變。

對未來中埃文化交流發展的展望

在中埃交流史上，除了民間的文化交流和高校之間的文化互動外，高層互訪等也促進了中埃文化的發展與交流。

以近兩年為例，二〇一四年十二月，埃及總統塞西訪華，將中埃兩國雙邊關係提升為「全面戰略合作夥伴關係」。二〇一五年，中國外交部長王毅，習近平主席特使、文化部長雒樹剛和教育部副部長郝平分別訪埃，與埃方深入探討如何進一步鞏固和深化兩國各領域互利合作、如何進一步支持埃及恢復經濟發展和推進社會變革，進一步加強中埃教育交流與合作。二〇一六年一月，習近平主席訪問埃及，雙方共同發表了《中華人民共和國和阿拉伯埃及共和國關於加強兩國全面戰略夥伴關係的五年實施綱要》（以下簡稱《綱要》）。《綱要》不僅從政治、經貿、投資、軍事和安全、國際和地區事務等領域對雙方未來五年加強兩國全面戰略夥伴關係作出規劃，而且還用相當篇幅對中埃在文化、教育、人文領域加強合作方面作出規劃。其中強調「埃方支持中方提出的建設『絲綢之路經濟帶』和『二十一世紀海上絲綢之路』的重要倡議」。

埃及是中國「一帶一路」倡議的重要支點國家。這個國家經歷了五年的動盪，其政府正在為實現全面經濟復甦、加快建設「蘇伊士運河經濟帶」而努力。這與中國的「一帶一路」倡議是相契合的。對於「一帶一路」的建設，習近平主席曾提出，要創新合作模式，加強「五通」，即政策溝通、道路聯通、貿易暢通、貨幣流通和民心相通，以點帶面，從線到片，逐步形成區域大合作格局。而這「五通」之中，我認為「民心相通」應該是基礎。古語云：「國之交，在於民相親；民相親，在於心相通。」所以，在未來二三十年「一帶一路」的對外合作戰略中，「文化先行」或許是最重要的，因為溝通離不開語言與對文化的理解。而語言又是文化傳播中最重要的工具和紐帶，構建「一帶一路」，應該倡議「語言先行機制」，用我們的語言——漢語，讓「一帶一路」倡議惠及的沿線六十五個國家的人民，其中包括埃及人民，充分了解「一帶一路」倡議的「共商、共建、共享」的理念，並積極參與其中。

我們有理由相信，埃及這個在非洲及中東地區漢語教學普及最好的國家，定會成為「一帶一路」倡議下踐行「語言先行」機制的先導。我們也堅信，隨著中國經濟與國力的不斷發展和中埃雙邊合作領域的拓寬，越來越多的埃及人會選擇學習中文和研究中國，並為加強中埃文化交流、增進中埃了解和架起友誼的橋樑而努力。

埃中文化和教育關係

侯賽因－易卜拉欣

（埃及駐華大使館文化教育科技參贊）

埃中教育合作

埃及是第一個與中國進行教育合作的阿拉伯國家，這種合作要追溯到清朝時期，也就是一百七十五年前，中國伊斯蘭教學者馬復初到埃及的愛資哈爾大學學習。自從埃及和中國於一九五六年建立外交關係以來，兩國間的教育合作取得了各種形式的豐碩成果，比如高層交流、高校教育項目、留學生交換等。埃及和中國在教育領域形成了一系列的合作機制。

在官方層面，雙方之間的教育合作依靠一個平台、三個框架和五個機制，分別是兩國間教育合作執行方案、孔子學院平台之上的教育平台機制，中非合作論壇框架下的中非高校「20+20」合作計劃機制，中阿合作論壇框架下的高等教育與科研研討會機制、中阿關係研討會和中阿文明對話機制，以及中阿博覽會框架下的中阿大學校長論壇機制。

自一九五六年以來，中埃雙方簽訂了多份教育合作方面的協議，其中最主要的就是一九九七年十一月十七日兩國教育部長在開羅簽訂的關於互相認可學位證書的協議。此外，開羅大學、亞歷山大大學、艾因・夏姆斯大學、蘇伊士運河大學、宰加濟格大學、明尼亞大學、本哈大學、開羅美國大學和開羅英國大學分別與北京大學、北京語言大學、北京外國語大學、北京第二外國語學院、上海外國語大學、上海師範大學、安徽大學等簽訂了交流合作協議和合作項目。

教育是一個不容忽視的合作領域，也是兩國間全面戰略夥伴關係發展的重要推動力。伴隨著中國綜合國力的增強、國際地位的提高，在經過五年的動盪時期之後，埃及政治局勢恢復穩定，經濟開始復甦，在中埃建交六十週年之際，加強兩國間的教育合作有著巨大的戰略意義。

第一，一九七八年中國開始實行對外開放政策，隨後開始文化的對外開放，這一政策包括向外

開羅大學孔子學院師生合影（供圖：吳毅宏）

國人提供普通教育和高等教育服務。中國高校教育體制包括理工、文學、藝術等領域，其中最重要的是航空工程、航天工程、石油工程、電力工程、電子工程、建築工程、機械工程、農業工程、西醫、中醫、經濟學、國際貿易、法學、文學、地質學等專業。中國的大學享有極高的地位，它們在推動文化、科學、工業等方面的發展中發揮著重要作用，因為中國政府在制定政策、進行決策時，主要依靠各大高校的科研機構，各學科領域的科研人員都集中在這些科研機構。我們發現，通過中埃政府間教育交流，或高校交流，或學生個人申請，目前有將近一千名埃及學生在中國留學。他們分布在中國的各個省份，有的獲得兩國間教育合作執行計劃獎學金和教學機構成員科研任務獎學金，有的獲得埃及高教部聯合監管獎學金，有的獲得開羅大學、蘇伊士運河大學和尼羅河電視台教育頻道孔子課堂的獎學金，有的獲得省政府獎學金，有的獲得中國科技部提供給各大科研機構的教育和科研培訓獎學金，還有一些學生是自費的。我發現，在埃及政府和中國政府之間的文化合作執行計劃框架下，中方每年提供給埃及二十個博士學位獎學金名額，因此，每年在中國獲得獎學金的博士留學生總數不超過二十人。此外，中國國家漢語國際推廣領導小組辦公室（簡稱「漢辦」）也通過埃及的孔子學院，每年為學習漢語語言文學和文化的學生提供二百多個為期一年的獎學金名額，其中包括本科、碩士研究生和博士研究生。埃及高教部和中國教育部還有望簽訂一項合作協議，根據這一協議，中國將在五年內向埃及提供五百個獎學金名額。

第二，現代職業教育合作模式的創新。中埃兩國在技能培訓、職業教育領域合作的加強，符合埃及復甦經濟、改善就業形勢的要求。在二〇一四年十二月訪華期間，埃及總統阿卜杜勒・法塔赫・塞西強調，埃及將向在埃的中國教育和培訓提供一切必要支持。雙方在現代職業教育培訓合作模式上可以有所創新，比如埃及蘇伊士運河大學與北京信息職業技術學院在職業教育領域的合作。這個合作是在埃及慈善組織的倡議下達成

二〇一五年四月十九日，北京信息職業技術學院與埃及 MEK 慈善基金會、埃及蘇伊士運河大學在開羅簽署三方合作辦學意向書。

的，由埃及高教部監管，並且得到了埃及慈善組織和中方的聯合資助。在此合作框架下，每年五十名埃及學生分兩批來到中國進行學習，他們第一年學習語言，第二年開始學習專業知識。這個倡議旨在學習中國將職業教育與產業發展結合的成功經驗，因為中國的職業院校都與工廠有著密切聯繫，這些工廠對高校的教育培訓方法和項目進行指導和贊助。塞西總統還要求聯合建立一所中埃職業教育學校。在埃及高教部的指導下，埃及MEK 慈善基金會和北京信息職業技術學院以及蘇伊士運河大學就在伊斯梅利亞建立北京信息職業技術學院分院簽訂了協議。

第三，我想說的是，從上世紀五〇年代開始，埃及的大學就開始了漢語教學。一九五七年，艾因・夏姆斯大學的語言學院開始以學習班的形式教授漢語。一九七七年，艾因・夏姆斯大學設立中文系，培養了埃及的第一代漢語教師。目前，學習漢語的埃及學生已經超過了一千人。最近，埃及颳起了一股學習漢語的浪潮，學習漢語的埃及學生數量大大增加。到目前為止，已經有十所埃及的大學開設了漢語系，如開羅大學、愛資哈爾大學、蘇伊士運河大學、阿斯旺大學等。此外，一九九九年，艾因・夏姆斯大學還建立了一個漢語研究中心。隨著埃及漢語熱的升級，很多高校甚至連一些中學都開始開設漢語課程。

第四，教育合作發揮著主導作用，是其他領域合作的推動力。這方面的合作能夠推動中埃之間在文化、旅遊、科技等方面的合作。埃及的周邊國家也很看重其地理位置，因為埃及地處阿拉伯世界的中心地帶，它既是一個阿拉伯國家，也是一個非洲國家，同時還是一個伊斯蘭國家，這決定了埃及能幫助中國實現與其他發展中國家的平等合作，從而加強中國與其他阿拉伯國家、非洲國家和伊斯蘭國家之間的教育合作。

第五，教育合作能加強和深化中埃兩國人民之間的相互理解和相互信任，而理解和信任是所有領域合作的社會基礎。中國提出了「一帶一路」的倡議作為新的合作模式，這種模式具有互利、普世、共贏的特點，這一倡議也反映了「命運共同體」的思想，因此，所有「一帶一路」沿線國家的命運都緊密相連，它們的命運就像絲帶一樣彼此纏繞在一起。此外，教育合作也有助於兩國人民理解這一思想，從而在其他領域的合作過程中踐行這一思想，進而消除懷疑、加強兩國人民間的相互信任。

第六，在科研方面，二〇一六年一月二十日至二十二日，中國國家主席習近平應埃及總統塞西之邀，對埃及進行國事訪問，期間，兩國發表了關於加強全面戰略夥伴關係的五年實施綱要。未來五年內，在科技、通訊和信息技術等領域，雙方將繼續發揮兩國政府間科技聯委會的作用，定期輪流在兩國召開會議。在兩國政府間科技合作聯委會和中非科技夥伴計劃框架下，積極推進雙邊合作，包括雙方參與建立科學實驗室、先進適用技術示範基地、技術轉移平台、啟動學術、技術交流等形式多樣的創新合作，並積極支持兩國科學家特別是青年科學家間的交流。雙方歡迎於二〇一四年十二月簽署的關於在埃及建立中埃可再生能源聯合實驗室的諒解備忘錄，雙方願共同為該實驗室的建設提供資金、技術及科學支持，推動在聯合實驗室平台上，進一步開展聯合研究，促進人才培養和幫助埃方加強科技能力建設。雙方認為應研究設立聯合資助機制，在雙方共同關注的重點領域對聯合研究提供資金支持。雙方將通過科技聯委會就資助機制的組織和工作達成一致。

為了建立和加強埃中之間在全面戰略夥伴關係框架下的教育合作，我們提出以下建議：

第一，制定埃中高校間的教育和科研合作的長期機制。儘管埃及和中國簽訂了不少教育合作方面的協議，但其中的一些協議並沒有得到很好的執行。我建議，應該在埃及高教部和中國教育部的主持下，制定一個「中國—埃及研究合作項目」，為那些長期以來進行這些研究的中埃研究人員成立一個專門的科研基金會，比如一個培養科研人才的長期機制。此外，還必須加強上述官方教育合作機制的執行。

第二，找到一種培養教育合作領域人才的新模式。這些擁有國際視野和參與國際交流、國際對話能力的社會菁英，應該在國際事務上為加強埃中合作發揮更加重要的作用，提升兩國的國際地位。為了配合和響應中方的「一帶一路」倡議和埃方的「新蘇伊士運河項目」，雙方可以尋求一種「英語＋阿語/漢語＋專業」的模式，培養科技、海運、金融，特別是政治方面的人才；也可以適當提高這些專業的中國學生和埃及學生的獎學金；建立中埃旅遊城市之間的對接關係；或者是在聯合的分支機構進行合作，擴展培養兩國間交流人才的渠道。

第三，創新現代職業教育合作模式。加強兩國在職業培訓、職業教育方面的合作符合埃及復甦經濟、改善目前就業形勢的要求。雙方可以創新現代職業教育合作模式，比如聯合建立一所中埃職業教育學校，提供短期的職業教育和技能培訓，來培養一批符合埃及市場和就業要求的技術工人。

第四，教育合作的加強能夠推動人才培養，所以，只有當各領域人才掌握國際規則，擁有國際視野，擁有參與國際事務、國際競爭和國際對話的能力時，才能順應時代發展的要求，更有效地加強各領域的合作。中國和埃及迫切需要培養和發展這樣一批人才，因此，有必要成立「中國事務埃及專家協會」和「埃及事務中國專家協會」，這兩個協會應囊括一批精通漢語、阿語、英語和國際規則，通曉社會慣例和對方國家文化禁忌的學者和科研人員。

埃中文化交流

埃及和中國之間的文化交流，無論是歷史上還是現代，一直都是兩國關係最重要的方面。歷史上，有大量的埃及古老樂器傳入中國，比如三千年前出現在埃及的「朱格」和「海布」。此外，中國絲綢也是古代埃及紡織工業的主要原料，比如克婁巴特拉穿的衣服就是用中國絲綢製作而成的。羅馬時期，自從埃及引入中國的絲綢工藝和紡織技術之後，亞歷山大的紡織廠就開始用中國絲綢做原料。繼絲綢之後，瓷器是中國出口到埃及的最多的產品，以致於瓷器成了「中國」的近義詞，中國製造的瓷器在埃及被視若珍寶。文化交流在加強兩國人民間的了解、友誼和合作方面發揮了重要作用。近代史上，中國和埃及長期處於西方殖民的災難之中，法國和英國分別於一七九八年和一八八二年侵入埃及，英國一八四〇年對中國發動了鴉片戰爭。接下來，我將對兩國文化教育合作的重要方面進行解釋說明。

二十世紀早期，埃中教育領域的文化合作已經展開了，第一批中國留學生於一九三一年來到埃及的愛資哈爾大學學習。

一九三二年，埃及國王福阿德一世頒布了一項法令，在愛資哈爾大學設立中國學生部，專門用來接收來自中國的留學生，並向中國成達伊斯蘭師範學院贈送了四百冊珍貴的宗教書籍。埃及還派遣了兩名愛資哈爾大學的學者遠赴中國，幫助這所學院提高教學水平。

一九三二年到一九四一年期間，來自各個領域的多名埃及研究人員紛紛到訪中國，與中國的學術機構和教育機構建立了聯繫，這為中華人民共和國成立之後埃中文化關係的發展以及外交關係的建立打下了良好基礎。一九五六年埃中建立外交關係後，兩國之間的文化關係得到了加強。一九五六年，兩國簽署了文化合作協議。迄今為止，兩國已經簽署了六個文化合作執行計劃。

第一個埃及教育代表團於一九五六年抵達中國，同年，還成立了「埃中友好協會」。一九六四年四月，雙方簽署了埃中文化合作協議的執行計劃。

八〇年代，埃中文化合作有了新內容。一九八七年三月，在埃及開羅召開了第一屆埃中科技合作

中國京劇團演員與埃及觀眾合影。（供圖：吳毅宏）

會議，會議期間，兩國簽署了十多份合作協議。

文化交流已經超出了雙邊的範疇，開始延伸到兩國所在的地區。一九九〇年九月，中國成都市在開羅舉辦了一個藝術展。一九九一年十月二十三日，中埃友好協會在北京成立。一九九四年七月十九日，中國廣電部副部長兼中央電視台台長楊偉光訪問埃及，訪問期間，簽署了加強兩國間電視合作的協議。一九九五年十二月二日，中國教育部長朱開軒訪問埃及期間，簽署了教育合作意向書。

二〇〇一年一月十七日，埃中雙方簽署了文化合作執行計劃。為加強文物古蹟保護方面的合作，雙方決定互派古蹟修繕專家，並在中國舉辦埃及文物展。在此框架下，二〇〇二年七月二十一日，在北京世界公園舉辦了埃及文化周活動，同時也是為了慶祝埃及被列入中國公民旅遊目的地國。文化週期間，中國的藝術家們表演了埃及民間舞蹈和歌曲。二〇〇二年，埃及還參加了天津文化藝術節期間舉辦的中國兒童繪畫展。

在二〇一四年十月二十五日舉辦的首屆絲綢之路國際電影藝術節閉幕式上，二十五個絲綢之路沿線國家簽署並公布了首屆國際絲綢之路電影藝術節《國際合作共同宣言》。

中國政府和絲綢之路沿線國家政府簽訂了文化合作協議和文化交流計劃。在此框架下，還簽訂了定期舉辦電影藝術節的協議。根據該協議，這二十五個國家中的任何一個國家舉辦電影藝術節，其他國家都要參加。

二〇一五年八月八日，在新蘇伊士運河通航儀式上，埃及文化部長阿卜杜·瓦希德與中國國家主席習近平的特使、文化部長雒樹剛進行會見，雙方簽署了《埃中兩國政府文化合作協定二〇一五至二〇一八年執行計劃》和《埃中兩國文化部關於二〇一六年互辦文化年的諒解備忘錄》。

為舉辦二〇一六埃中文化年活動，兩國組建了由文化部長牽頭的文化聯委會，這個委員會由來自兩國外交部、考古部、文化部、青年部、體育部、高等教育部、教育部、社會保障部等機構的代表組成。

二〇一六年一月十一日，中國文化部和埃及駐華大使館共同在北京的國家大劇院召開二〇一六中埃文化年新聞發布會，發布了二〇一六年中埃文化年標識。標識以埃及金字塔和中國天壇為圖案主體，通過抽象的手法使兩國標誌性元素互相交融，不僅傳達出中國、埃及兩大古老文明的碰撞與交流，而且緊密貼合兩國「互辦文化年，攜手共發展」的活動主題。在中國舉辦的「埃及文化年」活動包括了文化、旅遊、傳媒、教育、科技等方面，埃及各政府部門和機構均積極參與，埃及的藝術團將進行一系列的演出，包括拉多民間藝術團、尼羅河民樂藝術團、葉海亞·哈里裡樂團、木偶劇團等。文化年活動還包括舉辦埃中雙方的聯合研討會，兩國文化部將就阿漢翻譯的問題組織研討會，以促進文化交流，並將邀請知名翻譯家出席。文化年活動還關注兩國青年的創新能力，並有專門面向女性的活動，包括女性手工藝活動和阿斯旺手繪活動。除此之外，還有專門面向兒童的活動，有「我們眼中的埃及」展覽，還會介紹中國的電視節目，比如「60 年+70 人」，對曾經為埃中關係作出過突出貢獻的七十個人逐一進行介紹。還有一些其他的活動，比如以「中國人眼中的埃及」為主題的攝影比賽。

二〇一六年一月十五日，埃及文化部在國家檔案館召開記者會，公布了二〇一六埃中文化年的具體細節，文化部長赫爾米・納木訥先生、中國駐埃及使館公使銜參贊齊前進先生以及其他埃中雙方官員出席了該記者會。會上透露，中埃雙方將在埃及

二〇一六年三月二十五日，正在開羅參加中埃建交六十週年文化活動的中國模特與埃及青年合影。（供圖：中新社）

二〇一六年六月五日，由埃中文化交流協會和埃及駐華使館聯合主辦的中埃文化年暨首屆「直觀東方實錄風情」中埃文化活動在北京舉行，圖為中埃兩國演員在巡遊展示不同風格的傳統古典服飾。（供圖：中新社）

盧克索共同舉辦文化年盛大開幕式，包括青年鋼琴家郎朗在內的兩國頂尖藝術團隊、超二百人的演出陣容將共同打造一場「文明對話」盛宴。隨後中方將在開羅、盧克索、阿斯旺等地陸續舉辦近四十項文化活動，這些活動將貫穿全年，向埃及人民介紹中國傳統文化的傳承與發展，以及當代文化建設成就。

中國國家主席習近平於二〇一六年一月對埃及進行國事訪問，適逢埃中文化年開幕、兩國建交六十週年慶典。期間，埃及總統塞西還為埃及中國大學剪綵。這次訪問具有重要意義，因為中國是全世界人口最多的國家，有著悠久而古老的文明，在中東地區發揮著關鍵作用。埃中兩國之間友誼源遠流長，雙方都在積極鞏固這份友誼，自一九五六年兩國建交以來，這份友誼歷久彌堅，從未發生過任何破壞雙邊友誼的事情。這次訪問對各方面都意義重大，尤其是文化方面，因為文化對任何一個民族來說都是最重要的要素，是區分各個民族的重要標誌。自古以來，人類社會各種文明和文化之間就不斷交流互動，但是在當今時代，由於國際交流日益頻繁，這種文明互動又有了新的意義。世界各國都迫切需要進行教育和科學經驗的交流，因此我們的文化不可能完全脫離世界上其他的文化而獨立存在。我們應該在保留自身特性的同時積極地與其他文化互動，吸取有利於我們社會發展的東西，就像一千四百年前穆斯林們想要建立一個他們的文明，於是從同時期的各種文明中吸取營養一樣。所以，毫無疑問，文明對話和民族融合是當今世界的必然趨勢。我們需要發達的科學文化，從中吸取能夠加快發展進程的一切精華。

埃及駐華使館文化處（全稱為文化、教育及科學處）的首次建立，與中國在埃及的重要性和影響力分不開。二〇一一年十一月十五日，埃及駐華使館文化處正式揭牌，其使命為「成為埃中文化、教育、科技交流的橋樑，為埃中合作創造新機會」。

儘管埃及駐華使館文化處成立只有四年多，但已經在加強兩國文化合作方面取得了眾多顯著成績，其中最重要的有：

（1）在中國最大的網站上發布了一份中文版社會交流說明，並舉辦了一系列文化知識競賽；

（2）舉辦世界大文豪納吉布·馬哈福茲一百週年誕辰紀念活動以及中國文學翻譯家頒獎典禮；

（3）民族節日、宗教節日慶祝活動（國慶節、「1・25」革命紀念日、武裝部隊節、齋月、開齋節、宰牲節）；

（4）參加各種文化展覽和書展；

（5）代表埃及參加中學和高校舉辦的文化藝術節；

（6）代表埃及參加各種討論文化主題的地區和國際論壇、會議及研討會；

（7）參加中國的各種國家節日的慶祝活動；

（8）與文化、藝術專業機構和個人，或是關注文化、藝術事業的機構和個人進行會見；

（9）在北京舉行埃及文化周和埃及美食節活動。

截至目前，埃及駐華使館文化處已經成功邀請了大約一千名中國學生到埃及各大學學習阿拉伯語，留學類型包括短期學習項目、一學年項目及攻讀本科、碩士、博士學位項目等。文化處通過在中國的各個大學召開宣講會，成功吸引了大量阿語專業學生前往埃及留學。

埃及駐華使館文化處與中國中央電視台合作舉辦了中央電視台阿拉伯語大賽。阿語大賽歷時幾個月，有多名埃及阿語專家和評委全程參與。此比賽還通過中央電視台進行直播，在中國阿語專業學生中引起了巨大反響，他們都希望前往埃及繼續阿語學習。

埃及駐華使館文化處還與中國絲綢之路生態萬

二〇一六年七月十五日，來自全國十四個省市的一百名新華小記者代表走進埃及駐華使館，與埃及使館工作人員共同舉辦了一場文化交流活動。圖為小記者向侯賽因－易卜拉欣參贊（左2）贈送禮物。（供圖：CFP）

里行組委會合作舉行了一系列文化活動，如為慶祝中華人民共和國成立六十六週年和埃及十月戰爭勝利四十二週年而舉辦的「中國人眼中的快樂埃及」藝術展。該藝術展於二〇一五年十月在北京集典美術館舉行，展示了二百幅埃及各地自然、歷史風光的照片，這些照片均由中國職業攝影師拍攝。

二〇一五年九月六日至八日，中國文化部和陝西省政府在西安舉辦了第二屆絲綢之路國際藝術節，本屆藝術節以「絲路核心、中華文化、國際元素」為主題。埃及駐華使館文化處也參加了本屆藝術節。出席本屆藝術節的有中國文化部部長雒樹剛先生、突尼斯文化部部長拉提法・拉赫達先生、陝西省委書記婁勤儉先生，以及各國駐華大使、參贊等外交官。藝術節期間，還舉辦了多位知名油畫家的油畫藝術展，這些藝術作品大多數都以復興古代絲綢之路和「一帶一路」倡議為主題。

埃及駐華大使館文化處還邀請了一個由四十名

藝術家組成的埃及代表團參加於二〇一五年九月二十四日至十月十五日在中國美術館舉行的第六屆中國北京國際美術雙年展。這個代表團的成員包括埃及外事委員會成員庫撒爾・沙里夫先生，以及一些埃及藝術家，比如穆罕默德・宰克里亞・蘇丹、米納・納賽爾・泰德魯斯、穆罕默德・拉彼阿等。本次活動還吸引了大批來自世界各國的藝術家。

埃及駐華大使館文化處也為新蘇伊士運河通航舉辦了慶祝活動，並組織了電視直播，大部分在中國學習和生活的埃及人均參加了此次活動。此外，在新蘇伊士運河通航一天之後，即二〇一五年八月七日，埃及駐華使館文化處就召開了慶祝新蘇伊士運河通航的記者會，很多中外媒體代表出席了本次記者會，中國中央電視台對本次記者會進行了全程報導。文化處還與中國中央電視台合作，將為新蘇伊士運河通航準備的紀錄片進行了中文配音。

為推動埃中經濟關係的發展，埃及駐華大使館文化處和北京語言大學阿拉伯研究中心合作，於二〇一五年九月二十四日在北京語言大學舉辦了以「埃及經濟未來走勢與埃中經濟發展機遇」為主題的研討會；與北京第二外國語學院合作，於二〇一五年九月二十五日在該校召開了第四屆阿拉伯研究論壇暨「阿拉伯地區變局中的大國博弈」學術研討會。這樣的活動今後還會繼續舉辦下去。

《今日中國》與埃及的不解之緣

王茂虎
（《今日中國》雜誌社副總編輯、前中東分社社長）

亞洲東方，中國的長城綿延萬里，見證了歷史的滄桑歲月；非洲北部，埃及的金字塔靜靜矗立，沉默地守護著法老的祕密。中國和埃及，穿越人類文明的風風雨雨，突破了時間和空間的界限，一路攜手並進，共同跨進了二〇一六年的大門。這一年，對於這兩個親密友好的文明古國來說，注定是不平凡的一年。值中埃建交六十週年之際，新年伊始，中國國家主席習近平將對中東三國的國事訪問作為開局之訪。其中，埃及是習近平主席此訪的第二站。此次訪問充分體現了中國對加強中埃關係的高度重視，對兩國關係發展具有承上啟下、繼往開來的重要意義。這是一次友誼之旅、合作之旅、共贏之旅，不僅全方位鞏固和深化了中埃關係，更為兩國關係未來發展注入了新動力。中國和埃及走過六十載光輝歷程，如今再次迎來新的收穫季節。

專刊發行，見證友誼

習近平主席對埃及進行國事訪問之際，《今日中國》雜誌阿拉伯文版出版「紀念中埃建交六十週年專刊」，並於一月二十日在埃及首都開羅舉行首髮式。習近平主席和埃及總統塞西分別為專刊致辭，向兩國人民致以誠摯的問候和美好的祝願，充分說明了兩國最高領導人對中埃關係的重視。同時，兩國外長和大使也都為專刊撰寫了文章，回顧了兩國交往的友好歷史，展望了交流合作的美好未來。埃及政府還特別在《今日中國》雜誌專刊上登載了歡迎習主席訪問的文章，兩國的各界專家學者都從不同角度介紹了雙邊合作和交流情況，並表達了對未來兩國關係的期待。

二〇〇四年十月，《今日中國》雜誌社中東分社在開羅成立。時任中國國務院新聞辦公室副主任兼中國外文局局長蔡名照（左2）和中國駐埃及大使吳思科為分社揭牌。

《今日中國》專刊緊扣中埃友好合作、互利共贏主題，全面回顧兩國建交以來各領域取得的豐碩成果，唱響中埃合作光明論，為習近平主席訪問埃及和中埃建交六十週年營造了良好的輿論氛圍。可以說，這本專刊承載了兩國人民友好交往的真摯情誼，是對中埃建交六十年的一份珍貴記憶。

《今日中國》專刊的發行受到了當地讀者的廣泛歡迎。首發式現場，許多埃及讀者一拿到雜誌，就迫不及待地開始閱讀。阿拉伯埃及網總編輯阿德爾・薩布里表示：「我是《今日中國》的忠實讀者，幾乎每期雜誌我都會閱讀，《今日中國》已經成為許多埃及人了解中國歷史文化與社會發展現狀的窗口。通過此次紀念專刊，我們更能夠了解和把握埃中合作的節拍與步伐。」金字塔戰略研究中心研究員曼蘇爾更是讚歎：「這次《今日中國》專刊首發式活動讓我感到震撼。中埃兩國六十年的友好往來，有數不清的故事、說不完的話語。我希望伴隨著此次習近平主席的到來，埃中友誼不斷加深，讓更多的兩國人民加強往來，相互領略兩個偉大民族的無限魅力。」

專刊的發布引起了埃及當地媒體的濃厚興趣，《華夫脫報》、《共和國報》、阿拉伯回聲網等多家紙媒和網站均提前發布了專刊首發式的相關消息。專刊發布後，包括埃及國家電視台新聞播報、尼羅河電視台、《金字塔報》、《消息報》、《華夫脫報》、《七日報》、《憲法報》、《今日埃及人報》、阿拉伯埃及網等在內的五十餘家埃及主流電視、紙媒、網站均在第一時間報導了專刊發行儀式的新聞。埃及總統塞西的 Facebook 主頁也發布了習近平主席和塞西總統為《今日中國》專刊致辭的消息。

這一本小小的專刊，是埃及和中國六十年友誼的縮影。裡面的每一篇文章、每一句話語都凝結著中國人民和埃及人民的深情厚誼。中國和埃及遠隔千山萬水，但《今日中國》紀念中埃友誼六十週年專刊架起了兩國人民心與心的橋樑，將兩國文明、文化、友誼緊緊地聯繫在一起。

革命情懷，歷史沿革

提起《今日中國》雜誌，就不能不提到其悠久的歷史沿革和光榮的革命情懷。一九五二年一月，為了突破帝國主義對新中國的新聞封鎖，宋慶齡根據周恩來總理的建議，創辦《中國建設》雜誌。在宋慶齡的親自領導下，面對嚴峻而複雜的國際形勢，《中國建設》擔負起了真實報導中國經濟、文化和人民生活情況的歷史使命。雜誌以中國福利會的民間身分出版，避開政治化宣傳，以大量的事實向全世界展現了各項事業蓬勃發展、蒸蒸日上，人民生活欣欣向榮、幸福安康的真實的中國。

《中國建設》第一期出版後，宋慶齡曾給總編輯金仲華寫信，其中表述了雜誌的宗旨：「但願我們所做的以及今後的努力，將使我們的雜誌成為向世界介紹中國和增進和平的強有力的雜誌。」在多年的對外傳播工作中，《中國建設》受到了毛澤東、周恩來、陳毅、賀龍等領導人的親切關懷。周總理曾為雜誌題詞：「把中國人民對全世界各國人民的友好願望傳播得更廣更遠，並且加強同他們之間的團結。」宋慶齡逝世後，一九九〇年一月，遵照她的遺願，《中國建設》易名為《今日中國》。

六十多年來，《今日中國》始終堅持宋慶齡倡導的真實報導原則，用事實對外介紹中國經濟、政治、社會、文化和人民生活的發展變化，受到國外讀者的歡迎和肯定。雜誌現擁有英文北京版、英文北美版、法文版、阿文版、西文北京版、西文墨西哥版、西文祕魯版、土耳其文版、葡萄牙文版和中文版等十個印刷版月刊，並開通中、英、法、西、

阿、德文網絡版和拉美門戶網。

其中，《今日中國》阿文版於上世紀六〇年代初與埃及讀者見面，八〇年代初在埃及設立辦事處並在開羅印刷發行，是國內目前唯一一本用阿拉伯語進行對外報導的紙質期刊。目前，其發行已覆蓋全部阿語國家，以互動的方式，及時報導中阿友好交往；通過全面客觀的報導，介紹和展示當代中國；為雙方的經貿和文化交流提供資訊與服務等。

立足本土，成立分社

《今日中國》雜誌從創辦之日起就秉承「用外國人樂見易懂的方式講好中國故事」的報導原則。為努力實現「三貼近」，即貼近中國發展的實際、貼近國外受眾的閱讀習慣、貼近國外受眾對中國信息的需求，《今日中國》作為首家示範期刊，率先實施了「本土化」。

一九六二年一月六日，在《今日中國》創刊十週年紀念活動中，宋慶齡、周恩來、鄧穎超、陳毅等向雜誌社工作人員、外國專家祝酒併合影留念。（供圖：中新社）

我有幸成為本土化工程的首位實施者。它是一件新鮮事物，有設想但沒有先例可循。二〇〇四年三月十日，帶著雜誌社的信任和重託，我踏上了埃及的國土。應該說，埃及是所有學習阿拉伯語的人都嚮往的地方，儘管我在中東工作多年，但這卻是第一次進入埃及這一神聖的國度。六千年前，勤勞的埃及人就在尼羅河畔創造了燦爛的法老文明。舉世矚目的世界奇蹟金字塔，就是這段文明的歷史見證。憑藉古埃及留存的深厚歷史文化底蘊，現代埃及人傑地靈，湧現出一大批世界級的思想家和學者。被稱為「詩王」的艾哈邁德・紹基，用史詩般的宏大筆觸，記錄埃及人民爭取民族獨立的波瀾壯闊的歷史畫面；塔哈・侯賽因，由盲童成長為一代文學巨匠，將埃及現代生活發生的翻天覆地的變化融入自身充滿波折的個人經歷中；諾貝爾文學獎獲得者納吉布・馬哈福茲，用觀察入微的現實主義作品，形成了全人類所欣賞的阿拉伯語言藝術。埃及的文明帶有歷史斑斕的色彩，更帶有文化耀眼的光芒。

埃及的文明不僅體現在人才輩出的作家和學者中，更讓我記憶深刻的是埃及熱情友好的人民，他們善良、好客，並且對中國充滿嚮往。

二〇〇四年十月，《今日中國》雜誌社中東分社在開羅掛牌成立。當時正值齋月，但埃及各界友人濟濟一堂，掛牌儀式隆重而熱烈。從此，《今日中國》雜誌阿文版開始在開羅進行選題策劃、出版發行。這不僅縮短了雜誌的出版週期，增強了新聞時效，而且在形式、內容上能更貼近讀者的習慣和更好地滿足讀者的需求。為了真正實現「三貼近」，中東分社與當地媒體合作成立了「選題策劃顧問委員會」，經常約請埃及主流媒體記者撰稿，還依託雜誌這個平台，成立了「讀者俱樂部」，研討選題，提出建議，組織各種活動。

中國始終把埃及作為摯友，這不僅體現在兩國關係上，也體現在《今日中國》阿文版雜誌的具體工作中。例如，現在開羅分社的日常工作就是由分社副社長、埃及人侯賽因·伊斯梅爾主持的。侯賽因在中國工作生活過多年，對中國人民有著特殊的感情，他說：「最初我在埃及新聞媒體工作時，我就盼望著能去中國，親眼看看中國，與她的人民交往，深入中國的生活之中。作為一個新聞工作者，我總感到，我肩負著把真正的中國形象傳播給阿拉伯讀者的重任。這不僅要通過我們在《今日中國》上所寫、所發表的東西實現，同時還要關注阿拉伯傳媒所傳播的有關中國的情況，並努力糾正錯誤的視聽。」本著這樣的強烈願望，侯賽因以自己出色的新聞工作獲得了「中國政府友誼獎」，這是中國政府為表彰在中國現代化建設和改革開放事業中作出突出貢獻的外國專家而設立的最高獎項。

同時，分社的其他埃及當地員工也都兢兢業業、辛勤工作，為出版《今日中國》雜誌，為加強兩國間的友誼作出自己的貢獻。他們只是體現中埃友誼的一個縮影，還有眾多的中國和埃及朋友都在為兩國友誼和友好合作而努力。每個人默默奉獻的涓涓細流，匯成滔滔不絕的友誼之河。正因為如此，兩國友誼才得以不斷延伸，綿綿不絕。

多彩風貌，讀者知音

對於《今日中國》雜誌來說，來自埃及讀者的支持，是雜誌最渴望得到的回應和肯定。多年來，埃及讀者對雜誌給予了高度的關注和熱情，每個月都有大量的讀者來信來函，暢談自己的讀後感和對選題的建議。還不斷有讀者登門拜訪，和雜誌工作人員交流探討有關報導中國的問題。

最令人動容的是，在中埃各自的關鍵時刻，《今日中國》雜誌成為兩國人民相互支持的有力見證。一九九九年，以美國為首的北約轟炸了中國駐南斯拉夫聯盟大使館後，《今日中國》雜誌發表文章表達了中國人民的憤怒。就在雜誌阿文版出現在埃及市場當天，許許多多的埃及讀者手拿雜誌，湧向《今日中國》駐開羅辦事處，同中國朋友共同聲討和譴責這一野蠻罪行。二〇一一年，埃及面臨社會動盪，中東分社採編人員的正常生活和工作也受到影響，甚至面臨斷水斷電、交通封堵的困境。而這時，又是《今日中國》雜誌的忠實讀者們帶著食物和水，穿越封鎖送到分社工作人員手中。經歷了歷史風雨的洗刷，中埃兩國人民的情誼煥發出更加耀眼的光芒。

對於埃及的知識分子，尤其是中國文化的研究和愛好者來說，《今日中國》雜誌還承擔了提供第一手研究資料的重任。一九九九年夏，在北京舉行的「面向二十一世紀的中阿關係」研討會上，阿拉伯學者們引用的大量材料都來自《今日中國》。時任埃及《金字塔報》總編輯易卜拉欣・納菲儀先生在其著作《中國——二十世紀最後的奇蹟》中，大量引用了《今日中國》發表的文章。該書榮獲埃及二千年政治類書刊的最高獎——總統獎，在阿拉伯世界引起了強烈的反響。

前《華夫脫報》副主編、阿拉伯埃及網總編輯阿迪爾曾經深情地說：「我在大學時期就開始閱讀《今日中國》阿文版，持續通過這本雜誌關注著中國發展建設的方方面面，直到我也成為一名懷揣報國夢想的新聞工作者。《今日中國》就像一圈圈的年輪，清晰記錄了新中國從弱到強、從委屈到自信的光輝歷程。每個月，我都能從中看到中國的變化和進步。儘管雜誌內容豐富多變，但唯一不變的是其中阿友好的宣傳理念。」而另一位忠實讀者、埃及《十月》雜誌副總編蘇珊・侯賽因則對一期雜誌

《今日中國》阿文版二〇一六年一月刊封面

的亮麗封面讚賞有加，她說：「我還記得有一期雜誌以富有民族特色的西藏舞蹈作為封面，令人過目難忘。封面文章通過講故事的方式展現中國西藏自治區成立以來取得的巨大成就，一個個鮮活的事例反映出藏族人民生活水平得到迅速的提高，為阿拉伯讀者了解西藏發展提供了絕佳的素材。」

埃及讀者對《今日中國》雜誌的肯定，是雜誌多年來面向讀者、貼近讀者的最好證明。《今日中國》雜誌與埃及讀者的深厚情誼，凝聚在一張張多彩的圖片上，書寫在一篇篇高質量的報導中，隱藏在一個個精彩故事的字裡行間。

攜手合作，共創未來

當下，新媒體發展如火如荼，《今日中國》雜誌及時推動期刊業務向互聯網業務轉型，提高自身的對外綜合傳播能力。二〇一一年以來，《今日中國》雜誌重大報導任務及突發新聞事件和時效性強的欄目已實現先網後刊。刊網原創內容數量和比重大幅提高，動畫、圖集、電子雜誌、手機報、獨立視頻節目等形式越來越豐富，網站點擊量、訪問人數、郵件訂閱用戶量穩步上升。阿拉伯文版開設了 Facebook 和 Twitter 官方賬號，並開展了 ipad 數字化的具體工作。對於埃及讀者來說，可以用更多的渠道、更動態的方式閱讀和了解《今日中國》雜誌。阿文版開闢了由專家撰寫的表達中國對國際事務，特別是對中東、阿拉伯世界的觀點性專欄「中國眼」；全面介紹中國政治、社會發展的專欄《社會》；報導中國經濟發展的專欄「經濟」；關注在華阿拉伯人生活的專欄「我們都來自東方」；與讀者互動的專欄「對話天地」；由阿拉伯作者撰稿的專欄「咖啡館」；阿拉伯讀者喜聞樂見的專欄「青年與運動場」等特色專欄。

當前，中東正在經歷前所未有的大變動大調整，正處於政治版圖重構期、政治經濟社會轉型期和地區地緣政治力量均勢重建期三期疊加的狀態。與此同時，習近平主席提出了建設「一帶一路」的偉大倡議，為中國和埃及的合作提供了新的重要契機。埃及作為中東地區大國，地處「一帶一路」的交匯地帶，對「一帶一路」建設反應熱烈、參與積極。正如習近平主席在埃及《金字塔報》上發表的署名文章中所說的那樣，「在雙方共同努力下，中埃友誼、中阿友好也一定會像尼羅河水般奔湧向前，助推我們實現民族復興的偉大夢想！」

中國和埃及共享著美好的回憶，共同面對著廣闊的未來。在未來的工作中，《今日中國》雜誌這個平台，能夠為增進兩國人民間的了解和友誼貢獻自己的一分力量，能夠讓廣大的埃及讀者了解一個客觀真實的中國、一個和平開放的中國，為兩國人民搭建一座溝通信息、促進合作的友誼之橋。而作為讓世界了解中國的窗口，作為友誼的橋樑和紐帶，《今日中國》雜誌將保持與中國經濟、社會同步發展，更好地為讀者服務。用事實告訴世界一個和諧與發展的中國，將是《今日中國》雜誌永遠的光榮與夢想。

「著以長相思，緣以結不解」。《今日中國》雜誌與埃及的不解之緣，散發著歷史和文明的芬芳，凝結於共同奮鬥、互相關懷的輝煌過去，縈繞在每一位中國讀者和埃及讀者的心頭。中國和埃及不僅擁有悠久燦爛的古老文明，擁有風雨同舟的奮鬥歷程，還擁有共同的充滿光明的合作前景和美好生活。這份悠久綿長的歷史之緣、兼容並蓄的文化之緣、互相珍惜的友誼之緣，必將隨著中國與埃及大踏步的社會經濟文化發展，共同邁向更好的明天！

旅遊讓埃中兩國人民零距離接觸

納賽爾・阿卜杜阿勒
（埃及旅遊部長顧問、前駐華旅遊事務參贊）

我記得，二〇〇一年春節期間第一批抵達開羅國際機場的中國旅遊團所乘坐的既不是埃及航空公司的航班，也不是中國航空公司的航班，而是其他國家航空公司的航班。當年，還有一個中國旅遊公司代表團也來到埃及，了解埃及的旅遊產品以及旅遊賣點。埃及旅遊行業和政府機關部門均對此事報以極大的熱忱，也對來到埃及的中國旅遊行業代表寄予了極大的期望，甚至連埃及前旅遊部長馬姆杜哈・布勒泰吉先生都在一場隆重的晚會上親自接見了這一來自中國的代表團，因為他希望親自在尼羅河畔歡迎第一個來自中國的旅行團，而尼羅河是象徵著人類所知的最古老文明的誕生地——埃及人民的母親，同時，中國人民熱愛埃及文化和埃及歷史，因為他們同樣來自遠古文明的誕生地。中國代表團帶著十分矛盾的感情來到埃及，一方面，他們從小學開始，從剛開始學習世界歷史起就知道了埃及，因為小學歷史課本的第一頁介紹的就是埃及和埃及的金字塔；但是另一方面，他們又感到陌生和模糊，他們的心中充滿了疑惑，他們懷著強烈的願望去了解埃及，了解埃及人民的生活、文化、性格、飲食、住房、市場等，了解尼羅河、尼羅河三角洲和上埃及的農業情況，並了解開羅和亞歷山大現代化的市容市貌。他們知道埃及的歷史、文明、法老、金字塔和撒哈拉沙漠，但他們知道的這些僅僅是滄海一粟。這就是旅行的意義，它就好像一扇窗戶，透過它我們能夠看到除我們之外的人，並走近他們，消除我們之間的障礙，並且發現他們的奧秘，化解對於他們的疑惑，然後理解他們，並與他們建立起牢固的友誼。

在此後不到一年的時間裡，更確切地說是二〇〇二年七月，就成立了一個向中國介紹埃及的旅遊處。埃及前旅遊部長馬姆杜哈・布勒泰吉先生告訴我，埃及議會已經批準成立一個旅遊處，並推薦我為旅遊處參贊。我從未設想過自己有朝一日會

二〇〇六年一月六日，由中國國際友好交流促進會與埃及駐華大使館等聯合主辦的「情緣一世，映像埃及」紀念中國埃及建交五十週年文化之旅活動在北京舉行啟動儀式，埃及駐華大使館旅遊參贊納賽爾在會上向來賓介紹埃及歷史及文化。（供圖：中新社）

二〇〇九年四月二十八日，在埃及駐華大使館主辦的「在北京暢享埃及」主題活動中，埃及駐華大使馬哈茂德．阿拉姆致辭。（供圖：中新社）

被選擇來接受這個艱巨的任務和承擔如此重大的責任，那就是將埃及以及埃及的文化、旅遊資源介紹給中國。中國有著十三億人口，是一個幅員遼闊的大國，與十四個國家接壤，面積占據了亞洲的近百分之二十，文化豐富多樣，在它的土地上生活著五十六個民族——他們的語言和文化各不相同，歷史學家和航海家們都形容它是一個充滿奇蹟的國家。

懷著激動和忐忑的心情，我接受了這一艱巨的任務。激動是因為從我進入艾因・夏姆斯大學語言系師從一些中國教師學習漢語語言文學以來，自從我第一次見到中國人，了解到他們的生活習慣、傳統習俗以來，自從我第一次去中國，到這個散發著歷史和文明的芬芳的國度以來，自從我親眼見到北京的長城、故宮、天壇，華中各省的黃河及其兩岸遼闊的平原，古都西安和長江及其兩岸的魅力城市，以及享有「人間天堂」美譽的杭州和蘇州以來，自從我在黃浦江上的明珠——上海、位於珠江兩岸的中國貿易之都——廣州領略到中國的現代化以來，我就希望略儘自己的微薄之力，向中國人民介紹我的祖國，介紹埃及、埃及人民及其生活和文化，還有永恆的尼羅河和埃及南部尼羅河岸的盧克索、阿斯旺、阿布辛拜勒及尼羅河三角洲的古老文明，還有北部亞歷山大、紅海，以及宗教聖地和先知聚集地——西奈半島和有著古老文明的地中海文化。同時，我也感到十分忐忑，因為儘管我會說中文，在本科、碩士、博士後階段我也幾次去中國留過學，曾在中國國際廣播電台工作過一段時間，遊歷過很多中國的省份和城市，但是我依舊感到肩上的擔子很重。也許這就是眾多的令我竭盡所能讓自己的聲音被更多的中國人聽到的原因之一。

的確，我的夢想實現了，現在埃及每年都會迎來成千上萬的旅行團。我記得來到埃及的規模最大的旅行團是在二〇〇九年，當時那個中國旅行團由來自同一個公司的八百名遊客組成，大家齊聚在吉薩金字塔前搞了一場盛大的活動。我當時帶著埃及和中國的國旗參加了該活動，並與中國旅行團一道遊覽了黑白沙漠。他們駕駛著汽車在埃及沙漠裡馳騁，還在沙漠裡支起帳篷吃起了燒烤，在月光下唱歌跳舞，群星在天空閃爍。他們還紛紛舉著相機在黎明迎接日出，在黃昏欣賞日落，那畫面美不勝收。

埃及政府最初決定將旅遊處設在駐上海的總領事館，因為上海是中國的經濟貿易中心，是中國國民經濟的龍頭。於是，二〇〇二年十月一日，我便開始了在駐上海總領事館的工作。但是幾個月後，我們便發現更適合設立旅遊處的地方是埃及駐北京的大使館，因為北京是中國的心臟，是中央政府所在地，是政治文化之都，是傳媒中心，是眾多中國的和國際的航空公司總部所在地，以及各國旅遊代表處的聚集地。沒有傳媒，就沒有旅遊；沒有航空，就沒有旅遊。於是，埃及政府一致同意於二〇〇三年三月將旅遊處從上海移至北京。埃及駐華大使館旅遊處的籌建工作很快就開始了，地址在北京最繁華的朝陽區，更確切地說是在霄云路，這裡鄰近世貿中心、各大國際酒店、展覽中心和會議中心，還有很多政府和非政府性質的大型中國旅遊公司也彙集在這裡。旅遊處位於國航大廈十層，這是為了給來自旅遊和航空領域的中國員工以及其他中國民眾獲得關於埃及的信息和旅遊宣傳品提供便利。同時，我也感到誠惶誠恐，我時常問自己：我能成功將埃及介紹給數量如此龐大的中國人民嗎？

在埃及旅遊部、外交部、駐華使館及其技術部門的幫助下，我承擔起這一艱巨的任務。於是，我開始打通與中國政府部門、國家旅遊局以及各省份、各個城市旅遊局的聯絡渠道，並獲得了極大的支持。我參加了各大中國城市舉行的旅遊活動和旅遊展覽，特別是中國最大的旅遊展覽——中國國際旅遊交易會，每年在上海和雲南省省會昆明交替舉辦。雲南位於中國西南部，是中國最美的地區之一，有著醉人的風景、迷人的河流、巍峨的山峰，以及各種各樣的文化，因為雲南居住了二十六個民族。我也參加了中國東部和南部各省以及各大城市的所有旅遊展覽和文化節。中國南部十分繁榮，其中包括香港和澳門。我參加的旅遊展覽既包括專業的也包括民間的。埃及駐華使館旅遊處一共參加了一百多個旅遊展覽會和文化節，從而令中國的各大旅遊公司、媒體每天都在談論埃及，於是埃及順利成為中國公民的旅遊目的地。埃及的旅遊項目被列入中國旅遊公司、航空公司的名錄，成為中國遊客的理想選擇。需要強調的是，在中國經濟實現重大飛躍之後，出國遊客數量開始大規模地增長。也就是說，我在中國宣傳埃及旅遊的工作剛好趕上了中國人民開始大規模出境旅遊的時機，特別是二十一世紀第一個十年的最後幾年。

當我二〇〇三年剛開始在駐北京的旅遊處工

作的時候，每年前往埃及旅遊的中國遊客數量不超過五千人，那是因為一方面他們對埃及的旅遊景點沒有充分的了解，另一方面，當時中國沒有直接飛往埃及的航班，第三方面，他們很難獲得埃及簽證。然而，當我結束在旅遊處的工作前，每年前往埃及的中國遊客數量已經超過了十萬人，還有幾十萬人準備前往埃及旅遊。

我記得，當我同中國旅遊公司的一個代表團前往上海參加中國國際旅遊交易會埃及館的活動時，見到了一名中國女性，她對我說：「我們很珍惜每年參觀中國國際旅遊交易會埃及館的機會，我們也很期待得到前往埃及旅遊的機會，每個中國人都必須在有生之年去一次埃及。」也就是那個時候，我開始相信我的努力沒有白費，埃及旅遊的源泉絕不會在一個有著十三億人口的國家枯竭。

我記得，埃及駐華使館旅遊處曾在北京西郊組織了第五屆埃及旅遊文化節，為「十萬中國人遊埃及」推廣活動中的一百位中國遊客提供了減免五百元旅遊費用的獎勵。文化節上，我與一個中國家庭進行了交流，這個家庭裡的爺爺是大學教授，他的女兒是一家大型公司的職員，孫女是一名高中生。這個爺爺問我：「你會和我們一起去到你的祖國埃及嗎？」我對他說：「如果您和您的女兒以及孫女去了埃及的話，您一定會在開羅的尼羅河法老船上見到我。」一個月後，這個旅行團成行了，我們和他們一同參加了埃及旅遊部為歡迎中國遊客特意舉辦的晚會。果不其然，我在法老船上見到了這位大學教授和他的女兒、孫女。見到他們令我非常高興，因為我本來沒想過真能在開羅見到他們。他們也十分高興，因為我兌現了我的承諾。我們在尼羅河畔合影留念。在那之後，我們成了非常親密的朋友。是的，旅遊是多麼美好的事情啊，它給了我接近中國社會各行各業的人的機會。

由於傳媒能夠幫助推廣和介紹旅遊，所以旅遊和傳媒密不可分。我們邀請了中國大型傳媒單位來到埃及，了解埃及文化和豐富的旅遊產品。埃及的旅遊產品既包括了中國北方人喜歡的文化旅遊，也包括了南方人喜歡的娛樂旅遊，還包括展覽旅遊、會議旅遊以及埃及西部沙漠、綠洲風情旅遊，還有青年旅遊和老年旅遊。中國是一個龐大的旅遊市場，它有著所有的市場結構，因此，我們十分希望電視節目、廣播節目和社交網絡能夠持續談論埃及、介紹埃及。

我還記得第一部在中國電視上播出的埃及旅遊宣傳片。該片拍攝過程中，我認識一位中國遊客，他雖然聽說過埃及，但一直沒有到過埃及。現在，他有了一個親眼領略埃及文明的機會，他將看到吉薩金字塔、盧克索神廟、卡納克神廟、哈特謝普蘇特神廟、盧克索的帝王谷、阿斯旺的菲萊神廟、阿斯旺水壩、阿布辛拜勒神廟，聽到拉姆西斯二世崇拜太陽神的故事，他還將在汗・哈里裡市場、紅海海岸、埃及西部的黑白沙漠品嚐到埃及美食和咖

埃及開羅著名的傳統工藝品市場——汗·哈里裡市場一角（供圖：吳毅宏）

啡。中國的年輕遊客還可以在紅海海岸和沙姆沙伊赫享受潛水的樂趣。

我們還通過中國的媒體，在青少年、大學生中間舉辦了很多關於埃及的知識競賽，致力於實現中國遊客的數量最大化。此外，我們還設計了一個介紹埃及旅遊的網站，並在中國最通用的社交網絡「微博」上以旅遊處的名義開通了一個賬號。我們還舉辦了很多培訓班，以培訓線上關於埃及旅遊的中國專業人士或專家。這些努力都幫助更多的中國人了解了埃及、埃及文化和埃及旅遊。在二〇〇三年到二〇一〇年間，二十五家埃及的旅遊公司在北京、上海、廣州、深圳四個城市設立了代表處。二〇一二年，在旅遊處的幫助下，開羅作為首批成員加入了世界旅遊城市聯合會，聯合會的總部永久性落戶北京。

我記得，旅遊處曾為來自中國邊遠省份的二十名歷史教師組織了一次介紹性的旅遊，目的是為了讓中國農村地區的教師實地考察埃及文明。這令我感到非常高興，因為這樣貧困地區的孩子就能通過他們老師在埃及旅遊途中所拍攝的視頻和照片了解埃及、認識埃及，真正地拉近了不同民族之間的距離，在聽、看、體驗和實踐過程中實現了不同民族之間的文化交流。

旅遊同樣也與航空有著緊密的聯繫，於是旅遊處從開展工作的第一天起就致力於開闢開羅與一些中國城市之間的直飛航線，如北京、廣州，以實現每週十五趟航班的目標。這些都對擴大兩國間的相互交往起到了極大的作用，一方面影響了兩國間經濟機構的實際合作，另一方面也為中國的公司前往埃及了解埃及市場、阿拉伯市場和非洲市場開闢了道路，很多中國公司因此還在開羅和亞歷山大開設了分公司。埃及人民也通過中國旅行團和貿易團了解了中國人，於是，「中國製造」的標誌成為所有埃及家庭的優質品牌之一。因此，讓我們在海上絲綢之路和陸上絲綢之路的基礎上，再加上一條「空中絲綢之路」。在二〇一三年三月一日結束在埃及駐華大使館的工作之前，我一直致力於開通埃及和中國各大城市之間的航班。在埃及航空公司和一些中國旅遊公司簽訂航空協議之後，已經有了從上海、深圳、廣州、成都、香港飛往埃及的航班，這個協議是在二〇一四年十二月埃及總統阿卜杜勒·法塔赫·塞西訪華期間簽訂的。我有幸參加了塞西總統的這次訪問，併負責跟進旅遊文件和安排塞西總統與中國旅遊公司代表的會見。中國國家旅遊局局長也出席了此次在北京長安街的某國際酒店會議大廳進行的會見。在埃及駐華大使馬傑迪·阿米爾先生的主導下，埃及駐華大使館為這份協議的成功簽訂付出了巨大的努力。

我記得埃及前駐華大使艾哈邁德·雷茲克先生在我與他共事期間曾對我說過：「廣東省政府曾在接待阿拉伯國家使節團的會議上提交的報告中提到，每年僅僅是來到廣州這一個城市的埃及商人就達到了九萬人，這都要歸功於廣州與埃及之間的直飛航班，它拉近了兩國間的距離，令旅行更加便利。」十年間，埃及人和中國人之間的交往數量增長了十倍。從二〇〇二年到二〇一〇年，掌握中文的埃及導遊從零增長到了七百人。

旅遊簽證也是發展旅遊關係、鼓勵和推動中國遊客前往埃及的重要因素之一，於是埃及駐華使館旅遊處積極為中國遊客辦理簽證提供便利。在我擔任亞洲事務旅遊部長顧問期間，以及擔任國家簽證安全委員會成員期間，我一直都在繼續這方面的努力，並成功促成埃及政府發布公告，同意中國旅行團可在到達埃及口岸時獲取簽證。

無論如何，之所以中國人民了解埃及，埃及人

參加「穿越埃及攝影之旅」競賽的中國攝影師正在拍攝金字塔。

民了解中國，都是因為中國文化部門和埃及文化部門之間開展了密切的合作，積極向中國人民介紹和推廣埃及文化。在二〇一一年埃及駐華使館文化處成立之前，我一直積極與中國的文化機構、埃及駐華大使館、駐上海總領事館進行合作，共同組織和參加一系列的藝術節和文化研討會，比如每年秋季舉行的上海國際藝術節，藝術節上有各種各樣的文化、音樂、歌唱、戲劇等活動。我們還在中國組織和參加埃及文化周等活動，埃及戲劇社還曾在位於北京市中心的國家大劇院進行表演。我們還與埃及最高文物委員會合作，在上海博物館、北京的中國歷史博物館首次承辦埃及文物展，這次展覽展出了一百四十三件埃及本土文物，期間我還有幸舉辦了幾場介紹埃及歷史和埃及文明的講座。此外，我們還參加了世界十大河流文明國際研討會，本次研討會在黃河沿岸的三門峽市舉行，我也有幸作了一場對比尼羅河和黃河的講座。我們還組織了一年一度的埃及旅遊文化節，該文化節每年都要在中國各大城市進行十場巡迴演出。在首屆文化節上，中國長城學會和埃及國家旅遊局還簽訂了長城—金字塔友好合作備忘錄。我們也參加了二〇一〇年的上海世博會、每年在寧夏舉行的中阿合作論壇的文化研討會，以及其他有助於向中國人民介紹埃及的文化活動。所有這些都要歸功於埃及駐華大使館和駐上海總領事館負責人的支持和幫助。我至今還記得他們的積極參與和熱情鼓勵，其中有阿里・希夫尼大使、馬哈茂德·阿拉姆大使、艾哈邁德·雷茲克大使以及現任的馬傑迪·阿米爾大使。

為了向中國的新一代，特別是中小學生和大學生介紹埃及，旅遊處十分重視持續在中國各省、各大城市舉辦研討會、講座，進行文藝演出，舉辦關於埃及、埃及文明和埃及歷史的知識競賽。這些文化活動極其重要，因為年輕一代更多地使用新型聯絡方式和社交網絡，因此，我們通過微博、微信等社交平台介紹埃及，這強有力地促進了埃及各大學教育旅遊這一新模式的出現——現在有三千名中國學生在埃及各個大學裡學習。

我不僅僅是在中國工作期間致力於推動埃中兩國之間的旅遊、文化關係的發展，當我回到埃及任旅遊部長顧問之後，我還在繼續推動埃中文化關係的發展。我還被推薦出席與聯合國教科文組織合作舉辦的中國春節文化推廣工作坊，這個工作坊於二〇一三年十一月召開，我們同中國駐埃及使館、開羅中國文化中心合作，在吉薩金字塔區、愛資哈爾花園、薩拉丁城堡和穆阿迪半島花園組織了一系列關於中國文化的活動，也接受了報紙、廣播、電視台的多次採訪，在埃及媒體上介紹中國。

記得我曾代表埃及政府出席中國春節慶祝活動，當我與中國駐埃及大使宋愛國一同為慶祝活動揭幕時，我們一起用毛筆為舞龍「點睛」。在中國文化中，點睛意味著事情的完結與圓滿，在龍的畫像上添上眼睛就意味著最後一堆土的就位，於是項目開始，生命復甦。

目前，埃中旅遊交往在兩國政策的鼓勵支持下，達到了空前繁榮的階段。中國國家主席習近平於二〇一六年一月訪問埃及，並與埃及總統塞西一同在盧克索神廟啟動了埃中文化年活動，但願這能夠鼓勵更多的中國人前往埃及這個有著悠久歷史、燦爛文明和尊貴人民的國家旅遊。

旅遊是一種幸福的行業，是了解其他人的窗口。在埃中兩國交往中，旅遊是在經濟、貿易、投資合作之前的第一步，有利於加強兩國人民之間的友誼。通過旅遊，人類能夠發現自我，也能夠發現他人。

我與中國的不解之緣

艾哈邁德·賽義德（白鑫）
（埃及智慧宮文化投資公司和出版公司總經理，阿拉伯出版商協會駐華代表）

二〇一六年是我來到中國的第六年，正如二〇一五年我在獲得第九屆「中華圖書特殊貢獻獎」時說的，「我來到了中國，從事出版、翻譯和寫作等工作。在這短短的五年時間裡，我沉浸在中國文化的魅力之中，我看到了中國的開放和中國文化的包容，而我的工作也讓我看到，我的阿拉伯同胞們同樣對中國文化有著濃厚的興趣。於是，給阿拉伯人介紹我眼中美麗中國的同時也給中國人介紹阿拉伯文化，以及從事中阿文化交流合作，成了我的事業和夢想。」我的第一故鄉在埃及的曼蘇拉，寧靜的尼羅河流經那裡，那是我生長的地方；我的第二故鄉是中國的銀川，滔滔的黃河水灌溉著「塞上江南」的沃土，在這裡，我的夢想和事業生根、發芽，茁壯成長。

我人生的兩位「良師」

當我第一次看伊朗電影《小鞋子》時，我彷彿看見了童年的自己，那個羞澀的小男孩因為弄丟了妹妹的舊鞋子，不敢告訴貧窮的父母而每天和妹妹交換鞋子上學的故事，讓我深深地陷入對童年的回憶。因為家庭貧窮，我從幼年時期開始利用課餘時間打工，賣過報紙，賣過冰棒，做過刷牆的小工，賺到的錢全部交給父母貼補家用。從十四歲起，我就再也沒有開口問家裡要過一分錢。假期裡，當其他同學在預習課程或者在海灘玩耍的時候，從期末考試結束的那一刻我就開始為了來年的學費，每天從早上八點工作到凌晨二點，從來不知道什麼是放假。這樣的習慣也伴隨我直到現在，生活的不易教會我珍惜擁有和努力。記得一次父親帶我去為家裡的小賣部進貨，我們推著車子走在回來的路上，突然父親回過頭打了我一巴掌，問我：「知道為什麼打你嗎？」我摀著臉看著父親嚴肅的表情，心裡充滿委屈地搖搖頭，父親說：「你要記住現在的生活。」幾十年後，我回想起父親的話，心中滿是感慨和感激。巴爾扎克說：苦難是人生的老師。這第一位「老師」在幼年時期就對我的一生產生了深遠的影響。

許多人問我為什麼選擇了現在的工作，我唯一的答案是因為喜歡閱讀。閱讀增長了我的知識，豐富了我的視野，塑造了我的世界觀，是我的第二位「老師」。從幼年時期，我就莫名地迷戀上了閱讀，雖然貧窮的家庭不能為我的「奢侈」愛好提供很多資源，但是無法阻擋我讀書的熱情，我像飢餓的人渴望食物一樣地渴望著閱讀。八歲時，我從比我年長很多又同樣喜愛讀書的哥哥那裡借到一些小說，其中一本埃及作家艾尼斯・曼蘇爾寫的《世界二百天》我至今難忘，在那個信息閉塞的年代，書中的故事對我來說簡直是天方夜譚，也就是從那本書中我第一次了解到中國。十二歲的時候，我開始打工賣報紙，每天從一家書店領五十份當天的報紙到海灘去賣。這也是我最喜歡的工作，領到報紙我總是迫不及待地把所有內容看完才去海灘開始一天的工作。作為賣報紙的「福利」，書店老闆允許我每天在書店門口免費看一本已經拆封的書，或者花兩毛五看一本沒拆封的書，又或者買一本書看完拿回店裡換另一本。因為擔心當天看不完的書第二天被買走，我總是盡量看完一本書之後再回家。那個穿著破舊衣服坐在書店門口專心讀書的小男孩如今已經不再因為沒有書讀而苦惱。我一直覺得任何事情都是有原因的，我曾經不明白安拉讓我這麼喜歡讀書是為什麼，直到投身現在的事業，對書籍的喜愛培養了我的專注和思考能力，無論生活怎樣艱難，當我拿到一本喜愛的書時，所有的苦難都已經不重要了。閱讀的習慣陪伴著我直到現在，每當夜深人靜時，我總喜歡在入睡之前隨手拿過床頭的一本小說靜靜地品味一段。

我與中國結緣

我的人生因為閱讀而豐富多彩，而學習中文徹底改變了我的命運。二〇〇二年，出於對父母意見的尊重，我進入埃及愛資哈爾大學醫學院學習，這在埃及是熱門專業，當時家人都非常高興我能夠學醫，期待著我畢業成為一名優秀的醫生。然而那時候的我已經不是他們想像中的小男孩。二十歲的我已經逐漸有了自己的想法和主見，開始思考理想和未來，萌生出放棄學醫、轉學德語的想法。有時候我想，如果當初自己學習的是德語，恐怕就不會到中國來發展，也就不會在這裡從事現在的工作，那樣的人生將會是怎樣一種遺憾。在向德語系提交資料的時候，我恰好碰到第一屆中文系在招生，漢字對我來說是一種完全陌生的文字，也許是出於年輕人的挑戰和冒險精神，我將個人申請資料交給了招生老師，於是順利轉到中文系開始學習。當我告訴父母轉學中文系的時候，他們非常失望，覺得從小學習優秀的我將會因為這個「唐突」的決定喪失成功的機會。

有時候，我們的一個小小決定可能會改變一生，但是關鍵在於我們是否有勇氣去作出決定，哪怕這個決定並不被人看好。頂著家人的壓力，我堅持中文學習並在二〇〇六年順利拿到了畢業證。畢業後，我擔任過阿爾巴尼亞駐埃及使館中文翻譯、機械裝配翻譯、埃及軍事語言學院漢語教官及埃及國防部中文翻譯、阿文教師兼迪拜法院中文翻譯等工作。在迪拜工作期間，我利用業餘時間做兼職中文導遊，一邊提高漢語水平，一邊尋找更好的發展機會。

二〇一〇年，在迪拜做導遊的我有幸結識了來自中國寧夏的客人，幾天愉快的相處讓我們雙方都留下了深刻而美好的印象，臨別之前，我們互相留下了聯繫方式。沒想到幾個月後，我收到了來自寧夏的邀請，為首屆中阿經貿論壇做阿文官方網站的翻譯和校對工作，並擔任首屆中阿經貿論壇（現更名為中阿博覽會）語言專家兼阿拉伯文化顧問。在此之前，我從沒聽說過寧夏這個地方，對我來說，「中國」就是對北京、上海、廣州的稱呼。中國有句古話：讀萬卷書不如行萬里路。學習中文四年的我決定趁這個機會，近距離地認識下這個古老的國家。初到寧夏，我非常詫異地發現這個地方百分之九十的餐廳都是清真餐廳，還有遍布城鄉的清真寺和眾多穆斯林同胞，處處有家鄉的感覺。本來只計劃在這兒工作三個月的我，漸漸喜歡上了寧夏。

在埃及軍隊工作時的艾哈邁德・賽義德

夢想照進現實——「智慧宮」的成立和發展

二〇一〇年九月，由中國商務部、中國國際貿易促進委員會、中國人民對外友好協會、寧夏回族自治區人民政府共同主辦的以「傳承友誼、深化合作、共同發展」為主題，圍繞貿易便利化、基礎設施投融資和建設以及文化旅遊等議題的「寧洽會暨首屆中阿經貿論壇」在寧夏銀川順利舉行。活動期間，我承擔了部分翻譯及接待工作，這段經歷也讓我改變了在寧夏的短期「旅程」。

在我大學期間轉學中文系的時候，我並不知道自己畢業之後應該做什麼工作，也不知道自己的未來會怎樣。但是有時候，人的命運並不掌握在自己的手中，機遇總是可遇而不可求，我們能做的只是時刻準備好抓住一閃而過的機會，不過卻並不知道機會帶給我們的將是什麼結果。二〇一一 年，中阿雙方啟動「阿拉伯語十年千部經典著作翻譯出版工程」和「中阿雙百經典圖書互譯出版工程」。這個項目的啟動讓我看到了中阿之間文化交流的巨大發展空間，於是在二〇一一年九月，我與寧夏朋友馬永亮和張時榮在銀川註冊成立了智慧宮文化傳媒公司，並出任公司總經理。我曾經對採訪的記者說：「公司取名『智慧宮』是因為一千二百年前在巴格達成立的智慧宮翻譯中心是最早翻譯介紹西方文化的機構，我要做的是當年這個智慧宮所做的事情，希望能為中阿互相了解建立通道，把中國文化傳到阿拉伯國家和伊斯蘭地區，把阿拉伯國家和伊斯蘭地區的文化傳到中國。」

公司成立之初，主要開展中阿圖書互譯、出版工作，並承接了「阿拉伯語十年千部經典著作翻譯出版工程」和「中阿雙百經典圖書互譯出版工程」的翻譯工作。我們先是翻譯出版了由寧夏學者陳育寧、湯曉芳所著《回族伊斯蘭遺跡在中國》（阿文版）。從二〇一一年「智慧宮」成立至今，我們共翻譯了包括《簡明漢語教程》（中阿文版）、《中國回族文物》、《回族歷史文化簡史》、《當代中國經濟十八個熱點怎麼看》、《百年西藏》、《人民語錄》（1、2）、《中國伊斯蘭教建築藝術》、《回族道德詩歌》、《中阿經貿發展進程——二〇一二年度報告》、《鄧小平畫傳》、《鄧小平改變中國》、《中國伊斯蘭教百科全書》、《風情新疆》、《多元新疆》、《中國夢，什麼夢》、《馬雲的顛覆智慧》、《魯迅精選小說集》、《我不是潘金蓮》等在內的二百多部作品，是從一九四九年到二〇一一年間中阿圖書翻譯出版作品的兩倍。開始的時候，我的翻譯團隊並不健全，只能自己承擔大部分的翻譯工作，也正是這樣才使我刻苦學習翻譯技巧，翻譯水平進步神速。

從事出版、翻譯工作的這幾年，我有機會閱讀到中國很多作家的作品，滿足了我對閱讀的渴望，也讓我收穫了許多中國朋友的友誼，他們從生活、工作等各方面對我這個「外鄉人」給予了許多幫助。中國人常說：「一個好漢三個幫。」我這個孤身一人來闖中國的埃及人深刻地體會到這句話的意義，沒有這些朋友的幫助，我不會有現在的成績。我常對家人提起他們，對他們的幫助感激在心。

隨著在寧夏生活、工作時間的延續，我越來越深刻地理解了寧夏和阿拉伯國家間的文化共通性，

艾哈邁德·賽義德在第二屆中外出版翻譯懇談會上發言。

認為寧夏作為中國唯一的回族自治區，在與阿拉伯國家文化交流方面具有天然優勢，相同的宗教信仰讓寧夏更容易與阿拉伯國家產生共鳴。基於這樣的認識，我和團隊除了從事中阿書籍互譯外，還從事圖書版權貿易及商務代理工作。二〇一五年，「智慧宮」成為阿拉伯國家出版商協會在中國的總代理，而我也擔任了中國出版集團的阿語顧問。為了更好地拓展國際業務，二〇一三年我在開羅成立了埃及智慧宮文化投資公司和埃及智慧宮出版社，並於二〇一四年在阿聯酋成立了阿聯酋商貿會展投資公司，建立了中阿文化、商貿交流合作基地。除此以外，我還代表「智慧宮」與中國的湖北教育出版社、五洲傳播出版社、接力出版社等多家出版社建立了合作關係，通過智慧宮搭建的平台，讓更多的阿拉伯讀者通過書籍作品了解中國。二〇一三年，中國國家主席習近平提出了「一帶一路」建設的倡議，這個思路一經提出，立刻在世界範圍特別是阿拉伯國家引起了轟動，許多阿拉伯國家都希望能夠參與「一帶一路」建設，智慧宮搭建的國際平台也因此得以發揮更大的作用。

十年磨一劍——《中國道路：奇蹟和秘訣》

中國作為世界上最古老的國家之一，經過幾十年的發展，現在以大國的姿態出現在世界面前，全世界都在驚異中國的崛起，也在猜測和推斷其快速發展背後的原因。阿拉伯國家總人口三點三億，大部分屬不發達地區，而富裕地區也主要依賴石油輸出以及比較發達的第三產業，一、二產業發展相對滯後，產業結構不平衡使國家面臨貧富差距拉大、劇烈的社會及政治問題等。如今的阿拉伯世界正經歷著被稱為「阿拉伯之春」的巨變，許多國家面臨著就業、醫療、教育、社會等一系列問題，頻繁的戰爭和動亂使許多阿拉伯人民生活在絕望的邊緣，各國政府急於尋找到未來之路。在這種情況下，如果能夠把中國平穩發展的成功經驗特別是改革開放以來的經驗介紹給阿拉伯世界，必將對阿拉伯國家各項發展產生啟迪，幫助阿拉伯世界的人民尋找到未來。

在中國的這些年，我通過各種渠道了解中國的發展模式，跟很多中國各行業的學者、專家以及政府人士探討過中國快速發展的原因。直到二〇一四年，我代表「智慧宮」與五洲傳播出版社聯合撰寫

艾哈邁德·賽義德在書展上向阿拉伯同行介紹《中國道路》一書。

出版了阿文圖書《中國道路：奇蹟和秘訣》並舉行了首髮式。這本書的創作歷時一年多，期間我採訪了包括中國國際關係專家張維為等在內的數十位各領域專家，力求全方位地為阿拉伯世界解讀中國的發展歷程及成功之道，希望阿拉伯國家能夠借鑑中國發展的成功經驗。這本書也在第三十三屆阿聯酋沙迦國際書展上引起了轟動，成為中國領導人出訪阿拉伯國家的國禮。

阿拉伯人的「kindle」——that's 阿語閱讀平台

從事出版行業以來，我深刻地感覺到現代科技對傳統出版業的衝擊：紙質書籍銷量迅速下降，並且這種衝擊隨著科技的日新月異將會更加強烈，智能手機、平板電腦等電子設備的廣泛應用加快了電子書的發展速度。kindle、ireader 等電子書軟件的出現改變了傳統的閱讀方式，而目前在阿拉伯地區卻沒有出現一款規模型的阿文電子書閱讀軟件，這讓從事出版翻譯工作多年的我倍感遺憾。

無獨有偶，二〇一五年我有幸出任中國五洲傳播出版社阿拉伯地區市場總監，合作開發一款阿語電子書平台——that's 阿語平台。這次合作也是基於我與五洲傳播出版社多年的合作及默契，為我的阿拉伯語電子書軟件夢想種下了一顆種子。如今，這顆種子終於生根發芽，我期待著它開花結果的那天。我們希望將 that's 阿語平台打造成全球最大的阿文電子圖書平台，能夠向全球的阿語用戶提供數字內容服務。

二〇一五年一月，我牽頭組織中國出版界代表團參加了第四十六屆開羅國際書展，並與阿拉伯地區出版界重要組織——埃及出版商協會就 that's 阿語平台的合作簽訂了戰略合作協議；六月，與阿拉伯出版商協會就 that's 阿語平台簽訂了戰略合作協議。that's 阿語平台（http://ar.thatsbooks.com/）的問世將為阿拉伯地區的讀者提供一種豐富多樣的全新閱讀體驗。

「半路出家」的主持人——《這裡是寧夏》

在中國生活了六年，經常有人問我從事什麼行業，實際上連我自己都不能單純地說自己是做什麼行業的。《中國道路：奇蹟和秘訣》讓我成了「半個」作家；出版社的成立讓我踏入了出版人的行列；多年對漢語的鑽研和學習讓我被稱作漢學家；長期的翻譯工作讓我成了一名譯者；寧夏衛視《這裡是寧夏》節目讓我成了「半個」主持人，這段經歷也讓很多觀眾認識了我，甚至走在路上也會有人對我說：「你是那個節目主持人吧？你中文說得真好，我喜歡你的節目，加油！」這些觀眾對我的肯定堅定了我繼續學習中文的決心和信心。

二〇一四年的一天，我突然受邀擔任寧夏衛視一檔真人體驗式節目《這裡是寧夏》的主持人。這個突如其來的邀請讓我有點「措手不及」，雖然學習中文已經十幾年，但是主持人這個工作真的讓我覺得「壓力山大」，我深知自己的中文發音相比專業主持人還有很大差距，並且面對鏡頭主持節目我

作為電視節目主持人的艾哈邁德·賽義德（左1）

也是大姑娘上轎頭一回，這讓我想起自己選擇報名中文系的時候。人生總是有很多第一次，但是如果我不去嘗試，就永遠不會知道是不是能超越自己，於是我接受了寧夏電視台的邀請，加入了《這裡是寧夏》欄目組。這檔欄目由主持人以真人體驗的方式深入寧夏各地，體驗不同的風土人情，將最原汁原味、真實的寧夏介紹給觀眾。作為阿拉伯人，我希望能夠將自己眼中美麗的寧夏介紹給阿拉伯觀眾，讓他們了解這個生活著二百三十萬穆斯林的「塞上江南」。

節目中，我去過寧夏最古老的清真寺；吃過最地道的寧夏臊子麵；幫回民餅子店賣過餅子；嘗試學習製作拉麵；帶領觀眾玩轉沙坡頭；挑戰過黃河蹦極……來寧夏多年，我一直自認為是半個「寧夏通」，但是參加這個節目以後我才意識到，原來自己對寧夏知之甚少，寧夏有很多我以前從未發現的美景，也有我從未感覺到的溫情。

節目一經播出，收視率一直攀升，很多外地人看過節目後紛紛慕名來到寧夏旅遊，我的主持工作也受到了電視台以及觀眾的肯定，這使我順理成章地在二〇一五年繼續擔任《這裡是寧夏·雙城對話》的主持人。二〇一五年正逢第二屆中阿博覽會在銀川舉行，寧夏電視台策劃在迪拜、埃及拍攝《雙城對話》，我與欄目組人員頂著四十五度的高溫在迪拜和埃及馬不停蹄地拍攝了二十多天。雖然恰逢穆斯林一年一度的開齋節，我卻因為工作的原因甚至不能回去與家人吃一頓開齋飯。這讓我感覺非常愧對家人，都不敢給家裡打一個電話，好在家人對我的工作非常支持，他們囑咐我好好做這個「中阿文化交流使者」，專心工作。節目在中阿博覽會舉辦期間開播，引起了社會各界的強烈反響。寧夏觀眾第一次通過自己的節目了解了阿拉伯國家的風土人情，看到阿拉伯人是如何過開齋節、遠在異國他鄉的寧夏人是如何生活工作的。節目還採訪了多位致力於中阿交流的各領域人士，暢談中阿合作、交流的感受和經驗。

這些經歷讓我深刻地感受到自己在中阿文化交流傳播上應該承擔的責任，也讓我明白在求知的路上自己永遠是個孩子，只有不斷地學習才能讓我有能力更好地為中阿交流合作作出更多的貢獻。

榮譽是夢想的階梯

當初，我一意孤行，違背家人的意願學習中文，儘管在那個時候中文並不是一個「好」專業。如今，無論在埃及還是其他阿拉伯國家，各大院校紛紛開設中文專業，報考的人數也與日俱增，學習中文已經成為當下青年人熱衷的事情。時勢造英雄，當初，包括我自己，沒有人能夠想到十年後中國與阿拉伯國家會建立如此廣泛的聯繫，中阿合作交流的前景會如此光明。雖然我從來沒有後悔過自己的選擇，但也曾一度陷入對未來的迷茫，不知該何去何從。現在的我非常慶幸自己當年的選擇。任何事情都無法阻止時代的更迭和進步，這是一個新的時代，也會造就一批時代的「弄潮兒」，他們會加速各領域的發展，繼而帶來一個更加嶄新的時代，而我必須不斷地學習，才能在時代的浪潮中不被淹沒。

我一直覺得自己是個幸運兒，這個時代不但成就了我的夢想，也給了我很多收穫。二〇一五年，第九屆「中華圖書特殊貢獻獎」 頒獎典禮在北京人民大會堂隆重舉行，包括澳大利亞漢學家、作家馬克林，澳大利亞翻譯家、澳洲國立大學漢學教授梅約翰等在內的二十位在介紹中國、翻譯和出版中國圖書、促進中外文化交流方面作出突出貢獻的外

籍作家、翻譯家和出版家獲得了「中華圖書特殊貢獻獎」，中國國務院副總理劉延東女士親自為獲獎人頒發了獎牌。我非常榮幸地成為最年輕的獲獎者。當我從劉延東女士手中接過獎牌的那一刻，除了激動和感謝，更多的是一種壓力——這個獎牌意味著我所有的努力獲得了肯定，也意味著未來我將要肩負起更多促進中阿文化合作交流的任務。這個獎牌至今陳列在我的辦公室裡，對我來說它不是炫耀的資本，而是時刻提醒和激勵自己不斷努力工作的動力。

二〇一五年對我來說是難忘的一年，在這一年，我陸續被聘為中國圖書對外推廣計劃專家顧問、中國文化譯研網專家委員會顧問專家，並且獲得了中國出版集團「走出去」貢獻獎以及博鰲亞洲青年文化人物獎。在我的第二故鄉寧夏，我也收穫了很多肯定和鼓勵，先後獲得了第六屆六盤山友誼獎和第三屆「最美銀川人」獎。

中國國務院副總理劉延東與獲得「中華圖書特殊貢獻獎」的艾哈邁德·賽義德握手。

「不要狂喜，安拉不喜歡狂喜者」，這是《古蘭經》中的一句話，我一直用這句話提醒自己，這些成績不單單是我個人的，離不開很多一直幫助和鼓勵我的人，他們或者是我的家人、同事，或者是朋友、合作夥伴甚至是陌生人，我不應為眼前這些榮譽而狂喜，所有的榮譽都將成為過去。未來還沒有來，我不能停下腳步去沉浸在這些榮譽中，而要把榮譽當作夢想的階梯，踏著它去攀登更高的山峰，去領略更美的景色。

學無止境

「求知，從搖籃到墳墓」，我把這句話當成座右銘來鞭策自己。二〇一二年，我進入寧夏大學法學院攻讀民族學專業，並於二〇一四年獲得法學碩士學位。當穿著碩士服和同學一起參加畢業典禮時，我無比激動。學習中國的民族學對我來說就像當年轉學中文一樣是個挑戰，無論生活讓我經歷了怎樣的磨難，無論工作的壓力有多大，但是學習總是能讓我忘記一切困難，知識總是能帶給我更多能量和動力。當我坐在課堂上聽老師講課的時候，當我和同學進行實地調研的時候，當我不分晝夜撰寫畢業論文的時候，我知道自己在享受學習帶給我的快樂。為了更好地研究民族學，二〇一四年九月起我繼續在寧夏大學政法學院民族學專業攻讀博士學位。

二〇一五年五月，艾哈邁德·賽義德作為埃及代表出席博鰲亞洲論壇「青年觀察家圓桌會議」並發言。

艾哈邁德·賽義德（左1）與寧夏大學研究生同學的畢業合影

一個人不能沒有追求和夢想，即使這個夢想被許多人嘲笑，即使在追求夢想的道路上坎坷不斷，即使曾經重重地摔倒，我們仍不能放棄心中的希望，因為路一直在腳下，求知的慾望會帶領我們穿過幽暗的沼澤、翻越險峻的山脈，到達夢想的彼岸。未來，我將繼續在中國實現自己的夢想，做一名名副其實的中阿文化交流使者，用心搭建好中國與阿拉伯國家之間了解和合作的橋樑，鼓勵更多的阿拉伯人致力於中阿交流合作。

後記

二〇一六年是中國與埃及建交六十週年，也是開啟中國與阿拉伯和非洲關係新紀元六十週年，值得紀念。一甲子春華秋實，中埃雙方砥礪前行，兩國關係經歷了國際風雲變幻的考驗，碩果纍纍，成為發展中國家友好關係的典範。回顧和總結中埃關係發展歷程，有很多經驗可供借鑑，更有很多感人的故事。

中埃都是文明古國，萬里長城和金字塔共同見證了人類文明的奇蹟，古絲綢之路成為連接中埃兩國的重要紐帶，譜寫了永載史冊的經貿和人文交流篇章。二〇一六年一月，中國國家主席習近平對埃及進行了歷史性訪問，同塞西總統就加強中埃全面戰略夥伴關係、深化各領域務實合作達成諸多共識，給兩國關係未來發展指明了方向。當前，中埃兩國都肩負著民族復興、再鑄輝煌的偉大歷史使命。習近平主席提出的「一帶一路」倡議與塞西總統倡導的蘇伊士運河走廊規劃不謀而合，中埃在國家發展戰略上呈現出更多契合點和相通處。

在這喜慶的時節，由五洲傳播出版社和外交筆會聯合編輯出版的「我們和你們」叢書之《中國和埃及的故事》一書應運而生。中埃兩國外長在建交六十年之際撰文紀念，成為這本書的點睛之筆。數十位長期從事中埃友好交往的外交界、新聞界、學術界專家和友好人士凝心聚力，飽含對中埃友好的熾熱情感，以各自的親身經歷，向社會各界奉獻了這冊有關傳承中埃傳統友好、對接中埃發展戰略、共促中東和平和參與全球治理等內容的精品力作，為中埃、中阿友好事業增添了靚麗之筆。

王毅外長在本書序言中表示，埃及諺語講，「抵達，往往是真正行程的開始」，中埃雙方相互學習、相互借鑑，用創新、開放理念來指導雙邊務實合作，目標任務會更加清晰，政策舉措會更有力度。埃及專家也撰文表示，中國和埃及在一些全球矚目的重大國際議程上協調立場、加強協作，無疑將進一步提升中埃關係的戰略性和全球影響力。

關注中埃民意所向，聚焦中埃發展合作。本書融入對中埃兩國有著深刻了解的兩國及多個領域專家學者對中埃關係建設研究所取得的豐碩成果，以翔實生動的案例和專家學者的親歷，詮釋了中埃關係為何穩健快速發展，未來中埃關係如何更上一層樓。毫無疑問，這些都是讀者關心的問題。本書通過中埃關係建設者們的親歷和記錄，從不同層面、各個角度為中埃友好合作鼓與呼的同時，也為進一步深化中埃關係提供了可資借鑑的寶貴經驗。但願奉獻給讀者的這本小書能在這方面起到一些積極作用。

本書在籌備過程中，得到了中國駐埃及大使宋愛國、埃及駐華大使馬傑迪・阿米爾、外交部前副部長楊福昌、新華社前副社長高秋福、中國駐埃及大使館前武官曹彭齡將軍、使館經商處公使銜參贊曹甲昌等專家學者的鼎力支持。我要特別提到的是劉元培先生、吳富貴先生、王燕女士和埃及駐華使館文化和新聞參贊侯賽因－易卜拉欣博士幾位熱心人，他們在二〇一五年秋就開始思考和聯絡撰文紀念中埃建交六十週年事宜，並為此付出很多努力，在此一併表示衷心的感謝！

站在中埃建交六十週年新的歷史起點上，我們對中埃關係的美好前景充滿信心。讓我們攜手同行，用真誠與合作傳承友誼、共創未來！

吳思科

2016年5月30日於北京

一帶一路研究叢刊　AA301012

中國和埃及的故事

作　　者　吳思科
版權策畫　李煥芹
責任編輯　呂玉姍

發 行 人　陳滿銘
總 經 理　梁錦興
總 編 輯　陳滿銘
副總編輯　張晏瑞
編 輯 所　萬卷樓圖書股份有限公司
排　　版　菩薩蠻數位文化有限公司
印　　刷　維中科技有限公司
封面設計　菩薩蠻數位文化有限公司

出　　版　昌明文化有限公司
桃園市龜山區中原街 32 號
電話　(02)23216565
發　　行　萬卷樓圖書股份有限公司
臺北市羅斯福路二段 41 號 6 樓之 3
電話　(02)23216565
傳真　(02)23218698
電郵　SERVICE@WANJUAN.COM.TW
大陸經銷
廈門外圖臺灣書店有限公司
　電郵　JKB188@188.COM

ISBN 978-986-496-460-4
2019 年 3 月初版
定價：新臺幣 500 元

如何購買本書：

1. 轉帳購書，請透過以下帳戶
　合作金庫銀行 古亭分行
　戶名：萬卷樓圖書股份有限公司
　帳號：0877717092596
2. 網路購書，請透過萬卷樓網站
　網址 WWW.WANJUAN.COM.TW

大量購書，請直接聯繫我們，將有專人為您服務。客服：(02)23216565 分機 610

如有缺頁、破損或裝訂錯誤，請寄回更換

國家圖書館出版品預行編目資料

中國和埃及的故事 / 吳思科著. -- 初版. -- 桃園市：昌明文化出版；臺北市：萬卷樓發行, 2019.03
　面；　公分
ISBN 978-986-496-460-4(平裝)

1.中國外交 2.埃及

574.1861　108003196